"十三五"国家重点出版物出版规划项目
现代机械工程系列精品教材

智能制造概论

刘 强 编著

机械工业出版社

本书首先介绍了制造技术和智能制造的发展历程，讨论了智能制造的内涵与特征、构成要素和参考架构模型等智能制造技术基础，介绍了智能传感技术、工业互联网和物联网、大数据、云计算和边缘计算、虚拟现实/增强现实/混合现实技术、人工智能和数字孪生等新一代智能制造支撑技术；以智能工厂和智能生产为主题，并结合实际案例，讨论了横向集成、纵向集成和端到端集成三大集成技术，以及动态感知、实时分析、自主决策和精准执行四项功能应用使能技术；最后阐述了推进和实施智能制造的基本原则、发展阶段、演进范式、典型模式和具体步骤，展望了智能制造的未来。通过学习本书，读者可以了解智能制造发展的历程，理解和掌握智能制造的基础理论和关键技术，了解智能工厂和智能生产的构建及实现场景，并探讨智能制造的未来发展方向和技术路线。

本书符合二十大报告中关于"深入实施科教兴国战略、人才强国战略、创新驱动发展战略"的要求，在详细讲授基础理论知识的同时融入探索性实践内容，以增强学生的自信心和创造力，即用学科理论知识促进学生活跃思维、敢于创新，尽可能地将新思路在实践中进行创造性的转化，推动科学技术实现创新性发展。

本书是二维码新形态教材，读者可以使用手册微信扫码后，免费观看相关视频。

本书可作为高等院校智能制造工程、机械工程及相关专业开设的智能制造概论、智能制造导论以及智能制造工程基础等课程的教材，也可作为智能制造其他课程教学和培训的参考书。

图书在版编目（CIP）数据

智能制造概论/刘强编著. —北京：机械工业出版社，2021.5（2025.6重印）

"十三五"国家重点出版物出版规划项目　现代机械工程系列精品教材

ISBN 978-7-111-68149-6

Ⅰ.①智…　Ⅱ.①刘…　Ⅲ.①智能制造系统-高等学校-教材　Ⅳ.①TH166

中国版本图书馆CIP数据核字（2021）第082006号

机械工业出版社（北京市百万庄大街22号　邮政编码100037）
策划编辑：舒　恬　林　松　责任编辑：舒　恬
责任校对：肖　琳　封面设计：张　静
责任印制：任维东
河北宝昌佳彩印刷有限公司印刷
2025年6月第1版第12次印刷
184mm×260mm·11.5印张·281千字
标准书号：ISBN 978-7-111-68149-6
定价：38.00元

电话服务　　　　　　　　　网络服务
客服电话：010-88361066　　机　工　官　网：www.cmpbook.com
　　　　　010-88379833　　机　工　官　博：weibo.com/cmp1952
　　　　　010-68326294　　金　　书　　网：www.golden-book.com
封底无防伪标均为盗版　机工教育服务网：www.cmpedu.com

前　言

制造活动是人类进化、生存、生活和生产活动中一个永恒的主题，是人类建立文明的基础。人类最初的制造活动萌芽于原始工具制造，人类文明也因此产生。迄今为止，人类文明的发展经历了原始文明、农业文明、工业文明等。制造技术（Manufacturing Technology）正是随人类的自身生存和生活需求、制造活动实践和社会生产力进步而产生和发展的。

从 16 世纪开始，受文艺复兴的影响，欧洲开始发生科学革命和启蒙运动，为工业革命准备了科学原理、知识和方法。1763—1870 年英国发生了第一次工业革命，蒸汽机的发明使人类社会进入了工业时代，现代意义上的制造概念和制造业也随之诞生。在英语中"制造（manufacturing）"的词根是来自拉丁文的"manu"和"facere"，分别具有"手工的"和"做"的意义。第一次工业革命之后，"制造"的概念是指通过机器进行制作或生产产品，特别是大批量地制作或生产产品。与工业化进程和产业革命紧密相联，制造业先后已经历了机械化、电气化和信息化三个阶段，现在正处于第四个阶段——智能化，人们称之为四次工业革命，即工业 1.0、工业 2.0、工业 3.0 和工业 4.0。

近年来，制造技术面临产品性能指标越来越高，个性化越来越强的要求，以及不断缩短的交付期、不断增高的成本、更加严苛的环保压力和日益复杂的制造系统等挑战。同时，新一代信息通信技术和新一代人工智能技术也在与制造技术深度融合，给制造业带来新的理念、模式、技术和应用，展现出未来制造技术和制造业发展的新前景。为了应对挑战，先进工业国家均推出了重要的国家制造发展战略，2013 年德国推出了《Industrie 4.0》（工业 4.0），2015 年中国发布了制造强国战略《中国制造 2025》，2018 年美国发布了《Strategy for American Leadership in Advanced Manufacturing》（先进制造业美国领导力战略）报告，2019 年 11 月德国又正式发布了《Industriestrategie 2030》（工业战略 2030），在各个国家的发展战略中，不约而同地将智能制造定位为振兴工业发展战略的关键，智能制造成为全球工业界关注的重点和学术界研究的前沿热点。

1989 年，美国爱荷华大学教授 Andrew Kusiak 首次明确提出了"智能制造系统"（Intelligent Manufacturing System），并将智能制造定义为"通过集成知识工程、制造软件系统和机器人控制来对制造技工们的技能与专家知识进行建模，以使智能机器可自主地进行小批量生产"。此后，对智能制造的认识不断发展，基于对工业革命与现代制造概念形成及发展的分析，以及对制造业和制造技术发展永恒目标的认识，通过进一步分析工业 4.0 时代的特征，我们对工业 4.0 时代的智能制造内涵有了进一步的认识，即：智能制造是先进制造技术与新一代信息技术、新一代人工智能等新技术深度融合形成的新型制造系统和制造技术，它以产品全生命周期价值链的数字化、网络化和智能化集成为主线，以企业内部纵向管控集成和企业外部网络化协同集成为支撑,以实际生产系统及其对应的各层级数字孪生映射融合构建的赛博物理生产系统 CPPS(Cyber Physical Production System,也称为信息物理生产系统)为核心,建立起具有动态感知、实时分析、自主决策和精准执行功能的智能工厂,进行虚实融合的智能生产,实现高效、优质、低耗、绿色、安全的制造和服务。

本书作为面向智能制造工程、机械工程和制造工程等专业本科生的智能制造概论教材,旨在以工业 4.0 时代对智能制造的新概念、新内涵和新特征的认识为基础,力求全面系统地介绍智能制造发展历史、理论基础、支撑技术和使能技术、推进和实施智能制造的原则和步骤等。书中介绍了智能感知、工业互联网、工业大数据、云计算和边缘计算、虚拟现实/增强现实/混合现实、人工智能和数字孪生等新一代智能制造支撑技术;以智能工厂和智能生产为主题,并结合实际案例,展开讨论了横向集成、纵向集成和端到端集成三大集成技术,以及动态感知、实时分析、自主决策和精准执行 4 项功能应用技术;最后阐述了推进和实施智能制造的基本原则、发展阶段、演进范式、典型模式和具体步骤,探讨了制造新形态和工厂新模式,展望了智能制造的未来。

本书的第 1 章为"概述",概要介绍了制造技术的发展历史,分析了从工业 1.0 到工业 4.0 不同发展阶段之间制造技术变迁的特点,提出工业 4.0 时代制造业"优质、高效、低耗、绿色、安全"的总体目标及其新的内涵;介绍了不同阶段智能制造的发展特点和主要工业发达国家关于智能制造发展的国家战略,阐述了现代意义上的"制造"一词的定义和智能制造的基本概念,对德国、美国、日本和我国在智能制造发展方面的特点和优势进行了分析比较;最后介绍了本课程的教学目标与主要教学内容安排。

第 2 章为"智能制造技术基础",在给出智能制造内涵定义的基础上,分析了智能制造的关键特征;从智能设计、智能产品、智能生产、智能管理和智能服务五个方面,阐述了智能制造的核心构成要素及其基本内容;详细介绍了当前流行的智能制造五种参考架构模型,即:工业 4.0 参考架构模型、基于工业互联网参考架构的智能制造体系架构、智能制造生态系统模型、工业价值链参考架构和智能制造单元、智能制造三链模型,分析了各个模型的特点以及相互联系。

第 3 章为"新一代智能制造支撑技术",重点介绍了新一代信息技术和人工智能技术等支撑新一代智能制造发展的关键技术。该章从基本概念及工作原理、核心算法或关键技术以及智能制造的应用支撑等方面,重点讨论了智能传感技术、工业互联网和物联网、大数据、云计算和边缘计算、人工智能、虚拟现实/增强现实/混合现实技术和数字孪生。

第 4 章为"智能工厂和智能生产",阐述了从数字化工厂到智能工厂的发展过程,总结了智能工厂的基本特征;从工厂自动化的标准化层级结构出发,介绍了智能工厂的架构、赛博物理系统 CPS(Cyber Physical System,也称为信息物理系统)的构成;特别是从应用使能技术(包括技术集成和应用功能实现)的角度,讨论了在智能工厂中的横向、纵向和端到端的三大集成的技术实现,以及在智能生产系统中动态感知、实时分析、自主决策和精准执行四项功能应用技术,介绍了多个智能工厂、智能生产具体场景和智能制造过程实现的实例。

第 5 章为"智能制造演进范式与发展路径",详细阐述了推进和实施智能制造的"三要三不要"基本原则及其具体内容,介绍了企业智能化发展的"计算机化、连接、可视、透明、预测、自适应"六个阶段,智能制造从"数字化制造"到"网络化制造"、再到"新一代智能制造"的三个演进范式,提出了企业实施智能制造的五个具体步骤,介绍了未来

前言

制造的新形态和未来工厂模式，最后展望了智能制造的未来。

作为一本教材，本书在各章前面设有"导读"，以方便读者了解各章的内容主线及其相互关系，在各章后安排了"思考题和习题"或"思考与讨论题"，便于教学过程中应用。另外，读者也可根据书后列出的"参考文献"进行拓展阅读和深入学习。

本书编者在北京航空航天大学从事智能制造、控制工程和先进数控技术方面的教学和研究工作多年，自2015年到2019年底，应邀在多个国内外重要学术会议和专题论坛上，做有关智能制造方面的主旨或专题报告。在教学、科研和学术交流中的思考和积累为本书的写作奠定了重要的基础。2017年编者与丁德宇为主编，符刚、郭源生和刘明雷作为副主编，共计有43位专家参与编写的《智能制造之路——专家智慧 实践路线》（机械工业出版社出版）一书出版后，编者即开始考虑撰写一本面向本科教学的智能制造概论方面的教学参考书，适逢机械工业出版社组织有关智能制造的系列教材，于是便有了此书写作和出版的计划安排。

本书在撰写过程中，得到了编者所在单位及同事的指导、支持和帮助。于靖军教授对本书出版立项给予了大力支持，并一直关心本书编著、出版的进展情况；编者指导的在读博士研究生王柳权、朱三颖、臧辰鑫等参与了部分文献收集、分析等工作，书中还直接引用了编者指导的已毕业博士研究生刘焕、皮世威、佟鑫和硕士研究生肖遥等人的相关论文以及课题研究中的一些成果；2019年编者负责组织开设了北航机械工程及自动化学院智能制造工程本科专业的新课程"智能制造工程基础"，在教学过程中与郑联语、魏巍、肖文磊、杜福洲等任课教师的交流及研讨，也使编者获益匪浅；责任编辑舒恬为本书的高质量出版付出了大量努力和辛勤工作。在此，向给予编者支持帮助的领导、同事、学生和友人等致以深深的谢意！

在本书的撰写过程中，编者参阅了大量论文、专著以及其他形式的参考资料，在书后的参考文献中列出，以便于读者拓展阅读。在此，特向所有参考文献的原作者表示衷心的感谢！同时，由于参考文献较多，在书中的参考或引用之处未能一一对应标注，敬请原作者和读者谅解！

虽然在撰写过程中编者已尽最大努力以求至善，但受编者业务水平和时间的限制，书中不可避免地还存在不足甚至可能是错误之处，敬请读者批评指正！

书稿完成之日，正值又一个教师节即将到来之际，编者有幸受邀作为从教30周年以上的教师代表参加表彰大会并领奖，临会有感而发，赋小诗一首：

　　　　　　三尺讲台天地宽，

　　　　　　烛炬成灰苦亦甘。

　　　　　　卅年沧桑寸心在，

　　　　　　唯念桃李报春还。

抄录此诗于此，以为逾30年从教生涯之写照，并与读者共勉。对于中国制造，路漫漫则修远，任重更待砥砺前行，愿我们弘扬"唯实致真、探奥拓新"精神，为制造强国的建设做出贡献。

刘　强

目 录

前 言

第 1 章 概述 ··· 1
  1.1 制造技术发展简述 ·· 1
    1.1.1 人类文明、工业革命与制造技术 ·· 1
    1.1.2 制造技术的发展变迁 ·· 4
  1.2 制造的永恒主题 ·· 6
    1.2.1 制造业的地位及作用 ·· 6
    1.2.2 "优质、高效、低耗、绿色、安全"的永恒主题 ···································· 6
  1.3 智能制造的发展历程 ·· 7
    1.3.1 早期的研究与认识 ··· 7
    1.3.2 智能制造内涵认识的发展 ·· 8
    1.3.3 工业 4.0 时代智能制造的内涵 ··· 8
  1.4 关于智能制造发展的国家战略 ·· 9
    1.4.1 德国"工业 4.0"和《国家工业战略 2030》 ··· 9
    1.4.2 美国工业互联网和先进制造业领导力战略 ··· 12
    1.4.3 日本工业价值链和超智能社会 5.0 ··· 14
    1.4.4 中国制造 2025 ·· 16
    1.4.5 各国智能制造发展特点比较 ··· 19
  1.5 本课程的目标与内容 ·· 20
    1.5.1 教学目标 ·· 20
    1.5.2 各章内容安排 ··· 21
  思考题和习题 ·· 21

第 2 章 智能制造技术基础 ··· 22
  2.1 智能制造的内涵与特征 ··· 22
    2.1.1 制造系统及其构成 ··· 22
    2.1.2 智能制造的内涵 ·· 25
    2.1.3 智能制造的特征 ·· 26

2.2 智能制造的基本构成要素 ··· 31
　2.2.1 智能设计 ·· 31
　2.2.2 智能产品 ·· 33
　2.2.3 智能生产 ·· 35
　2.2.4 智能管理 ·· 36
　2.2.5 智能服务 ·· 39
2.3 智能制造参考架构模型 ·· 40
　2.3.1 参考架构模型概述 ·· 40
　2.3.2 工业 4.0 参考架构模型 ·· 42
　2.3.3 基于工业互联网参考架构的智能制造体系架构 ·· 45
　2.3.4 智能制造生态系统模型 ·· 48
　2.3.5 工业价值链参考架构和智能制造单元 ·· 50
　2.3.6 智能制造三链模型 ·· 53
思考题和习题 ··· 56

第3章　新一代智能制造支撑技术 ·· 57

3.1 智能传感技术 ·· 57
　3.1.1 传感技术基础 ·· 57
　3.1.2 制造工程中常用传感器的工作原理 ·· 60
　3.1.3 智能传感器的特点 ·· 63
　3.1.4 智能传感技术应用 ·· 63
3.2 工业互联网和物联网 ·· 65
　3.2.1 工业互联网 ·· 65
　3.2.2 物联网 ·· 72
　3.2.3 基于 5G 的工业互联和工业物联 ·· 76
3.3 大数据 ·· 77
　3.3.1 大数据、工业大数据与制造大数据 ·· 77
　3.3.2 大数据分析和数据挖掘方法 ·· 79
　3.3.3 大数据应用 ·· 90
3.4 云计算和边缘计算 ·· 92
　3.4.1 云计算 ·· 92
　3.4.2 边缘计算 ·· 93
3.5 人工智能 ·· 94
　3.5.1 人工智能的概念和内涵 ·· 94
　3.5.2 机器学习和深度学习 ·· 97
　3.5.3 人工智能应用 ·· 100
3.6 虚拟现实/增强现实/混合现实技术 ·· 101
　3.6.1 虚拟现实、增强现实和混合现实的基本概念 ·· 101
　3.6.2 虚拟现实/增强现实/混合现实的关键技术 ·· 102
　3.6.3 虚拟现实/增强现实/混合现实技术在智能制造中的应用 ······························ 103

3.7 数字孪生 ······ 104
3.7.1 数字孪生的概念和内涵 ······ 104
3.7.2 数字孪生的使能技术 ······ 104
3.7.3 数字孪生应用实例 ······ 105
思考题和习题 ······ 106

第4章 智能工厂和智能生产 ······ 108
4.1 从数字化工厂到智能工厂 ······ 108
4.1.1 数字化制造系统 ······ 108
4.1.2 从数字化工厂到智能工厂的发展 ······ 110
4.1.3 智能工厂的基本特征 ······ 110
4.2 智能工厂的核心与构成 ······ 112
4.2.1 数字化工厂 ······ 112
4.2.2 CPS 和 CPPS ······ 114
4.2.3 工业4.0三大集成的技术实现 ······ 118
4.3 智能工厂建设架构与实现 ······ 124
4.3.1 智能工厂建设架构 ······ 124
4.3.2 智能工厂建设案例 ······ 128
4.4 智能生产 ······ 130
4.4.1 智能生产系统 ······ 130
4.4.2 智能生产中的功能集成实现技术 ······ 136
4.4.3 智能生产的场景及实现 ······ 141
思考题和习题 ······ 145

第5章 智能制造演进范式与发展路径 ······ 146
5.1 推进和实施智能制造的基本原则 ······ 146
5.1.1 智能制造的"三要"原则 ······ 146
5.1.2 智能制造的"三不要"原则 ······ 150
5.2 智能制造的发展演进与路径 ······ 159
5.2.1 企业智能化发展阶段 ······ 159
5.2.2 智能制造演进范式 ······ 159
5.2.3 智能制造的典型模式 ······ 161
5.2.4 企业实施智能制造的具体步骤的建议 ······ 162
5.3 智能制造未来展望 ······ 163
5.3.1 未来制造的新形态和新特征 ······ 163
5.3.2 未来工厂的设想 ······ 167
5.3.3 展望 ······ 169
思考题和习题 ······ 169

参考文献 ······ 170

第1章

概　　述

【导读】 本章概要介绍了制造技术发展历史，分析了从工业1.0到工业4.0不同发展阶段之间制造技术变迁的特点，提出制造业在工业4.0时代"优质、高效、低耗、绿色、安全"的总体目标及其新的内涵。介绍了不同阶段智能制造的发展特点和主要工业发达国家关于智能制造发展的国家战略，阐述了现代意义上"制造"一词的定义和智能制造的基本概念，对德国、美国、日本和我国在智能制造发展方面的特点和优势进行了分析比较，最后介绍了本课程的教学目标与主要教学内容安排。

1.1　制造技术发展简述

1.1.1　人类文明、工业革命与制造技术

制造活动是人类进化、生存、生活和生产活动中一个永恒的主题，是人类建设物质文明和精神文明的基础。人类最初的制造活动萌芽于原始工具制造——原始人类在生活和生产中由于制造工具的需要，必须进行有目的和有组织的石料开采和加工，从而出现了原始的制造，人类文明也因此产生。制造技术（Manufacturing Technology）正是随人类的自身需求、制造活动实践和社会生产力进步而产生和发展的。

迄今为止，人类文明经历了原始文明、农业文明、工业文明等。原始文明从距今约300万年~约1万年前的旧石器时代开始，人类祖先在漫长时期的采集和狩猎活动中，学会了打制或磨制石器作为工具。

大约在距今1.1万年，旧石器时代逐渐向新石器时代过渡，出现了磨光石器和陶器，为农业的起源提供了动力，人类从野生作物采集转向作物栽培，从狩猎转向动物养殖，从动荡不定的游猎生活方式转向定居的农耕生活方式，从而产生了农业、畜牧业，这是人类历史上的一次巨大革命，这场革命被称为第一次农业革命或新石器革命，人类进入了农业时代。

从16世纪开始，欧洲的文艺复兴、科学革命和启蒙运动为工业革命准备了科学原理、知识和方法。1763~1870年英国发生了第一次工业革命，蒸汽机的发明使人类社会进入了工

业时代,现代意义上的制造概念和制造业也随之诞生。在英语中"manufacturing"的词根是来自拉丁文的"manu"和"facere",分别具有"采用手工"和"做"的意义。第一次工业革命之后,"制造"的概念是指通过机器进行制作或生产产品,特别是大批量地制作或生产产品。

与工业化进程和产业革命紧密相联,制造业先后已经历了机械化(工业1.0)、电气化(工业2.0)和信息化(工业3.0)等三个阶段,现在正处于智能化(工业4.0)发展的第四个阶段,这四个阶段现在普遍被称为四次工业革命,如图1-1所示。

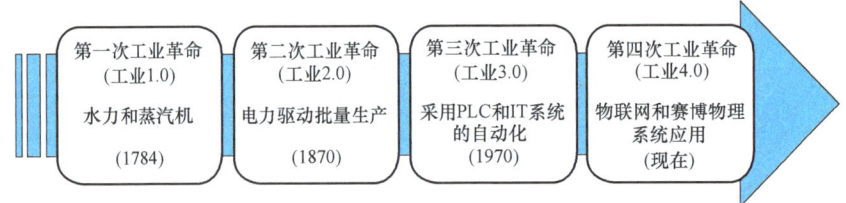

图1-1 四次工业革命

第一次工业革命(工业1.0)以蒸汽机的问世为标志,以纺织机械的革新为起点,实现了生产从手工工具到机械化大生产的转变,出现了大工业生产,引领了人类社会的工业文明。1785年瓦特对蒸汽机进行了重大改良后投入使用并迅速推广应用,由于蒸汽机可以为各种工作机提供动力,大大促进了机器的普及和发展,全面促进了各种机械制造、蒸汽机制造、冶金、采矿、化工等部门的发展,人类社会从此进入了"蒸汽机时代",制造业步入机械化发展阶段。工业1.0阶段以蒸汽机作为动力机被广泛使用为标志,以机器代替手工劳动、以工厂工业化生产代替小作坊制作,以蒸汽动力为代表的技术革命给全球带来了一场深刻的社会变革。图1-2所示为蒸汽动力集中驱动的纺织生产车间和机械加工生产车间,代表了第一次工业革命后典型的制造场景。

a) 19世纪纺织生产车间　　　　b) 19世纪机械加工车间

图1-2 蒸汽动力集中驱动的生产场景

第二次工业革命(工业2.0)发生在19世纪后半叶和20世纪初,随着西方国家资本主义经济的发展,新发现、新技术、新发明层出不穷(如发电、照明、通信等)。发电技术(图1-3)使得电力可以广泛应用于各种工业生产领域,以电力技术为主导的产业革命,极大地推动了化工、钢铁和冶金、内燃机等相关技术的全面发展,使汽车、机车、舰船和飞机等复杂产品制造迅速兴起,促进了生产力和社会经济的快速发展。这一阶段制造业的发展,以基于电力驱动为代表的自动化为特征,极大地提高了生产力并改变了人类的生活方式,人类社会进入了具有深远影响的"电气时代"。图 1-4 所示为采用电力驱动的自动机床,大大提高了机械加工的生产效率和加工质量。

图 1-3 19 世纪的发电机

图 1-4 自动机床

第三次工业革命(工业 3.0)起始于 20 世纪 40 年代并持续影响至今,以核能技术、空间技术、电子计算机技术等新兴科学技术为代表,给信息技术、新能源、新材料、生物技术、空间和海洋等领域带来了全新的发展,产生了信息产业和高技术制造产业,如集成电路、计算机、通信设备、生物医药等一大批新兴产业,其核心是广泛应用以数字化为基础的信息技术(Information Technology,IT),制造业进入了信息化时代,其典型应用实例是由数控机床、自动传送机构和机器人组成的柔性制造系统(图 1-5)和计算机集成制造系统(图 1-6)。工业 3.0 是人类科技和工业的又一次飞跃,它不仅带来了生产和经济领域的变革,也引起了人类生活方式和思维方式的重大变化。

图 1-5 柔性制造系统

图 1-6 计算机集成制造系统

第四次工业革命(工业 4.0)是指正在发生的以新一代信息技术、人工智能技术融合应用于制造业而引发。人工智能(Artificial Intelligence,AI)和新一代信息通信技术(Information Communication Technology,ICT)与制造技术高度融合,将会使得工业生产的机器、存储系统和生产设施等融入赛博物理系统 CPS(Cyber Physical System,也称为"信息物理系统"),使生产中的"人-机-物"互联互通,构建成智能工厂,进行智能生产。其中的机器、存储系统和生产设施将能够感知、处理、共享和交换信息,并进行自主决策,对设备、生产过程实现最优化控制或管控,形成一种以"智能化"为特征、虚实结合的全新生产方式,制造业走向工业 4.0 时代。

1.1.2 制造技术的发展变迁

从工业1.0到工业2.0的变化特点是从依赖工人技艺的作坊式机械化生产，走向产品和生产的标准化以及简单的刚性自动化。标准化表现在多个方面：零件设计的标准化、制造步骤的标准化、检验和质量控制的标准化等。刚性自动化的目的是提高制造过程的速度，同时考虑过程可重复性，简单的刚性自动化的例子有：简单的拾取和放置装置、基于振动的部件馈送器、机械凸轮控制的机床运动等，刚性自动化系统最大的不足是缺乏柔性，即一旦系统投入生产，只能按照固定的自动化动作工作，无法改变其设定的动作或生产过程。图1-7所示为1908年的福特T型车的流水装配生产线，该车的巨大成功来自于亨利·福特的数项革新，其中一项最重要革新是以流水装配线大规模作业代替传统的个体手工制作。

图1-7 福特T型车的流水装配生产线

工业3.0的特点是复杂的自动化、数字化和网络化。这个阶段相对于工业2.0具有更复杂的自动化，追求效率、质量和柔性，采用先进的数控机床、机器人、可编程序逻辑控制器（Programmable Logic Controller，PLC）和工业控制系统，实现敏捷的自动化，可适应产品多品种、批量可变化的柔性制造。工业3.0的另一个特点是制造装备（如数控机床、工业机器人和自动导引小车等）上开始安装各种传感器和仪表，以采集装备状态和生产过程数据，用于制造过程的监测、控制和管理。此外，工业3.0具有网络化支持，通过联网，机器与机器、工厂与工厂、企业与企业之间能够进行实时和非实时通信、联通，实现数据和信息的交互和共享。传感器、数据共享和网络为制造业提供了全新的发展驱动力，当然，同时也带来了网络安全风险。

从工业3.0到工业4.0，制造技术发展将面临的四个新的转变（图1-8）：

转变一——从相对单一的制造场景转变到多种混合型制造场景的变化。未来制造环境中，在产品对象结构和材料、制造装备和工艺、制造系统的控制等方面都相对单一的传统制造场景将发生变化，出现越来越多的各种要素的集成、融合和混合的制造形态，从而使制造过程变得越来越复杂，对界面接口、标准化、技术经济平衡等要求越来越高，如零件材料上金属材料与复合材料混合、对象尺度上宏观与微纳混合、加工工艺上增材与减材混合、工作方式上机器人与人类融合、变量形式上数字过程与模拟过程混合、虚实结合上赛博空间与物理实体相融合等。

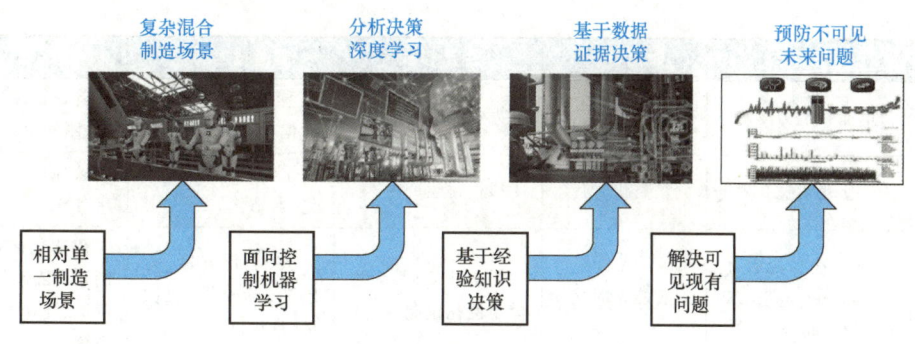

图 1-8　制造技术面临四个新的转变

转变二——从基于经验的决策转变到基于证据的决策。传统制造系统的生产计划、工艺规程制订和过程管理严重依赖于经验丰富的人员。随着老一代经验丰富的制造技术人员减少，大量的知识、技艺、经验甚至是诀窍也随之流失。因此，需要智能分析系统将原来基于经验的知识转化为可持续运行的基于证据的决策。

转变三——从基于控制的机器学习转变到基于丰富数据的深度学习。传统的基于人工智能的机器学习主要用于机器的控制，然而，在网络化、大数据的环境中，需要在一些未知条件下当数据状态动态变化时，仍能保持模型的鲁棒性（robustness），使用户预测和理解不可见的因果关系并做出优化的决策。

转变四——从解决可见的问题转变到避免不可见的问题。制造系统运营中的问题可分为可见性和不可见性两大类，通过对相互关联的多维系统的智能分析，可对相关性和因果函数进行建模，获得对运行过程中尚未出现问题的分析预测结果，给出预警和控制，从而避免制造过程中的不可见性问题所导致不良后果的发生。

为了适应上述转变，工业4.0的制造技术将呈现出新的技术特征，一是基于先验知识和历史数据的传统制造过程优化，将发展到基于大数据、数据分析、人工智能和深度学习的具有预测能力并适应未知场景变化的智能优化；二是面向设备、过程控制的局部/内部闭环将扩展为基于泛在感知、物联网、工业互联网、云计算的大制造闭环；三是大制造闭环系统中的数据处理不仅限于结构化数据，而且包括大量非结构化数据，如图像、自然语言，甚至社交媒体中的信息等；四是按给定指令计划进行的物理生产过程以及为实现生产过程优化进行的虚拟仿真等，将转向虚实融合的智能生产，即以不同层级的数字孪生、赛博物理生产系统的形式，将虚拟空间里的数字仿真和物理空间里的生产过程深度融合，从而形成虚实交互融合、数据信息共享、实时优化决策、精准控制执行的生产系统和生产过程，使之不仅满足工业3.0时代的性能指标（如生产率、产品质量、可重复性、成本和风险控制），并且进一步满足诸如灵活性、适应性和从失败或人为干预中学习的能力等新指标。

表1-1为从工业1.0到工业4.0不同阶段制造技术对比，从主要标志、时代特点、生产模式、制造技术特点和制造装备及系统等方面，分别做了对比总结。

表 1-1　不同工业阶段制造技术对比

工业 x.0	主要标志	时代特点	生产模式	制造技术特点	制造装备及系统
工业 1.0	蒸汽机动力应用	蒸汽时代	单件小批量	机械化	集中动力源的机床

(续)

工业 x.0	主要标志	时代特点	生产模式	制造技术特点	制造装备及系统
工业 2.0	电能和电力驱动	电气时代	大规模生产	标准化、刚性自动化	普通机床、组合机床、刚性生产线
工业 3.0	数字化信息技术	信息化时代	柔性化生产	柔性自动化、数字化、网络化	数控机床、复合机床、FMS、CIMS
工业 4.0	新一代信息技术（I-Internet, IoT, AI, BD, CC, etc.）	智能化时代	网络化协同、大规模个性化定制	人-机-物互联、自感知、自分析、自决策、自执行	智能化装备、增材制造、混合制造、云制造、赛博物理生产系统

1.2 制造的永恒主题

1.2.1 制造业的地位及作用

第一次工业革命产生了现代意义上的制造业（Manufacturing Industry），它是指对原材料（采掘业的产品和农产品）进行加工或再加工，以及对零部件进行装配的工业部门的总称。也可以说，制造业是将可用资源（包括能源）通过制造过程，转化为可供使用和利用的工业品或生活消费品的产业。根据所采用的制造技术和制造模式的不同，制造业可分为传统制造业和现代制造业；另外，根据最终产品的特点，也可将制造业分为消费品制造业和资本品制造业、轻型制造业和重型制造业、一般制造业和装备制造业、民用制造业和军工制造业等，如图 1-9 所示。

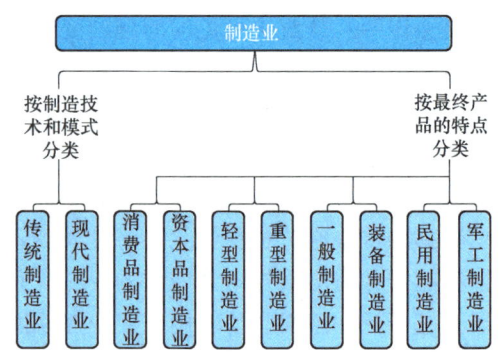

图 1-9　制造业的分类

制造业对人类社会发展具有不可替代的推动作用，在国民经济中占有非常重要的地位。制造业是创造物质财富的基础，是国民经济的支柱产业，无论是在国民经济总量及出口产品中，还是从业人员数量，制造业都占有很大的份额；制造业是高技术产业化的载体和技术创新的主体，同时高技术产业也正在成为制造业的重要组成部分；制造业的生产方式、生产规模和生产能力以及技术水平，是一个国家科技水平和综合实力的重要标志，是国际竞争力的重要体现，更是国家安全特别是国防安全的重要保障。

1.2.2　"优质、高效、低耗、绿色、安全"的永恒主题

自从有了现代意义上的制造业以来，制造技术发展的主题可以用"优质、高效、低耗、绿色、安全"来概括，这十个字也可以说是制造业发展过程中一直追求的不变目标。在不同的发展时期，"优质、高效、低耗、绿色、安全"这 5 个方面都有具体的内涵和意义。从普遍意义来说，它们具有如下含义：

优质——制造的产品具有符合设计要求的优良质量，或提供优良的制造服务。"优质"体现的是产品的精度、质量、可靠性，只有优质的产品，才能真正树立品牌，才能占有长远的市场。优质是制造产品和提供制造服务的首要要求。

高效——在保证质量的前提下，在尽可能短的时间内，以高的工作效率和快的工作节拍完成生产，向用户提供产品和制造服务，快捷地响应市场的需求。"高效"体现的是制造和服务的时间最短和效率最优。

低耗——以尽可能低的经济成本和资源消耗，制造产品或提供制造服务。其目标是综合制造成本最低，或制造能效比最优。"低耗"体现了对制造过程综合成本的控制，生产过程能效最佳，产品性价比最好，最终提高了产品的竞争力。

绿色——综合考虑环境影响和资源效益的制造。其目标是使产品从设计、制造、包装、运输、使用到报废处理的整个产品全生命周期中，对环境的影响最小，资源利用率最高，并使企业经济效益和社会效益协调优化。"绿色"体现了制造与环境、生态的友好和谐，通过降能节材、清洁生产、减少排放等，实现人类社会的可持续发展。

安全——在生产过程中，通过"人、机、物（料）、环（境）、（方）法"等方面的协同运作，保证生产者、技术装备和生产设施（包括软硬件资源）以及生产活动的安全性。"安全"体现了对生产者人身安全和身体健康、各种资源和财产安全的根本要求，是正常进行各种生产活动的最基本保障。

1.3 智能制造的发展历程

1.3.1 早期的研究与认识

对智能制造的研究可上溯到 20 世纪 80 年代，1989 年 Kusiak 首次明确提出了"智能制造系统"（Intelligent Manufacturing System，IMS）一词，并将智能制造定义为"通过集成知识工程、制造软件系统和机器人控制来对制造技工们的技能与专家知识进行建模，以使智能机器可自主地进行小批量生产"。此时，智能制造的概念是从技术方面阐述的，主要是描述一种面向生产制造过程的工程技术。最初智能制造的概念强调它是由智能机器和人类专家共同组成的人机一体化智能系统，在制造过程中能进行智能活动，诸如分析、推理、判断、构思和决策，通过人与智能机器的合作共事，扩大、延伸和部分地取代人类专家 制造过程中的脑力劳动。

早期关于智能制造的特征描述包括科学和技术两个方面。在科学方面，智能制造具有下列特征：多信息感知与融合、知识的表达/获取/存储/处理、联想记忆功能、自学习/自适应/自组织/自维护、智能分解与集成、容错功能和智能控制等；在技术方面，呈现出以"信息的泛在感知→自动实时处理→智能优化决策"为核心，将信息通信、自动化与制造技术等多学科交叉融合，实现"制造活动—产品价值网络"（横向）、"设备层—控制层—管理层"（纵向）和"设计—生产—销售—售后"（产品全生命周期）的多种集成。

早期的智能制造研究包括智能制造技术和智能制造系统两个方面。智能制造技术主要研究内容包括：智能制造基础理论（如制造经验与知识的表达、自适应控制理论、智能控制系统理论与方法等）、智能化单元技术（柔性制造单元）、智能机器技术等。智能制造系统研究主要解决两个方面的问题：一方面是在制造系统中用机器智能替代人的脑力劳动，使脑力劳动自动化；另一方面是在制造系统中用机器智能替代熟练工人的操作技能，使得制造过程不再依赖于人的"手艺"（或"技艺"），或是在维持自动生产时，不再依赖于人的监视和决策控制，使得制造系统的生产过程可以自主进行。

1.3.2 智能制造内涵认识的发展

美国能源部早期开展了智能制造的研究，认为智能制造是先进传感、仪器、监测、控制和过程优化的技术和实践的组合，它们将信息和通信技术与制造环境融合在一起，实现工厂和企业中能量、生产率和成本的实时管理，这一定义涉及的主要要素如图1-10所示。

在美国国家制造业创新网络中，由能源部资助的清洁能源智能制造创新研究院发布的智能制造2017—2018路线图（Roadmap 2017—2018）指出，智能制造是2030年左右可以实现的制造方式，并对智能制造定义如下：智能制造（Smart Manufacturing, SM）是一系列涉及业务、技术、基础设施及劳动力的实践活动，通过整合运营技术/信息技术（Operation Technology/Information Technology，OT/IT）的工程系统，实现制造的持续优化。

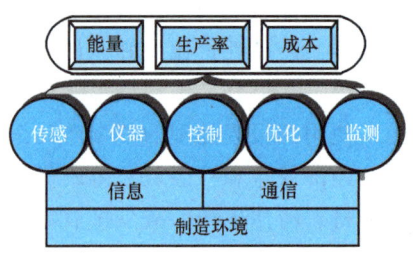

图1-10 早期智能制造定义中涉及的要素

该定义给出的四个维度——业务、技术、基础设施、劳动力，并把"业务"放在第一位，把智能制造的最终目的定位在持续优化（optimizing），强调了智能制造是为业务服务、智能化与优化同步并以此为目的的观点。此外，该定义关注"劳动力"的实践活动，强调了人在智能制造中的地位。

在制造强国战略研究中，智能制造的内涵表述为：智能制造是制造技术与数字技术、智能技术及新一代信息技术的融合，是面向产品全生命周期的具有信息感知、优化决策、执行控制功能的制造系统，旨在高效、优质、柔性、清洁、安全、敏捷地制造产品和服务用户。智能制造的内容包括：制造装备的智能化、设计过程的智能化、加工工艺的优化、管理的信息化和服务的敏捷化/远程化等。其中，关于智能制造的主要技术特征有三个方面：① 信息感知——智能制造需要大量的数据支持，通过有效利用高效、标准的方法实时进行信息采集、自动识别，并将信息传输到分析决策系统；② 优化决策——通过面向产品全生命周期的信息挖掘提炼、计算分析、推理预测，形成优化制造过程的决策指令；③ 执行控制——根据决策指令，通过执行系统控制制造过程的状态，实现稳定、安全的运行。

在工信部发布的《智能制造发展规划（2016—2020年）》中给出了智能制造另一个新的定义——智能制造是基于新一代信息通信技术与先进制造技术深度融合，贯穿于设计、生产、管理、服务等制造活动的各个环节和生命周期，具有自感知、自学习、自决策、自执行、自适应等功能的新型生产方式。

1.3.3 工业4.0时代智能制造的内涵

如前所述，工业4.0是正在发生之中的新工业革命，面临着一系列的新变化和新挑战。

"智能化"成为未来制造技术发展的必然趋势,赛博物理融合的智能制造是其核心。在工业4.0时代,"优质、高效、低耗、绿色、安全"仍然是智能制造的主要目标,但对其内涵赋予了新的意义。基于对工业革命与现代制造概念形成及发展的分析,以及对制造业和制造技术发展永恒目标的认识,进一步分析工业4.0时代的特征,对工业4.0时代的智能制造内涵有了进一步的认识,即:

智能制造是先进制造技术与新一代信息技术、新一代人工智能技术等新技术深度融合形成的新型制造系统和制造技术,它以产品全生命周期价值链的数字化、网络化和智能化集成为主线,以企业内部纵向管控集成和企业外部网络化协同集成为支撑,以实际生产系统及其对应的各层级数字孪生映射融合构建的 CPPS 为核心,建立起具有动态感知、实时分析、自主决策和精准执行功能的智能工厂,进行虚实融合的智能生产,实现高效、优质、低耗、绿色、安全的制造和服务。

1.4 关于智能制造发展的国家战略

制造业在世界工业化进程中始终发挥着主导作用。在经济全球化和信息技术革命的推动下,国际制造业的生产方式正在发生着重大变革。近年来,主要工业国家纷纷制订各种发展计划,促进传统制造业向先进制造业(Advanced Manufacturing Industry)转变,加快发展先进制造业,已经成为世界制造业发展的新潮流。

在先进制造技术领域,美国、德国、日本等国家在全球一直处于领先地位,这些国家科技实力强,工业基础好,技术积累多,市场占有率高,而且在国家层面上,近些年出台多项引导和支持先进制造技术发展的计划,均以数字化、网络化和智能化为主要方向,为各国制造技术领域的科技发展和产业振兴,起到了极其重要的引领、鼓励和支持作用。

1.4.1 德国"工业4.0"和《国家工业战略2030》

1. 德国"工业4.0"

2013年4月,德国在汉诺威工业博览会上正式推出了"工业4.0(Industrie 4.0)"。德国"工业4.0"原本是一个由德国联邦教研部与联邦经济技术部联合资助的研究项目,由德国工程院、弗劳恩霍夫协会、西门子公司等联合建议和推动形成,由德国电气和电子工业联合会 ZVEI(Zentralverband Elektrotechnik-und Elektronikindustrie e. V.)、机械设备制造业联合会 VDMA(Verband Deutscher Maschinen-und Anlagenbau)和信息、通信与新媒体协会 BITKOM(Bundesverband Informationswirtschaft,Telekommunikation und neue Medien)共同发布。德国"工业4.0"现已上升成为德国的国家工业发展战略,其目的是提高德国工业的竞争力,在新一轮工业革命中占领先机,以确保德国工业的未来。德国"工业4.0"得到了德国科研机构和产业界的广泛认同,并在全球产生重大影响。

在德国"工业4.0"中提出了四次工业革命的划分,并指出现在面临的以智能制造为主导的第四次工业革命,它将通过充分利用信息通信技术和赛博(Cyber)空间虚拟系统相结合的手段,将制造业向智能化转型,这也是德国"工业4.0"的核心。

德国"工业4.0"包括如下主要内容(图1-11):

1)1个核心——CPS。

2）两大主题——智能工厂（包括智能服务）和智能生产（包括智能物流）。

3）三项集成——通过价值网络实现的横向集成、垂直集成和网络化制造、贯穿整个价值链的端到端数字化集成。

4）八个领域——标准化和参考架构、管理复杂系统、全面宽频的基础设施、安全和保障、工作的组织和设计、培训和持续的职业发展、规章制度、资源利用效率。

德国"工业4.0"一经推出，受到了世界各国的高度关注，它不仅给德国工业产品生产与服务模式、价值创造过程、产业链分工等带来深刻的变化，还对全球的工业版图产生深远的影响。

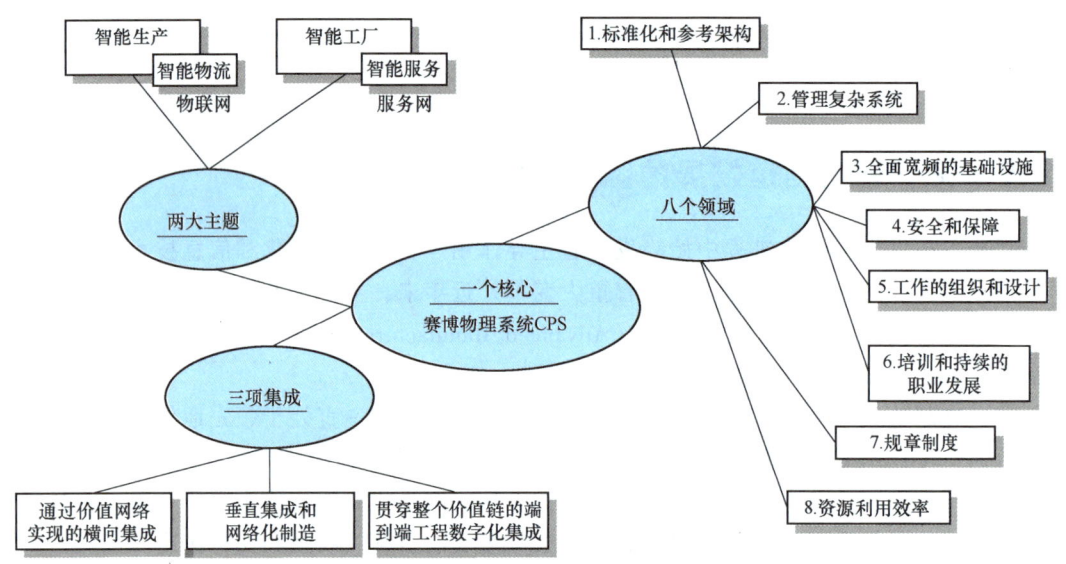

图1-11 德国工业4.0图解

2. 德国《国家工业战略2030》

2019年2月，德国政府又发布了德国《国家工业战略2030》，其主要内容摘要如下。

（1）主要目标

1）《国家工业战略2030》旨在与工业利益相关者一道，努力确保或重夺所有相关领域在国内、欧洲乃至全球的经济技术实力、竞争力和工业领先地位。

2）该战略是长久确保与扩大德国整体经济实力、国民就业与繁荣的必然要求。

3）该战略的一个目标是到2030年，逐步将工业在德国和欧盟的总增加值GVA（Gross Value Added）中所占的比重分别扩大到25%和20%。

（2）现状　德国始终坚持以工业为基础的经济模式，德国工业具有极强的竞争力和创新力，其工业在国内总增加值GVA中所占的比重达到23%，是全球成绩斐然的工业大国。德国已经或仍处于领先地位的关键工业领域包括：钢铁、铜及铝工业；化工产业；设备和机械制造；汽车产业；光学产业；医学仪器产业；环保技术产业；国防工业；航空航天工业；增材制造（3D打印）等。

（3）挑战　德国工业在如下方面受到来自其他国家的挑战：低工资、低生产成本；电信技术、计算机和消费电子（智能手机、平板电脑等）；创新型碳纤维材料；汽车（减排、替代性交通工具与电动汽车、自动驾驶、新营运模式）；平台经济互联网；人工智能应用；新生物技术；高端创新领域等。同时，一些变化趋势也正在显现：颠覆性技术发展与生产力提高剥夺了许多国家和地区的现有工作，但同时新的、创新型的、面向未来的工作机会也可能不会出现在这些国家和地区。如果德国和欧洲未能在颠覆性技术方面取得领先地位，就有可能损失巨大的增值空间。

德国最主要的国家竞争对手已经做出行动，并且都在重新定位。具有代表性的事例如：

1）美国政府的"美国优先"和"再工业化"，广泛支持在人工智能、数字化、自主驾驶和生物技术方面的研发。

2）日本经济的优势尤其包括人工智能、联网机器和机器人技术以及汽车工业。

3）中国的"中国制造 2025""中国新时代科技基金""一带一路"倡议。

（4）改变游戏规则的突破性创新

1）只有拥有并掌握新技术的国家才能始终在竞争中保持有利地位。

2）大型互联网平台拥有大量的资金和数据，正在成为创新的驱动力，改变全世界的附加价值链。

3）未来更进一步的突破性技术可能是纳米技术和生物技术、新材料和轻量级建筑技术以及量子计算的发展。

（5）改变世界规则的创新速度　与过去相比，今天的创新速度大大加快。20世纪初，人们已经知道了电视、传真和移动电话的原理，然而花费了数十年才通过技术发展实现了应用与商业化。在过去的15年里，创新的速度已经大大加快，尤其是在数字和未来的相关领域。当数字革命的主要方面与传统研究、应用相联系时，创新的速度将再次大幅提高。人工智能的应用也会加快创新的速度。未来必须在较短的时间内以更快的速度决定是否要加入某一领域的创新竞争，而且与早期创新周期相比，这种决定的可逆性要小得多。

（6）德国国家工业政策的参考点　在德国经济中，掌握工业技术的主导能力是维持德国未来生存能力的决定性挑战。德国经济必须能够经受住所有主要领域的全球竞争，特别是在关键技术和突破性创新方面。

工业在经济附加值总额中所占的比重不仅仅是一个参考点，更是一个重要的目标。同时，这也是判断德国是否朝着正确方向发展的一个重要指标。

保持一个闭环的工业增值链，是非常重要的。如果增值链的所有部分——从基础材料的生产，到零部件制造和加工，再到分配、服务、研发，都集中于一个经济地区，将使各个环节更具抵抗力，也更能实现价值链的增值或扩大竞争优势。

中小企业是德国的特色优势，强化对中小企业的支持也至关重要，许多中小企业已经用高度专业化的产品及其应用（隐形冠军群）"征服"了部分世界市场，具有强大的技术专长和竞争力，需要个性化的优惠与扶持。

德国与欧洲的龙头企业：规模是关键！

随着综合的全球市场的出现，越来越多的领域开始浮现一个问题，若要成功地参与国际竞争或提供特定的产品和服务，越来越需要投入大量的资金，例如大型商用飞机只能由一定规模的公司建造；铁路系统的建设与现代化需要开展众多大型工程，耗费超过 300 亿美元；大型互联网平台也需要庞大的资金。因此，工厂建设、国际金融、银行业以及许多产业，需要与中美竞争者处于同一水平的具有相当规模、实力雄厚的参与者。

1.4.2 美国工业互联网和先进制造业领导力战略

1. 美国工业互联网

美国通用电气（General Electric，GE）公司于 2012 年提出"工业互联网（Industrial Internet）"的概念，随后美国五家企业（GE、IBM、思科、英特尔和 AT&T）联合组建了工业互联网联盟（Industrial Internet Consortium，IIC）。

2013 年 6 月，GE 提出了"工业互联网革命（Industrial Internet Revolution）"，指出工业互联网是一个开放、全球化的网络，将人、数据和机器连接起来，其目标是升级那些关键的工业领域。如今在全世界有数百万种机器设备，从简单的电动摩托到尖端的核磁共振成像（MRI）设备，还有数万种复杂机械的集群，从发电的电厂到运输的飞机。"工业互联网"将使工业系统与高级计算、分析、传感技术及互联网进行高度的融合。

2015 年 6 月，IIC 发布工业互联网参考架构（Industrial Internet Reference Architecture，IIRA）。IIRA 包括商业视角、使用视角、功能视角和实现视角四个层级（来自 ISO/IEC/IEEE 42010：2011），并论述了系统安全、信息安全、灵活性、互操作性、连接性、数据管理、高级数据分析、智能控制、动态组合九大系统特性。IIRA 为工业互联网系统的各要素及相互关系提供了通用语言，开发者可为系统选取所需的要素，更快地实现和交付系统。

工业互联网的关键元素包括：

1) 智能装备：以全新的方法将物理世界中的机器、设备、团队和网络通过先进的传感器、控制器和软件应用程序连接起来。

2) 高级分析：使用基于物理的分析法、预测算法、自动化和材料科学、电气工程及其他关键学科的专业知识来理解机器设备与大型系统的运作方式。

3) 工作人员：建立员工之间的实时连接，连接各种工作场所的人员，以支持更为智能的设计、操作、维护以及高质量的服务与安全保障。

工业互联网将以上元素融合起来，它通过智能机器间的互联并最终将"人-机"连接，实现数据端到端的流动和跨系统的流动，在数据流动技术基础上，结合软件和大数据分析，形成智能化变革，形成新的模式和新的业态。

2. 先进制造业美国领导力战略

2018 年 10 月，美国国家科学技术委员会下属的先进制造技术委员会发布了《先进制造业美国领导力战略》报告，提出了三大目标（表 1-2），展示了未来 4 年内的行动计划。

表 1-2 《先进制造业美国领导力战略》的三大目标和任务

目标	任务	优先计划
开发和转化新的制造技术	抓住智能制造系统的未来	智能和数字制造、先进工业机器人、AI 基础设施、制造业网络安全
	开发世界领先的材料和加工技术	高性能材料、增材制造、关键材料
	确保通过国内制造获得医疗产品	低成本分布式药物制造、连续制造、组织和器官的生物制造
	保持电子设计和制造领导地位	半导体设计工具和制造、新材料/器件和结构
	加强粮食和农业制造业	食品安全与加工测试和可追溯性、粮食安全生产和供应链、改善生物基产品

(续)

目标	任务	优先计划
教育、培训和集聚制造业劳动力	吸引和发展未来制造业劳动力	以制造业为重点的 STEM 教育、制造工程教育、工业界和学术界的伙伴关系
	更新和扩大职业及技术教育途径	职业和技术教育、培养技术熟练的技工
	促进学徒和获得行业认可的证书	制造业学徒计划、学徒和资格认证计划登记制度
	熟练工人与所需行业相匹配	劳动力多样性、劳动力评估
扩大国内制造业供应链的能力	加强中小制造商在先进制造业中的作用	供应链增长、网络安全扩展和教育、公私合作伙伴关系
	鼓励制造业创新的生态系统	制造业创新生态系统、新业务形成与发展、研发转化
	加强国防制造业基础	军民两用、购买"美国制造"、利用现有机构
	加强乡村社区的先进制造业	促进乡村繁荣的先进制造业、资本准入/投资和商业援助

(1) 影响美国先进制造业创新和竞争力的因素

1) 技术的快速发展与经济力量的结合正在改变产品和服务的构思、设计、制造、分配和支持方式。

2) 先进制造业的发展需要大力发展制造业技术及基础设施。

3) 可靠和可预测的知识产权是投资先进制造业的关键点。

4) 新兴市场、进出口贸易都受到先进制造业的影响。

5) 保护和推进美国工业的贸易政策对于美国先进制造战略的成功至关重要。

6) 制造业推动全球经济发展。制造业与基础设施发展、创造就业机会以及国内生产总值（GDP）增长密切相关。

7) 坚实的国防工业基础，包括具有弹性供应链的、创新和可赢利的国内制造业是国家头等大事，对经济繁荣和国家安全至关重要。

8) 先进制造业劳动力需要在科学、技术、工程和数学（STEM）方面做好高水平的准备。

9) 联邦、州和地方政府必须共同努力，来支持先进制造业。

(2) 目标和任务 《先进制造业美国领导力战略》提出三大目标，并针对每个大目标，确定了若干个具体战略目标以及相应的一系列需要优先发展的任务，指定了负责参与实施的主要联邦政府机构。三大目标是：

1) 开发和转化新的制造技术。

2) 教育、培训和集聚制造业劳动力。

3) 扩展国内制造供应链的能力。

(3) 战略计划的着力点（任务）

1) 未来智能制造系统：智能与数字制造；先进工业机器人；人工智能基础设施；制造业的网络安全。

2) 先进材料和加工技术：高性能材料；增材制造（Additive Manufacturing）；关键材料。

3) 美国制造的医疗产品：低成本、分布式药物制造；连续制造（CM）；生物组织与器官制造。

4）领先集成电路设计与制造：半导体设计工具和制造；新材料/器件和架构。

5）粮食与农业制造业：食品安全与加工、测试和可追溯性；粮食安全生产和供应链；改善生物基产品。

（4）几个关注点战略报告指出将通过促进美国制造技术开发和转化、培育劳动力及扩展国内制造业供应链能力来扩大美国制造业就业，确保国防工业基础和繁荣经济，并明确提出要采取贸易保护政策促进制造业发展。

报告提出不应再把制造业与产品开发整体价值链分离，而是共同发展。并且在优先开发和转化的技术中不仅关注智能制造、人工智能、工业互联网、先进材料、连续制药、半导体等先进技术，也强调了普通药品、关键材料、食品及农产品等技术的重要性。这一态度表明为扩大就业及保证国内供应链安全，美国不再只关注有更高利润的产品设计及高端制造技术，也开始重视一般/低端制造业在其国内的发展。

报告还强调了知识产权对制造业的重要性，认为可靠的知识产权和法律体系才能有效激励私营部门投资制造研发。

1.4.3　日本工业价值链和超智能社会5.0

第二次世界大战后日本制造业迅猛发展，20世纪60年代的工业年均增长率高达13%。20世纪70年代，日本基本实现了工业现代化。到20世纪80年代，日本已经超越欧洲几大工业国，而且在汽车、半导体等产业超过美国，成了世界第二大制造国，综合竞争力仅次于美国。全球最大的500家工业企业，日本占了29%，日本国民生产总产值的49%来自于制造业。日本制造业的优势主要集中在机械设备制造、汽车及关键零部件，其中半导体制造设备、机床、数码相机等出口分别占35.2%、28.1%和20.1%。

20世纪90年代后，日本经济进入了长达10多年衰退停滞期，但这并没有影响到其先进制造业的发展。日本政府历来主张通过政府干预，用产业政策来引导和鼓励高新技术产业发展。早在1980年，就颁布了《推进创造性科学技术规划》，1985年又制定了《促进基础技术开发税制》，实行税金扶持政策。1995年，日本政府提出"科技创新立国"战略，颁布了日本有关科技的根本大法，即《科学技术基本法》，之后又通过了《科学技术基本计划》，后来又颁布了《振兴制造业基础技术基本法》。这一切都使得日本政府和地方机构在制订高新技术产业政策时有法可依，具有很强的法律制度保证性，依靠法律的强制性和激励性来推动先进制造业的发展。

近年来，迫于德国的"工业4.0"和美国的"工业互联网"可能带来全球制造业的巨变，日本政府和产业界对"日本可能落后"表现出强烈危机感。2015年6月日本经产省颁布了《2015年版制造白皮书》，提出倘若错过德国和美国引领的"制造业务模式"的变革，"日本的制造业难保不会丧失竞争力"。因此，日本制造业要积极发挥信息技术的作用，建议转型为利用大数据的"下一代"制造业。

日本制造业发展的特点主要表现在以下五个方面：一是以耐用消费品产业为先导，大力发展重化工业和新兴产业；二是大力引进先进技术，并强调技术的消化和创新，快速推进技术产品市场化，能对市场变动做出及时响应；三是自动化大规模生产，而且强调节能、环保；四是推行专业化协作和产业集群化，以几家高关联大企业为中心，形成联系紧密的产业群；五是强调管理科学化，不断创新生产管理模式。

2016年12月8日，日本工业价值链参考框架（Industrial Value Chain Reference Architecture，IVRA）正式发布，标志着日本智能制造策略正式落地。IVRA是日本智能制造独有的顶层框架，相当于美国工业互联网联盟的参考框架（IIRA）和德国"工业4.0"参考框架（RAMI 4.0），共有180多家机构作为IVI（Industrial Value Chain Initiative）的主要成员参与（其中包括100多家企业），知名的企业如：丰田、山崎马扎克、日立、欧姆龙、博世、安川电机、索尼等，都加入了IVI联盟。

日本智能制造三大战略（图1-12）：

√ 一是推动工业价值链IVI的发展，建立日本制造的联合体王国。

√ 二是通过机器人创新计划，以工业机械、中小企业为突破口，探索领域协调及企业合作的方式。

√ 三是利用IoT（Interent of Things，物联网）推进Lab（Laboratory，实验室）实验室加大与其他领域合作的新型业务的创出。

同时，2016年日本政府还推出"超级智慧社会（Super Intelligent Society）"战略，又称为"社会5.0（Society 5.0）"，提出人类社会由狩猎社会、农耕社会、工业社会，逐渐变迁为信息社会，科技产业生态体系正因开放式创新而不断改变，包括物联网、机器自动化、人工智能、大数据、智能医疗等先进科技正同步发生在你我的身边。这些科技看似彼此独立，却又唇齿相依，不仅带动产业经济与社会结构发生巨大变化，也导致了一场非连续性的颠覆性创新，正悄悄改变现有的生活方式。"社会5.0"制定了包含物联网、大数据、人工智能与机器自动化等在内的科技挑战目标，同时描绘了20年后未来人类的生存环境。无论在生活环境或产业环境的背后，都有着高度计算机化、智能化的身影。在工业领域，将在广泛的工业解决方案范围内引入转型变革，如制造、物流、销售、运输、医疗、金融和公共服务等，构建智能社会和支持系统，以实现智能社会发展的目标，为社会增添新的价值。其主要内容包括网络安全、物联网系统架构技术、大数据分析、人工智能、设备技术创新、网络创新和边缘计算等（图1-13）。

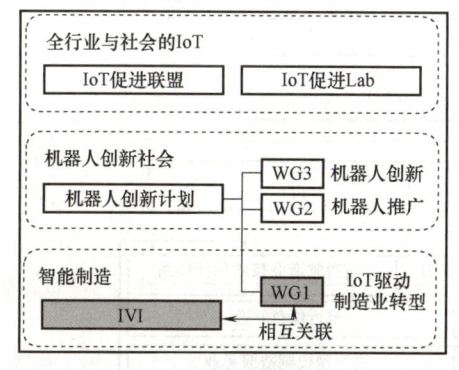

图1-12 日本智能制造发展的三大战略

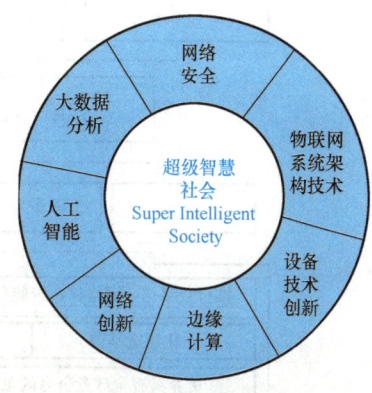

图1-13 超级智慧社会5.0

该战略报告预期到2035年时，"社会5.0"的超级智能社会将呈现如下的面貌：包括单件物品的快速定制服务，可利用大数据提供多样的定制化服务；能源自给自足的城市再造，如智慧能源管理；居家生活的健康管理，可将信息与通信技术应用于居家生活；日常生活使用的设施，例如利用虚拟现实与机器人提高生活便利性；营建工程从规划到维护管理，可利用人工智能、机器人来提供自动化与效率化的进行；多样化防灾、减灾系统可利用信息解析来进行高效率的救灾与支持；农产品的订购栽培，能借助大数据拟定经营策略，供应高附加价值农作物。

1.4.4 中国制造2025

我国制造业经过几十年的建设和发展，尤其是近十几年的持续快速发展，已建立起门类齐全、独立完整的产业体系，总体规模大幅提升，行业覆盖面广泛，综合实力不断提高，有力推动了工业化和现代化进程，支撑我国成为世界制造大国。

2012年，我国制造业增加值达到2.0793万亿美元，超过美国的1.19121万亿美元，成为全球制造大国。《2013全球制造业竞争力指数》（U.S. Council on Competitiveness）报告表明，我国在当时及其后五年，制造业竞争力指数将保持全球第一。然而，与世界先进水平相比，我国制造业仍然大而不强，在自主创新能力、资源利用效率、产业结构水平、信息化程度、质量效益等方面差距明显，转型升级和跨越发展的任务紧迫而艰巨。

2015年3月，由工信部和中国工程院共同规划的《中国制造2025》正式发布。规划提出：按照国家战略布局要求，实施制造强国战略，加强统筹规划和前瞻部署，到2020年，我国要基本实现工业化，这是第1个百年目标；到2050年实现第二个百年目标，迈入世界工业强国的前列。也就是，力争通过三个10年的努力，到新中国成立100年时，把我国建设成为引领世界制造业发展的制造强国，为实现中华民族伟大复兴的中国梦打下坚实基础。

《中国制造2025》是我国实施制造强国战略第一个10年的行动纲领。其主要框架内容如图1-14所示。

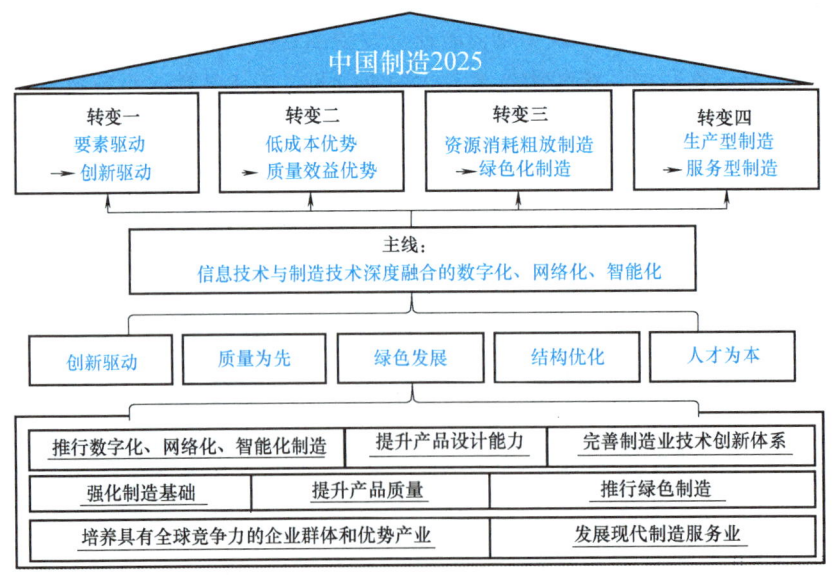

图1-14 《中国制造2025》的框架内容

1. 指导思想

创新驱动——坚持把创新摆在制造业发展全局的核心位置，完善有利于创新的制度环境，推动跨领域跨行业协同创新，突破一批重点领域关键共性技术，促进制造业数字化网络化智能化，走创新驱动的发展道路。

质量为先——坚持把质量作为建设制造强国的生命线，强化企业质量主体责任，加强质量技术攻关、自主品牌培育。建设法规标准体系、质量监管体系、先进质量文化，营造诚信经营的市场环境，走以质取胜的发展道路。

绿色发展——坚持把可持续发展作为建设制造强国的重要着力点，加强节能环保技术、工艺、装备推广应用，全面推行清洁生产。发展循环经济，提高资源回收利用效率，构建绿色制造体系，走生态文明的发展道路。

结构优化——坚持把结构调整作为建设制造强国的关键环节，大力发展先进制造业，改造提升传统产业，推动生产型制造向服务型制造转变。优化产业空间布局，培育一批具有核心竞争力的产业集群和企业群体，走提质增效的发展道路。

人才为本——坚持把人才作为建设制造强国的根本，建立健全科学合理的选人、用人、育人机制，加快培养制造业发展急需的专业技术人才、经营管理人才、技能人才。营造大众创业、万众创新的氛围，建设一支素质优良、结构合理的制造业人才队伍，走人才引领的发展道路。

2. 1条主线、4大转变和8项对策

1条主线——以体现信息技术与制造技术深度融合的数字化、网络化、智能化制造为主线。

4大转变——一是由要素驱动向创新驱动转变；二是由低成本竞争优势向质量效益竞争优势转变；三是由资源消耗大、污染物排放多的粗放制造向绿色制造转变；四是由生产型制造向服务型制造转变。

8项对策——推行数字化网络化智能化制造、提升产品设计能力、完善制造业技术创新体系、强化制造基础、提升产品质量、推行绿色制造、培养具有全球竞争力的企业群体和优势产业、发展现代制造服务业。

3. 重点领域

2015年9月，国家制造强国建设战略咨询委员会正式发布《<中国制造2025>重点领域技术路线图（2015版）》。该技术路线图围绕经济社会发展和国家安全重大需求，选择《中国制造2025》确定的十大重点领域：新一代信息通信技术产业、高档数控机床和机器人、航空航天装备、海洋工程装备及高技术船舶、先进轨道交通装备、节能与新能源汽车、电力装备、农业装备、新材料、生物医药及高性能医疗器械等，在对这些领域未来十年的发展趋势、发展重点和目标等分析研究的基础上，提出了十大重点领域创新的方向和路径（图1-15）。十大重点领域及其涵盖的23个重点方向的主要内容如下：

1) 新一代信息技术产业领域：集成电路及专用设备、信息通信设备、操作系统与工业软件、智能制造核心信息设备。

2) 高档数控机床和机器人领域：高档数控机床与基础制造装备、机器人。

3) 航空航天装备领域：飞机、航空发动机、航空机载设备与系统、航天装备、海洋工程装备及高技术船舶。

4) 海洋工程装备及高技术船舶领域：海洋工程装备及高技术船舶。

5) 先进轨道交通装备领域：先进轨道交通装备。

6) 节能与新能源汽车领域：节能汽车、新能源汽车、智能网联汽车。

7）电力装备领域：发电装备、输变电装备。

8）农业装备领域：农业装备。

9）新材料领域：先进基础材料、关键战略材料、前沿新材料。

10）生物医药及高性能医疗器械领域：生物医药、高性能医疗器械。

图1-15 十个重点领域

4. 智能制造是《中国制造2025》的主攻方向

我国传统制造业成本较低，但消耗大、环境代价高，已成为未来发展的重大约束。在经济发展新常态下，我国进入到比较优势逐步削弱、新的竞争优势尚未形成的新旧交替期；同时，投资和出口增速明显放缓，过去主要依靠要素投入、规模扩张的粗放发展模式难以为继，必须尽快形成经济增长新动力，塑造国际竞争新优势。

为迎接面临的机遇与挑战，智能制造是中国制造转型升级、实现由大到强发展的必由之路。智能制造将制造技术与数字技术、智能技术及新一代信息技术融合，以"互联网+"和"人工智能+"为依托，信息处理手段由"人的智能"向"机器智能"转变，工业生产组织方式从"资源依赖"转变为"数据依赖"，构建出一种高度灵活和可重构的生产方式和服务模式，提高整个生产系统的运行效率和资源利用率，实现制造装备的智能化、设计过程的智能化、加工工艺的优化、管理的信息化和服务的敏捷化/远程化等，打造"智能工厂"与"智能生产"，实现传统制造业的数字化转型和智能升级。

5. 制造强国"三步走"战略

以智能制造作为中国制造发展的主攻方向，强化智能制造基础能力，突破关键智能技术装备，形成智能制造新模式，将促进传统制造业的转型升级，加速建立制造业竞争新优势，实现制造强国目标。我国将通过"三步走"实现制造强国的战略目标：

1）第1步：力争用10年时间，迈入制造强国行列。到2020年，基本实现工业化，制造业大国地位进一步巩固，制造业信息化水平大幅提升。掌握一批重点领域关键核心技术，优势领域竞争力进一步增强，产品质量有较大提高。制造业数字化、网络化、智能化取得明显进展。重点行业单位工业增加值能耗、物耗及污染物排放明显下降。到 2025 年，制造业整体素质大幅提升，创新能力显著增强，全员劳动生产率明显提高，两化（工业化和信息化）融合迈上新台阶。重点行业单位工业增加值能耗、物耗及污染物排放达到世界先进水平。形成一批具有较强国际竞争力的跨国公司和产业集群，在全球产业分工和价值链中的地位明显提升。

2）第 2 步：到 2035 年，我国制造业整体达到世界制造强国阵营中等水平。创新能力大幅提升，重点领域发展取得重大突破，整体竞争力明显增强，优势行业形成全球创新引领能力，全面实现工业化。

3）第 3 步：新中国成立 100 年时，制造业大国地位更加巩固，综合实力进入世界制造强国前列。制造业主要领域具有创新引领能力和明显竞争优势，建成全球领先的技术体系和产业体系。

可以预期，经过"三步走"的三个阶段的不懈努力和奋斗，到 2049 年左右，我国制造业大国地位巩固、技术和产业体系领先、创新能力和综合实力强盛，将真正实现制造强国之梦。

1.4.5 各国智能制造发展特点比较

如前所述，作为名列全球制造业排行榜前 4 位的中国、美国、德国和日本，在面向未来高科技创新和制造业发展方面，都基于全球态势和本国国情，考虑战略态势、未来趋势、模式创新、关键技术等诸多因素，制定了各自的国家发展目标和发展战略，并已推进实施。

综合考虑各国制造业和制造技术方面的历史、现状和未来战略，表 1-3 从技术特点、竞争优势、模式创新和价值创造四个方面，比较了德国、美国、日本和我国四个国家在智能制造方面的发展特点。

表 1-3 不同国家智能制造发展特点比较

国别	计划名称	技术特点	竞争优势	模式创新	价值创造
德国	Industrie 4.0	FA/IT 技术提供者	面向未来制造的长远标准	规模定制化	工厂创造价值
美国	industrial internet CONSORTIUM	IT 服务平台提供者	大数据人工智能	工业物联网商业创新	数据创造价值
日本	IVI Industrial Value Chain Initiative つながる！ものづくり	制造商和智能制造单元	制造业从今天到明天的高效迁移	开放结构与闭环调节相结合的策略	人的知识创造价值
中国	MADE IN CHINA 中国制造 2025	两化深度融合	产业转型升级	互联网+	从成本、速度转向创新、质量创造价值

德国作为制造业基础雄厚的工业大国，技术上是工厂自动化（Factory Automation，FA）和信息技术（Information Technology，IT）的全球提供者，一直以先进的工厂自动化系统、高品质的机械产品和制造装备以及信息技术产品的提供者身份立于世界制造业，创新和质量是"德国制造"的精髓。德国的精密机床、光学仪器、汽车、医疗仪器、电子通信产品等享誉全球；德国面向未来制造的长远标准则是德国制造业竞争优势的无形的强大基础支撑；

19

未来将在大规模定制化生产方面实现模式创新,为全球用户提供更多更好的大规模定制化产品和服务,成批量地满足各种用户个性化需求;在价值创造方面,则以工厂大量生产出"德国制造"优质产品并行销全球而创造价值。

美国具有强大的工业体系和工业技术基础,曾经多年保持全球制造业第一的位置,在航空航天、数字制造、先进工业机器人、高性能材料、医疗产品及药物、工业软件等方面具有领先优势,近年来的"再工业化"和"工业互联网革命",使美国制造业呈现出新的增长趋势。从技术特点角度,美国是全球IT服务平台提供者,将发展新一代IT技术和产业,尤其是促进工业互联网和物联网与制造技术的结合,推进和扩大在制造业的应用;在竞争优势方面,美国面向未来,紧紧抓住大数据和人工智能的发展契机,以期在新的战略制造高点上形成领先竞争优势;在模式创新方面,则在过去以互联网创新改变了人们互联通信、社交和消费模式之后,将以工业物联网、工业互联网为基础实现商业模式再创新,实现"人-机-物"互联,再创交通、工业生产的新场景和新模式;在价值创造方面,美国将由传统的以物质财富生产为主的价值创造,更多地转向以基于工业物联网、大数据、云计算和人工智能的数据作为新的财富,产生和创造价值。

日本在制造领域也有深厚的基础和积淀,在精密机械、高端机床、机器人、汽车、集成电路制造装备、电子产品等方面掌握了核心关键技术,具有明显的竞争优势。近年来,日本进一步强调制造商和智能制造单元的结合,从知识和工程、需求和供应链、递阶层级三个维度体现出智能制造整体技术特点;日本制造业需要从今天积淀的技术、人才和基础实现到明天的高效迁移,才能保持其竞争优势;在模式创新方面,突出开放结构与闭环调节相结合的策略;在价值创造上,更加关注人的价值、知识的价值,以此为基础创造新的价值。

我国从2014年开始,制造业增加值已跃居全球首位,成为名副其实的制造大国。我国高度重视发展制造业,技术上倡导和注重信息化与工业化的"两化"深度融合;以数字化转型、智能化升级来加快实现制造业从低端向中高端的转型升级;在模式创新上,将以"互联网+"和"智能+"为重点,加快制造业在供应链、产品设计、生产过程、营销和服务等方面的模式创新;从过去注重发挥"成本、速度"的优势创造价值,转向追求通过创新发展、提升质量和塑造品牌,来实现价值创造。

1.5 本课程的目标与内容

1.5.1 教学目标

本课程以智能制造工程、机械工程及其相关专业本科生为主要对象,从制造技术和智能制造的发展历程引入,讨论了智能制造的内涵与特征、构成要素和参考架构模型等智能制造技术基础,介绍了智能感知、工业互联网、工业大数据、云计算和边缘计算、虚拟现实/增强现实/混合现实、人工智能和数字孪生等新一代智能制造支撑技术;以智能工厂和智能生产为主题,并结合实际案例,展开讨论了横向集成、纵向集成和端到端集成等三大集成技术,以及动态感知、实时分析、自主决策和精准执行四项功能应用技术;最后阐述了推进和实施智能制造的基本原则、发展阶段、演进范式和具体步骤,展望了智能制造的未来。

通过课程学习,学生将了解制造技术和智能制造发展的历程,理解和掌握智能制造的基础理论和关键技术，了解智能工厂和智能生产的构建及实现场景，并探讨智能制造的未来发展方向和技术路线。

1.5.2 各章内容安排

本教材按如下章节安排全部教学内容：

第 1 章为"概述"，概要介绍制造技术发展历史、制造的永恒主题、智能制造的发展历程和主要工业发达国家关于智能制造发展的国家战略，阐述了现代意义上制造的定义、智能制造的基本概念，比较了德国、美国、日本和我国在智能制造发展方面的特点和优势，最后给出智能制造工程概论的教学目标与内容。

第 2 章为"智能制造技术基础"，在进一步阐述智能制造概念的内涵和特征后，详细介绍了当前流行的智能制造五种参考架构模型：工业 4.0 参考架构模型、基于工业互联网参考架构的智能制造体系架构、智能制造生态系统模型、智能制造单元模型和智能制造三链模型，分析了各个模型的特点以及相互联系，从智能设计、智能产品、智能生产、智能管理和智能服务五个方面，讨论智能制造的核心构成要素和基本内容。

第 3 章为"新一代智能制造支撑技术"，重点介绍支撑智能制造发展的新一代信息技术和人工智能技术等关键技术，它们为智能制造实现动态感知、实时分析、自主决策和精准执行等功能提供了相关的方法和技术。该章从基本概念及工作原理、核心算法或关键技术以及智能制造的应用支撑等方面，重点介绍了传感器、工业互联网/物联网、大数据、云计算/边缘计算、虚拟现实/增强现实/混合现实、人工智能和数字孪生等新一代智能制造支撑技术。

第 4 章为"智能工厂和智能生产"，阐述了从数字化工厂到智能工厂的发展过程，总结了智能工厂的基本特征，从工厂自动化的标准化层级结构出发，介绍了智能工厂的架构、CPPS 和智慧云制造等关键技术，以实例展示了智能工厂建设方案规划，最后介绍了智能生产的具体场景及智能制造过程实现过程。

第 5 章为"智能制造演进范式与发展路径"，阐述了推进和实施智能制造的"三要三不要"原则，介绍了企业智能化发展的"计算机化、连接、可视、透明、预测、自适应"六个阶段，智能制造从"数字化制造"到"网络化制造"、再到"新一代智能制造"三个演进范式，提出了企业实施智能制造的五个具体步骤：需求分析、网络互联、可视数字化、动态优化、智能生产，最后对未来制造的新形态和未来工厂模式进行了展望。

思考题和习题

1-1 人类历史上四次工业革命的主要内容和特点是什么？

1-2 为什么说"优质、高效、低耗、绿色、安全"是制造业和制造技术发展的永恒主题？

1-3 如何认识德国、美国、日本和我国四个国家关于智能制造发展的不同特点？

1-4 试在查阅相关文献和资料后，以具体案例或实际数据进一步分析和讨论德国、美国、日本和我国以及其他工业国家制造业及智能制造的发展特点。

歼击机　　轨道上的交通

第 2 章

智能制造技术基础

【导读】 本章在给出智能制造内涵定义的基础上，分析了智能制造的关键特征，详细介绍了当前流行的智能制造5种参考架构模型，即：工业4.0参考架构模型、基于工业互联网的智能制造体系架构、智能制造生态系统模型、智能制造单元模型和智能制造三链模型，分析了各个模型的特点以及相互联系，从智能设计、智能产品、智能生产、智能管理和智能服务等五个方面，讨论了智能制造的核心构成要素及其基本内容。

2.1 智能制造的内涵与特征

2.1.1 制造系统及其构成

1. 制造系统的概念

制造系统是指为达到预定制造目的而构建的物理的组织系统，是由制造过程、硬件、软件和相关人员组成的具有特定功能的一个有机整体。制造过程包括产品的市场分析、设计开发、工艺规划、加工制造以及控制管理等过程；硬件包括厂房设施、生产设备、工具材料、能源以及各种辅助装置；软件包括各种制造理论与技术、制造工艺方法、控制技术、测量技术以及制造信息等；相关人员是指从事物料准备、加工操作、质量检验、信息监控以及对制造过程进行决策和调度等作业的人员。

从制造的产品对象及其制造工艺特点，可将制造系统分为离散型制造系统和连续型制造系统两大类。离散型制造系统是指其产品是由许多独立加工的零部件构成，通过零部件装配成为产品，如机械制造、汽车制造、飞机制造、3C[⊖]制造等行业。图2-1所示为一个飞机制造的离散型制造系统实例。连续型制造系统是指生产对象按照固定的工艺流程连续不断地通过系列设备和装置，被加工处理成为产品，如冶金、化工、造纸、水泥等行业，图2-2所示为一个钢材轧制过程的连续型制造系统实例。

2. 纵向构成——工厂自动化层级

2010年，国际自动化协会（International Society of Automation，ISA）发布了一个关于工

[⊖] "3C" 是对计算机类（Computer）、通信类（Communication）和消费类（Consumer）三类产品的统称。

第 2 章 智能制造技术基础

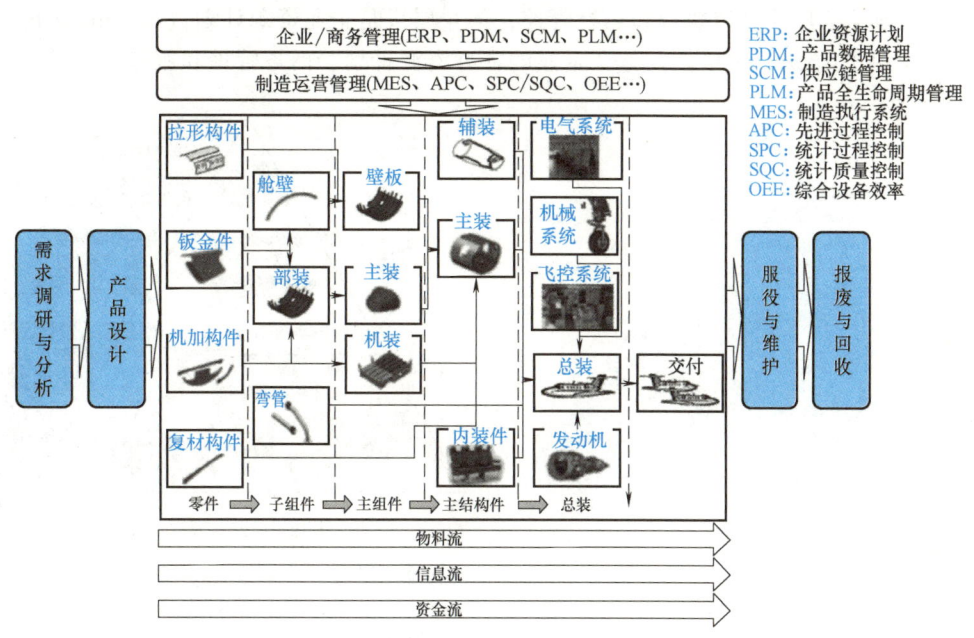

图 2-1 离散制造系统实例——飞机制造

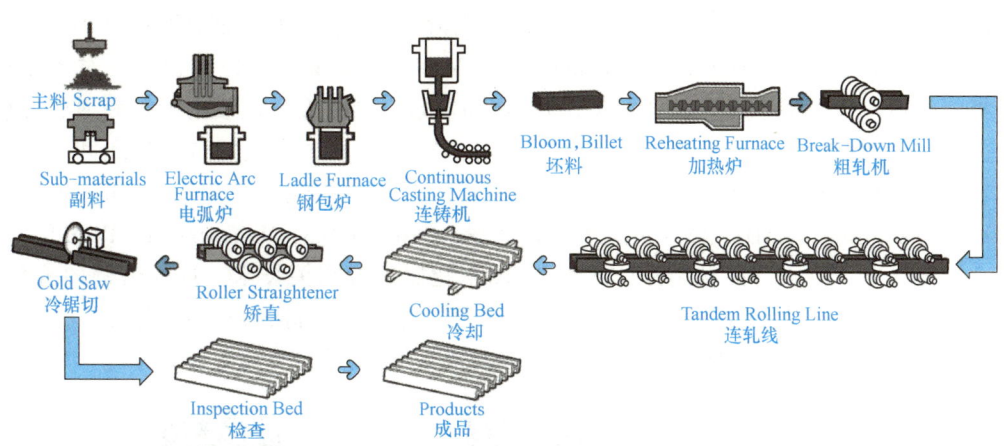

图 2-2 连续型制造系统实例——钢材轧制过程 ［来源：SIAM YAMATO Steel］

厂自动化分级的标准（ANSI/ISA 95 或 SP95，对应于 IEC/ISO 62264），该标准建立在传统金属加工业的自动化层级概念的基础上，定义了工厂自动化"层级"，并以一个 5 级金字塔（图 2-3a）表示，第 0 层为传感器层，第 1 层是实时控制层，第 2 层是高级控制层，第 3 层是制造运营管理层，第 4 层是企业计划和供应链层，自 20 世纪 90 年代以来，ANSI/ISA—95 的工厂自动化层级结构规范从金属加工业进一步并推广应用到了其他行业。

图 2-3b 给出了工厂自动化金字塔在制造业具体应用的纵向 4 层级结构，最底层为设备层级，与 ISA—95 的第 0 层级对应，主要涉及现场设备（传感器、作动器、机器设备等）产生的各种现场信号；第 2 层是控制层级，这一层级中，将 ANSI/ISA—95 中第 1、2 层级的"实时控制"和"高级控制"两层，合并成为一个层级，主要由车间的各种机器设备控制器及控制网络构成；第 3 层级是制造运营管理（Manufacturing Operation Management，MOM）

23

层级,主要涉及工厂的制造执行和运行管控;第4层级是企业资源计划(Enterprise Resource Planning,ERP)层级,主要涉及整个企业的各种资源计划、商务管理和服务。

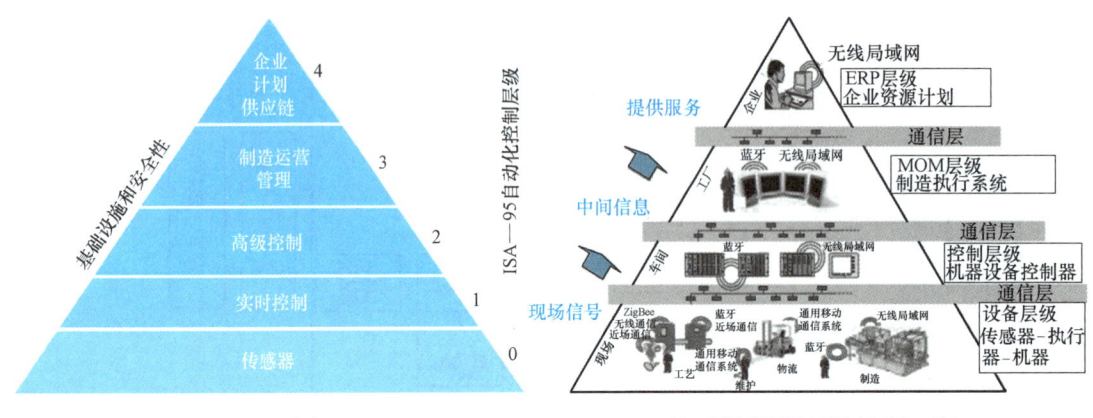

图 2-3 工厂自动化金字塔

3. 价值链端到端构成——产品全生命周期管理的数字化工程

产品的生命周期(Product Life Cycle,PLC)是指一种新产品从开始进入市场到被市场淘汰的整个过程。在现代制造工程实践中,产品生命周期的概念从经济领域扩展到了工程领域,形成了产品全生命周期管理(Product Lifecycle Management,PLM),它是指对产品从需求分析、规划设计(概念设计、详细设计)、产品制造、产品交付、使用维护和回收处理等阶段的全生命周期信息与过程进行管理(图2-4)。PLM是一种先进制造的理念和方法,同时又有一系列相关技术支撑,涉及计算机辅助设计/制造(Computer Aided Design/Computer Aided Manufacturing,CAD/CAM)、产品数据管理(Product Data Management,PDM)、并行设计、敏捷制造、协同设计和制造、数字化/网络化制造等相关技术。从价值链的视角看,PLM贯穿从上游的产品规划设计到最终产品消费的整个价值链,以数字化技术将价值链(即产品生命周期)的端到端(各个阶段)连接打通,提供设计、制造和服务。

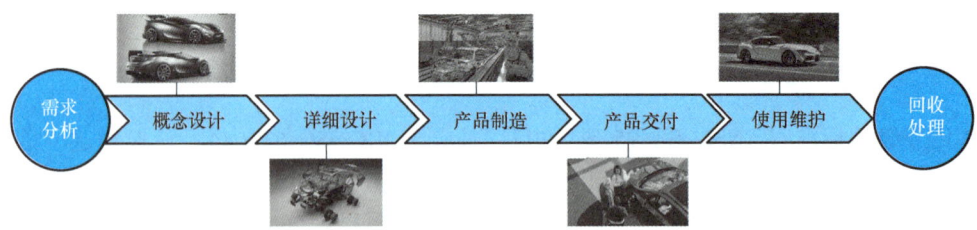

图 2-4 产品全生命周期的概念

4. 横向构成——现代企业组织与网络化协同

从现代企业组织和运营过程的视角,ISA—95给出的工厂自动化分级对应了企业商务运营、生产运营管理和执行、工业自动化过程等3层的企业组织管理结构,商务过程、运营过程和自动化过程通过软件和硬件支撑系统和技术,实现工厂内部的网络化纵向集成(图2-5a)。另一方面,一个企业与外部的设计人员、供应商、销售以及其他企业之间,需要按照敏捷制造的思想,充分利用互联网/工业互联网技术,建立灵活有效、互惠互利的动态联盟,进行企业之间的网络化协同与横向集成，实现研究、设计、生产和销售等各种社会资源的互联和共享，高速度、高质量、低成本地为市场提供所需的产品和服务（图2-5b）。

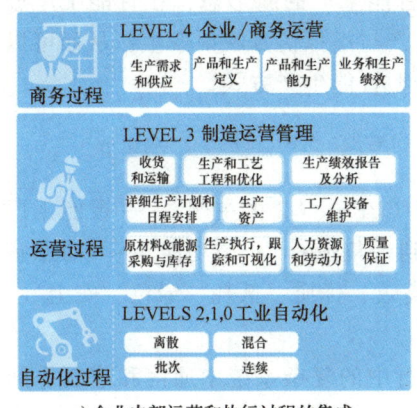
a) 企业内部运营和执行过程的集成

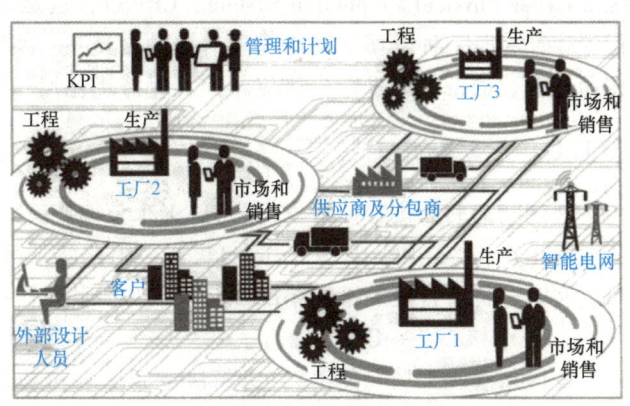
b) 企业外部的网络化协同集成

图 2-5 现代企业组织与网络化协同

2.1.2 智能制造的内涵

1. 智能制造的概念

在第1章里，已阐述了工业4.0时代智能制造的概念，即：智能制造是先进制造技术与新一代信息技术、新一代人工智能等新技术深度融合形成的新型制造系统和制造技术，它以产品全生命周期价值链的数字化、网络化和智能化集成为主线，以企业内部纵向管控集成和企业外部网络化协同集成为支撑，以实际生产系统及其对应的各层级数字孪生映射融合构建的 CPPS 为核心，建立起具有动态感知、实时分析、自主决策和精准执行功能的智能工厂，进行虚实融合的智能生产，实现高效、优质、低耗、绿色、安全的制造和服务。

2. 智能制造是多技术深度融合的新一代制造技术

智能制造是先进制造技术与新一代信息技术、新一代人工智能等新技术深度融合形成的新一代制造技术，从技术角度看，智能制造将涉及技术基础、支撑技术和使能技术三个方面，即：

（1）技术基础 是指智能制造的工程技术基础和基础性设施条件等，涉及工业"四基"和基础设施两个方面。工业"四基"即核心基础零部件/元件、先进基础工艺、关键基础材料、产业技术基础等；基础设施是指数字化基础设施、网络化基础设施、信息安全基础设施等。

（2）支撑技术 智能制造的支撑技术涉及支撑智能制造发展的新一代信息技术和人工智能技术等，主要包括：传感器、工业互联网/物联网、大数据、云计算、边缘计算、虚拟现实/增强现实、人工智能和数字孪生等。

（3）使能技术 智能制造的使能技术涉及智能制造系统性集成和应用使能方面的关键技术，归结为"端到端集成、纵向集成、横向集成"三大集成技术和"动态感知、实时分析、自主决策、精准执行"四项应用使能技术。

3. 智能制造是一种赛博（cyber）物理融合的新型制造系统

从制造系统角度看，智能制造将实现以产品全生命周期价值链数字化为主线的端到端集成、基于工厂自动化5层级结构的纵向集成和网络化制造系统、跨越企业边界的一体化/网络化协同合作的横向集成，构建出一种以CPS为核心的新型制造系统——赛博物理生产系统（Cyber Physical Production System，CPPS），这是未来智能工厂的新形态，在智能工厂进行的生产将是一种赛博空间与物理对象融合交互、实际生产与虚拟仿真映射孪生，从而可以在动态变化的条件下进行自适应调控，保持优化运行的新型智能生产方式。

2.1.3 智能制造的特征

智能制造的关键特征可概括为："1个核心"——CPS/CPPS；"2大主题"——智能工厂和智能生产；"3项集成"——横向集成、纵向集成和端到端集成；"4类功能"——动态感知、实时分析、自主决策和精准执行；"10字目标"——高效、优质、低耗、绿色、安全。

1. 1个核心——CPS

美国航空航天局（NASA）为解决空间探索和航天飞行中的复杂系统中通信和控制等问题，于1992年率先提出了CPS的概念。2006年，美国国家基金会（NSF）给出了广义的赛博物理系统定义，即：CPS是在物理、生物和工程系统中，其操作是相互协调的、互相监控的和由计算核心控制着每一个联网的组件，计算被深深嵌入每一个物理成分，甚至可能进入材料，这个计算的核心是一个嵌入式系统，通常需要实时响应，并且一般是分布式的。2007年，美国将CPS列为未来8大关键信息技术之首。

从控制论的角度，可以将CPS看作是一种由与互联网及用户紧密集成的计算机算法控制（或监控）的系统，在CPS中，物理组件和软件组件深度关联，每个组件运行在不同的空间和时间尺度上，具有多重和清晰的行为模式，并以随环境变化的多种方式相互交互。

从工作机理方面看，CPS是一种综合了计算、网络和物理环境的复杂系统，它通过计算（Computing）、通信（Communication）和控制（Control）技术的有机融合与深度协作，经由人机交互接口使赛博空间里的虚拟计算仿真与实体空间里的真实物理进程进行交互，并可在赛博空间以远程、可靠、实时、安全、智能化和协作的方式，操控实体空间里的物理实体。CPS包含了泛在环境感知、嵌入式计算、网络通信和网络控制等系统工程，它使物理系统具有计算、通信、精确控制、远程协作和自治等功能。

CPS可应用于很多领域，如航空航天、汽车、化工、能源、医疗、制造、运输、娱乐和消费电器等。德国工业4.0中提出了一种全新的基于服务和实时保障的CPS平台（图2-6），通过CPS平台，未来可将物联网、服务互联网和人类互联网3类网络互联互通，方便地把智能电网、智能工厂、智能建筑、智能家居、智能物件、商业网站、社交网站等接入，从而将更加适应具有协作特点的业务过程以及连接智能工厂和智能产品的全生命周期各方面的整个业务网络，它将提供服务和实际应用，并且能联系到所有参与的人员、物件和系统，同时还拥有如下特征：

1）灵活、快捷和简便的服务和应用。
2）提供综合性强、安全可信的全商业进程支持。
3）保障所有环节的安全可靠。
4）支持移动端设备。
5）支持商业网络中互相协作的生产、服务、分析和预测。

德国工业4.0将CPS定位为核心技术。CPS应用于智能制造，即构成一种新的CPPS形

第 2 章　智能制造技术基础

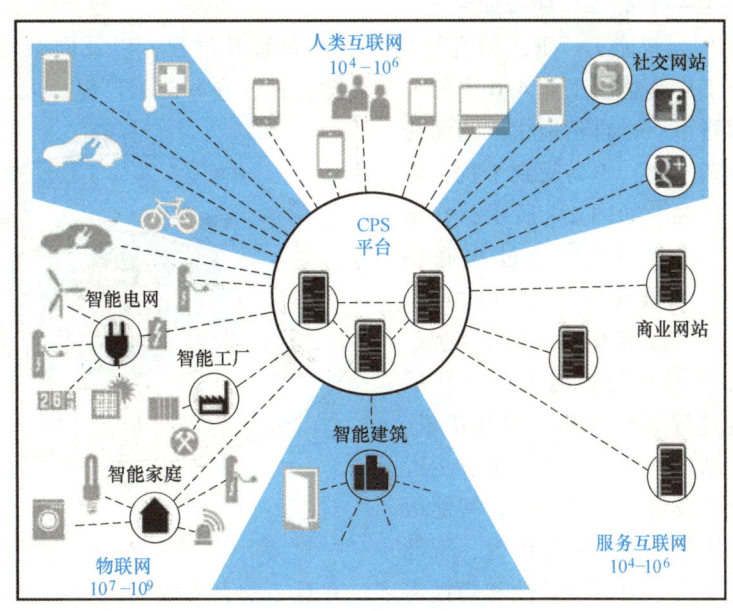

图 2-6　德国工业 4.0 中的 CPS 平台［来源：工业 4.0 工作组（2003）］

式，它把智能机器、存储系统和生产设施相融合，使人、机、物等能够相互独立地自动交换信息、触发动作和自主控制，实现一种智能的、高效的、个性化的、自组织的生产方式，构建出智能工厂，实现智能生产。

一个基于数字孪生的 CPPS 生产场景如图 2-7 所示。未来智能制造过程中，物理系统中的智能化生产设备和智能化产品将成为 CPS 的物理基础，虚拟产品和虚拟生产设备等通过数学模型、仿真算法、优化规划和虚拟制造等构成赛博系统，物理系统和赛博系统通过工业互联网和物联网协同交互，构建出基于"数字孪生（或数字映射）"（Digital Twin，DT）的 CPPS，实现"人-机-物"之间、物理系统和赛博系统之间的网络互联、信息共享，从而可在赛博空间对生产过程进行实时仿真和优化决策，并从赛博系统实时操作和精确控制物理系统的生产设备和生产过程，支持在智能制造新模式下实现生产设施、生产系统及过程的智能化管理和智能化控制。

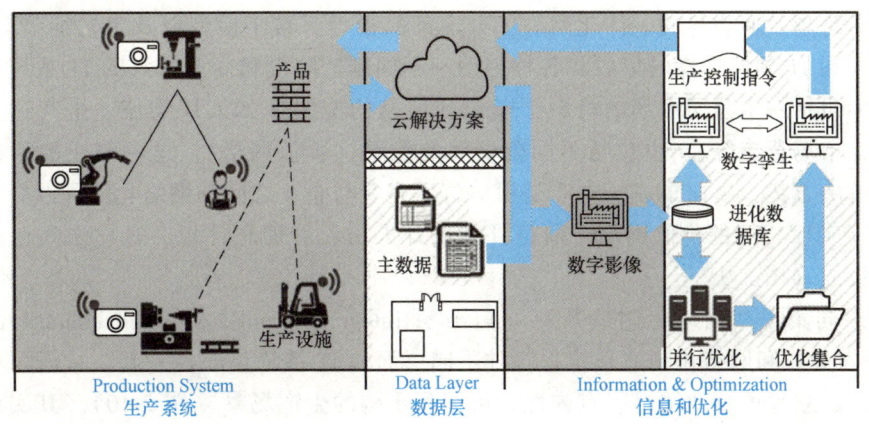

图 2-7　基于数字孪生的 CPPS 生产场景［来源：Thomas H.-J. Uhlemann et al.（2017）］

2. 2大主题——智能工厂和智能生产

（1）智能工厂　智能工厂重点研究智能化生产系统及过程，以及网络化分布式生产设施的实现。智能工厂是德国工业4.0中的一个关键特征，在智能工厂里，人、机器和资源如同在一个社交网络里一样自然地相互沟通协作，能够管理复杂事物，不易受到干扰，能够更有效地制造产品。如图2-8所示，在智能工厂中，基于CPS平台，通过物联网（物品的互联网）和服务网（服务的互联网），将智能电网、智能移动、智能物流、智能建筑、智能产品等与智能工厂（智能车间、智能制造过程等）互相连接和集成，实现对供应链、制造资源、生产设施、生产系统及过程、营销及售后等的管控。智能服务也是智能工厂体系中一项重要内容，智能

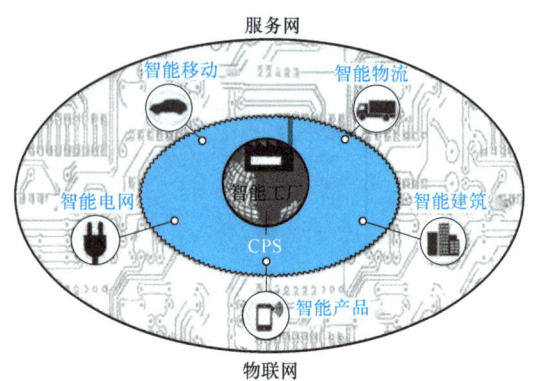

图2-8　智能工厂 ［来源：德国工业4.0］

服务是指能够自动辨识用户的显性和隐性需求，并且主动、高效、安全、绿色地满足其需求的服务。在智能制造中，智能服务需要在集成现有多方面的信息技术及其应用基础上，以用户需求为中心，进行服务模式和商业模式的创新。因此，实现智能服务需要涉及跨平台、多元化的技术支撑。

（2）智能生产　在未来的智能生产中，生产资源（生产设备、机器人、传送装置、仓储系统和生产设施等）将通过集成形成一个循环网络，具有自主、自适应、自重构等特性，生产的产品也是智能化产品，具有独特的可识别性，甚至产品本身就带有整个制造过程中的细节。有特殊产品个性需求的客户可直接参与到产品的设计、构造、预订、计划、生产、运作和回收的各个阶段，甚至在即将生产前或生产过程中，如果有临时的需求变化，也可以快速控制、调整和配置制造资源网络和生产步骤。其中，智能物流是智能生产中物流管理的一个重要方面，主要通过互联网、物联网、物流网，整合物流资源，充分发挥现有物流资源供应方的效率，而需求方则能够快速获得服务和物流支持。

3. 3项集成——横向集成、纵向集成和端到端集成

（1）价值网络的横向集成（Horizontal Integration Through Value Networks）　价值网络的横向集成指跨越企业边界的一体化网络，分享产品设计、数字模型以及工艺细节。在生产、自动化工程和IT领域，横向集成将各种应用于不同制造阶段和商业计划的IT系统集成在一起，这其中包括一个公司内部的材料、能源和信息的配置（如入厂物流、生产过程、产品外出物流、市场营销等），也包括不同公司间的配置（价值网络）。这种集成的目标是提供端到端的解决方案，横向集成的本质是横向打通企业与企业之间的网络化协同及合作，构建不同企业（工厂）间的价值网络，而且外部设计人员、管理和计划、客户之间也通过价值网络实现集成（图2-9）。

（2）纵向集成和网络化制造系统（Vertical Integration and Networked Manufacturing Systems）　纵向集成和网络化制造系统将各种不同层面的IT系统集成在一起，从而可根据不同产品特点，建立起可自动调整、有弹性、可编程重构的生产场景（图2-10）。其实质是将企业中从底层的物理设备或装置到顶层的计划管理等不同层面的IT系统（如执行器与传感器、

图 2-9　横向集成 ［来源：德国工业 4.0］

控制器、生产管理系统、制造执行系统和企业资源计划等）进行高度集成，纵向打通企业内部的管控。具体实现三方面的集成及应用：

1）从信息流的角度，实现企业内部的企业资源计划（ERP）、产品生命周期管理（PLM）、制造执行系统（MES）和数据采集与监视控制系统（SCADA）等信息化系统之间的深度集成和应用。

2）从物理对象的角度，基于工业互联网（I-Internet）和工业物联网（I-IoT），实现物理设备（主要是底层数字化设备）的集成管控、互联互通和信息共享。

3）信息化系统与物理设备的融合与集成，双向打通 IT 系统与物理设备之间数据和信息通道，实现指令下达、信息感知、状态反馈、动态调整等功能。

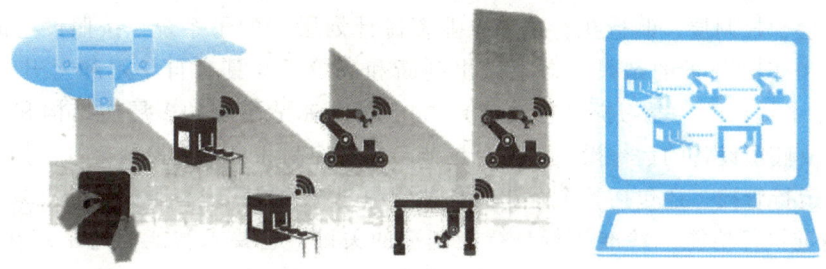

图 2-10　纵向集成与网络化制造系统 ［来源：德国工业 4.0］

（3）贯穿全价值链的端到端集成（End to End Digital Integration Across the Entire Value Chain）　贯穿全价值链的端到端工程指实现从价值链上游的生产系统规划到最终产品消费的整个价值链的、端到端的数字化工业设计开发，其核心是实现产品全生命周期的数字化管理和集成。未来的智能制造系统中，数字化设计制造、数字孪生等技术提供基于模型的开发方法和工具，定义和描述客户需求、产品结构设计、加工制造、产品装配、成品完成和使用服务等不同阶段（即不同的"端"）及其相互关系，完成从端到端的数字化虚拟仿真，实现"打包"开发的模式，从而为个性化定制产品提供了可行的技术途径（图 2-11）。端到端的数字系统工程和由此产生的价值链优化，意味着客户可以不需从供应商已有的产品系列目录中挑选产品，而是通过个性化功能和组件的混合及匹配，满足客户自己的特定需求。

4. 4 类功能——状态感知、实时分析、自主决策和精准执行

（1）状态感知功能　状态感知是智能系统的起点，也是实现智能制造的基础。它是指采用各种传感器或传感器网络，对制造过程、制造装备和制造对象的有关变量、参数和状态进行采集、转换、传输和处理，获取反映智能制造系统运行工作状态、产品或服务质量等

图 2-11 端到端集成 ［来源：德国工业 4.0］

数据。

由于物联网的快速发展，未来通过状态感知获取的智能制造数据将会急剧增加，从而形成制造大数据或工业大数据。

（2）实时分析功能　实时分析是处理智能制造数据的方法和手段。它是指采用工业软件或分析工具平台，对智能制造系统状态感知的数据（特别是形成的制造大数据或工业大数据），进行在线实时统计分析、数据挖掘、特征提取、建模仿真、预测预报等处理，为趋势分析、风险预测、监测预警、优化决策等提供数据支持，为从大数据中获得洞察（Insight）和进行自主决策奠定基础。

（3）自主决策功能　自主决策是智能制造的核心，它要求针对智能制造系统的不同层级（如设备层、控制层、制造执行层、企业资源计划层）的子系统，按照设定的规则，根据状态感知和实时分析的结果，自主做出判断和决策，并具有自学习和提升进化的能力（即还具有学者提出的"学习提升"功能）。由于智能制造系统的多层次结构和复杂性，自主决策既涉及底层设备的运行操控、实时调节、监督控制和自适应控制，也包括制造车间的制造执行和运行管控，还包括整个企业的各种资源、业务的管理和服务中的决策。

（4）精准执行功能　精准执行是智能制造的关键，它要求智能制造系统在状态感知、实时分析和自主决策基础上，对外部需求、企业运行状态、研发和生产等做出快速反应，对各层级的自主决策指令准确响应和敏捷执行，使不同层级子系统和整体系统在最优状态下运行，并对系统内部本身或来自外部的各种扰动变化具有自适应性。

5. 10 字目标——优质、高效、低耗、绿色、安全

在工业 4.0 时代，智能制造的总体目标，可以归结为"优质、高效、低耗、绿色、安全"五个方面，它们是在第 1 章给出的"优质、高效、低耗、绿色、安全"的一般含义基础上，结合智能制造的新特点，赋予了新的含义。

（1）优质　智能制造将实现以 CPS 为核心进行智能生产，在工业生产过程中应用智能物流管理、人机互动以及 3D 技术等，实现生产系统及过程的网络化和智能化，确保产品的精度、质量和可靠性，或提供高质量的制造服务。

（2）高效　智能制造将通过工业互联网和物联网协同交互，实现"人、机、物"互联和信息共享，构建多层级、多方面、多颗粒度的数字孪生体（Digital Twin），支持和实现赛博物理融合生产系统 CPPS（Cyber Physical Production System），以最优的时间和节拍完成产品生产和提供制造服务，快捷地响应市场的需求。

（3）低耗　智能制造综合应用先进传感、仪器、监测、控制和过程优化的技术，实现制造过程能量、生产率和成本的实时管理与优化，达到生产过程能效最佳，有效地控制和降低综合成本，提高产品和企业的竞争力。

（4）绿色　智能制造将关注在产品全生命周期中绿色理念和绿色设计制造技术的应用，实现降能节材、清洁生产、减少排放，可持续发展。

（5）安全　智能制造中的安全，不仅包括传统的"安全"意义下注重的人身和财产安全（即对应英文的"Safty"），还进一步强调数据、信息和网络等资源的安全（即对应英文中的"Security"）。由于智能制造与新一代信息技术和新一代人工智能制造高度融合，网络和信息安全问题成为有别于传统制造的一个新的重要问题，它是指制造系统和制造过程中涉及的网络安全和信息安全问题，即要通过综合性的安全防护措施和技术，保障设备、网络、控制、数据和应用的安全。

2.2 智能制造的基本构成要素

2.2.1 智能设计

1. 智能设计的概念

"设计"这一概念涉及的领域非常广泛，在不同的应用领域有不同的定义和内涵。本课程讨论的"设计"是指在工业产品全生命周期价值链中，设计师有目的、有计划地进行技术性的创作与创意活动，包括构建对象、系统，或制订用于活动、过程实现的规范或计划等。本课程讨论的智能设计仅涉及工业产品及其生产领域的设计活动，如各种工业产品设计、制造工艺设计、生产线设计等方面，它是指应用现代信息技术，采用计算机模拟或实现人类的思维和创作活动，提高设计的智能水平，从而使计算机能够更多、更好地承担设计过程中各种复杂任务，成为设计人员的重要辅助工具。

智能设计是随着设计自动化、专家系统、计算机集成制造（Computer Integrated Manufacturing System，CIMS）、人工智能等理论和技术的发展而产生并发展起来的，初期的形态是一种设计型专家系统，自20世纪80年代开始，CIMS的快速发展催生了智能设计的高级阶段——人机智能化设计系统。当前智能设计具有如下特点：

1）以现代设计方法学为指导。
2）借助人工智能技术实现知识学习和处理等功能。
3）采用CAD技术作为数值计算、图形处理、分析和优化等的工具。
4）面向集成智能化，具有统一数据模型和数据交换接口。
5）具有强大的人机交互功能。

2. 设计过程及其智能化技术

根据德国工程师学会的标准VDI 2221：1993《技术系统和产品的开发设计方法》、VDI 2222：1997《设计方法》，从一般意义考虑，以产品设计为例，设计过程可分为产品规划、方案设计、结构设计和施工设计四个阶段，并进一步细分为七个步骤，如图2-12所示。

在设计过程的四个不同阶段以及各个步骤中，可应用多种数字化、网络化和智能化的先进设计技术和方法，以实现智能设计过程。

（1）第1阶段——产品规划阶段　在市场分析的基础上进行产品规划，可通过多种途

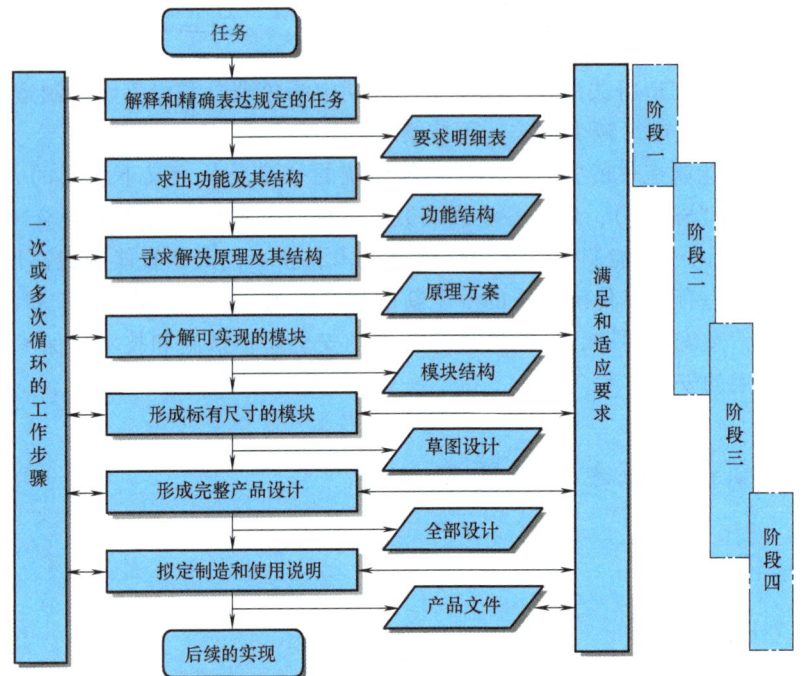

图 2-12　设计阶段与步骤　[来源：VDI 2222]

径（如市场需求问卷、互联网等）收集与客户产品需求有关的数据信息，采用智能化数据分析手段和工具识别和分析客户需求，设定产品目标和规格，获取设计要求（Requirements）。

该阶段主要包括两个步骤：

步骤 1：解释和精确表达规定的任务。该步骤的输出是要求明细表，给出产品对象性能技术需求。

步骤 2：求出功能及其结构。该步骤的输出是功能结构，可以用图样或文字描述。

（2）第 2 阶段——方案设计阶段　方案设计需要在分析功能结构的基础上，确定产品的原理方案和概念设计，可通过智能创新设计方法进行概念抽取（Conceptualization）和筛选，确定具体任务需求；采用智能映射、智能决策、产品设计综合评价等进行优选比较，确定设计方案，并以草图或粗略的三维实体模型实现功能结构的概念设计等。

该阶段包括两个主要步骤：

步骤 3：寻求解决原理及其结构。该步骤的输出是原理方案，描述如何实现产品的性能指标和功能结构要求。

步骤 4：分解可实现的模块。该步骤的输出是模块结构，即将功能结构分解成为单个的子结构模块。

（3）第 3 阶段——结构设计阶段　依据任务要求、功能结构和原理方案设计，利用各种专业设计原理、方法和规则，对设计对象的结构进行详细设计，并经过反复循环迭代和多学科优化，得到优化设计的结果，并以工程上通用的表达形式（如工程图样、3D 实体建模）进行描述表达。经过几十年的发展，数字化的计算机辅助设计和分析软件工具 CAD/CAE 已经广泛应用于各种产品的三维建模和设计。智能化和虚拟化方法和技术，如设计知识表示/获取/处理/推理、多专家系统协同、智能特征技术（Intelligent Feature Technology）、智能装配技术、虚拟仿真和试验、快速原型 RP（Rapid Prototyping）和虚拟现实 VR（Virtual Reality）等，将大大提高建模与设计的效率，且保证最终设计的科学性与可操作性。另外，结构设计过程中涉及产品性能指标、历史产品设计和客户需求，企业的 CAD、CAE、CAPP 等系统可以为产品设计提供有价值的数据支持。

该阶段包括三个主要步骤：

步骤 4：与上一阶段的步骤 4 重叠。

步骤 5：形成标有尺寸的模块。该步骤的输出是草图，以草图形式给出全部设计和要求。

步骤 6：形成完整产品设计。该步骤的输出是全部设计，一般以二维的装配图、零件图和三维的实体模型以及相应的文本信息表达全部详细设计。

（4）第 4 阶段——施工设计阶段 基于全部设计，拟定出实现设计对象的制造工艺或制造过程，给出相关的工艺或施工指导文件。

步骤 7：拟定制造和使用说明。该步骤的输出是完整的产品文件，如产品安装说明书或施工说明书、产品使用说明书以及工艺要求说明书等。

2.2.2 智能产品

1. 智能产品的特征与功能

从功能角度看，智能产品可以定义为一类具有感知、计算、数据存储、通信和交互等智能化特征（部分或全部）的产品和装备。从构成角度看，智能产品可以定义为一类由产品（物）、传感器、通信单元、微处理器和控制器等组成的嵌入式系统。智能产品实例有智能手机、智能手表、智能机床、无人机和自动驾驶汽车等，图 2-13a～d 所示为智能产品的示例。

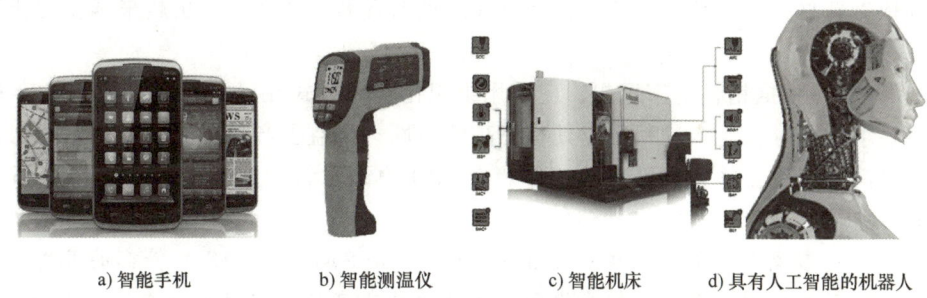

a) 智能手机　　　　b) 智能测温仪　　　　c) 智能机床　　　　d) 具有人工智能的机器人

图 2-13　智能产品示例

与传统的非智能产品相比，智能产品在产品制造、物流、使用和服务过程中，能够实现自感知、自诊断、自适应和自决策等功能：

1）自感知功能——智能产品嵌入有各种传感器，通过对工作环境中温度、压力、振动、噪声等物理量的检测，能够实现对产品自身工作状态、所处环境等的自感知。

2）自诊断功能——智能产品能够对工作过程中感知的信号和数据进行存储、计算等处理，实时监测工作环境和工作状态，对故障进行判别、诊断和报警。

3）自适应功能——智能产品能够在辨识自身和环境状态参数基础上，自适应调整内部算法和参数等，从而适应产品自身和外部环境的变化。

4）自决策功能——智能产品可在使用和服务过程中，根据自感知的信息和工作状态自诊断的结果，自主做出优化操作、协调控制的决策，进行自动控制或给操作者提供决策支持。

2. 智能产品的开发

近年来，智能产品开发（Smart Product Development，SPD）的理论和方法不断发展，技术进步和市场需求是其主要驱动力，此外，关注环境影响、可持续性、健康和安全问题等也对智能产品设计开发过程产生重要的影响。SPD过程对产品的整个价值链以及质量、成本和时间等有着至关重要的影响，并最终影响到产品的竞争优势。

产品开发的目的是通过结构化的设计过程，实现产品在工程和工业设计要求的集成，同时获得更低的成本、更高的质量和更短的开发时间。新产品的开发是一个复杂而动态的过程，其关键要素包括：

1）使用各种方法来识别客户的需求。

2）采用合适的产品描述以支持在早期产品评估过程中进行交流，如虚拟样机、数字孪生，智能技术的发展，使得采用虚拟现实（Virtual Reality，VR）、增强现实（Augment Reality，AR）和混合现实（Mixed Reality，MR）、3D打印等技术来描述展示产品成为可能。

3）迭代——SPD是一个高度迭代过程，包括从多方面对市场要求和产品特性进行分析的多次循环，迭代过程可以有多个IT工具支持，如智能数字化工具、VR、AR或MR支持的原型技术等。

4）集成——集成是智能产品开发的是一个关键因素，一方面，模块化、可重构技术为智能产品提供了集成开发理念和工具方法，另一个方面，ICT、IoT、CPS等智能技术为产品物理对象和信息之间的深度集成提供了技术途径。

5）创新——智能产品复杂性、集成度日益增加，产品功能越来越多，性能指标不断提高，必须依靠新材料、新结构和新工艺等方面的创新发展，才能开发出越来越多的新颖的智能产品。

6）精益——根据精益生产思想，应采用组织化管理方式在达到产品高质量标准和满足交付时间要求的同时，生产过程还应具有更高的柔性。精益生产是以更少和精益的工具实现资源优化和消除浪费，并完成更多的工作。在SPD中开发新产品或改进现有产品都应遵循精益原则。

【案例】 一款新型智能无人机（Unmanned Aircraft System，UAS）产品的开发架构。

UAS是一种典型的具有高度智能化和自主性的复杂产品，它可感知自身的状态和态势，进行任务分析和规划，并具有自主决策和行动/执行能力，以完成指定的任务。图2-14所示为一款新型智能UAS产品的开发架构，它描述以模块化结构了的UAS通用架构，包括物理架构、自治架构、网络物理接口以及支持子系统。该UAS大量采用低成本传感器（陀螺仪、加速度计、GPS、气压计等）作为机载有效载荷，这些传感器生成的数据可以被操作员立即使用，也可通过相应算法描述/预测无人机的当前和未来状态，用于自主进行的导航、制导与控制。为了充分利用机载有效载荷执行各种不同的任务，UAS设计成模块化可重构的结构，从而可以最短的开发时间及最低的成本获得最大的任务效益。

3. 智能产品的应用

智能产品是制造业向新兴产业转型的关键方面之一，对产品自身和制造工艺（流程）都产生了很大的影响。一方面，智能产品具备感知、计算、数据存储、通信和交互等特征，使得产品在使用和服务过程中，可以提供产品在整个生命周期的状态信息，能够在不受任何

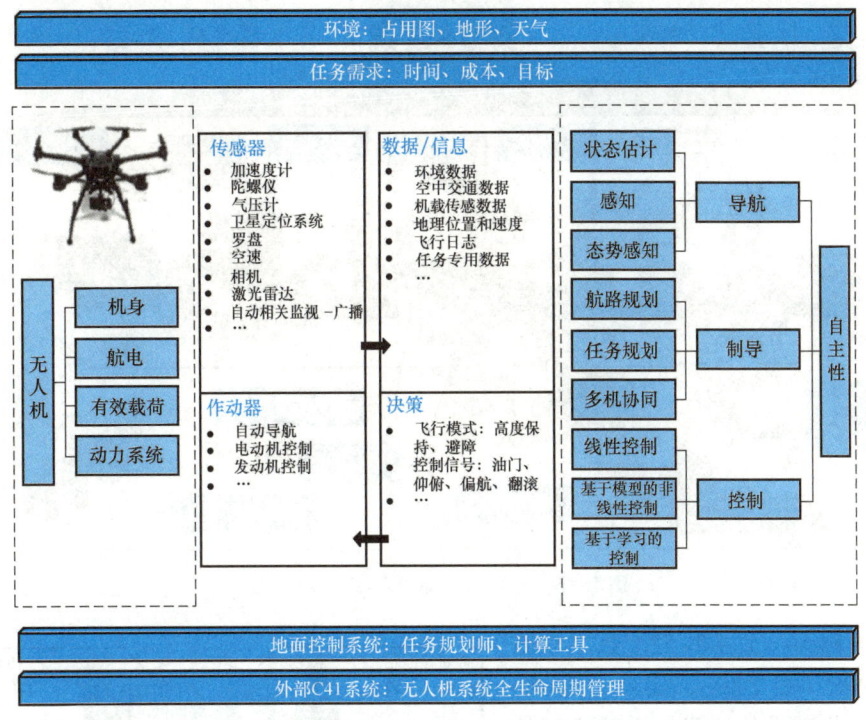

图 2-14 一款智能无人机产品的开发架构 ［来源：Yunpeng Li et al.（2017）］

人为干预的情况下感知物理环境和与其进行交互，从而提高产品的适用性和竞争力；另一方面，智能产品的自感知、自诊断、自适应和自主决策等功能，使得制造产品的过程从"被生产"变为"主动"配合制造过程，智能产品将为智能生产系统提供材料、设计、工艺、质量等方面的数据信息，通过整个价值链进行实时管理，优化智能工厂的物流、生产、维护和业务管理流程。

2.2.3 智能生产

1. 智能生产过程

CPS 应用于智能制造中，将以一种新的赛博（Cyber）物理融合的 CPPS 形式，将智能机器、存储系统和生产设施相融合，使人、机、物等能够相互独立地自动交换信息、触发动作和自主控制，实现一种智能的、高效的、个性化的、自组织的生产方式，构建出智能工厂，实现智能生产。

如图 2-15 所示，车间（生产线）由多台（条）智能装备（产线）构成，除了基本的加工/装配活动外，还涉及计划调度、物流配送、质量控制、生产跟踪、设备维护等业务活动。智能生产管控能力体现为形成"优化计划—智能感知—动态调度—协调控制"的大闭环生产流程，提升生产线的可配置性、自主化和适应性，从而对异常变化具有快速响应能力。

2. 基于"数字孪生"未来智能生产系统

未来智能制造过程中，实体物理系统中的智能化生产设备和智能化产品将成为 CPS 的物理基础，虚拟产品和虚拟生产设备等通过数学模型、仿真算法、优化规划和虚拟制造等构成赛博系统，物理系统和赛博系统通过工业互联网和物联网协同交互，构建出基于"数字

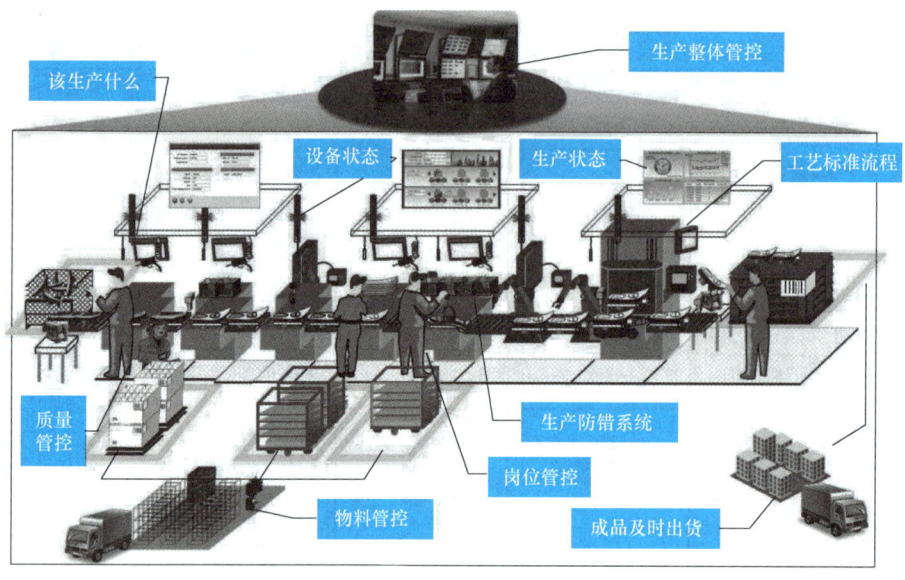

图 2-15 智能生产的主要活动示意图

孪生"（或称为：数字映射、数字双胞胎）的 CPPS（图 2-16），实现"人-机-物"之间、物理系统和赛博系统之间的网络互联、信息共享，从而可在赛博空间对生产过程进行实时仿真和优化决策，并从赛博系统实时操作和精确控制物理系统的生产设备和生产过程，支持在智能制造新模式下实现生产设施、生产系统及过程的智能化管理和智能化控制。

2.2.4 智能管理

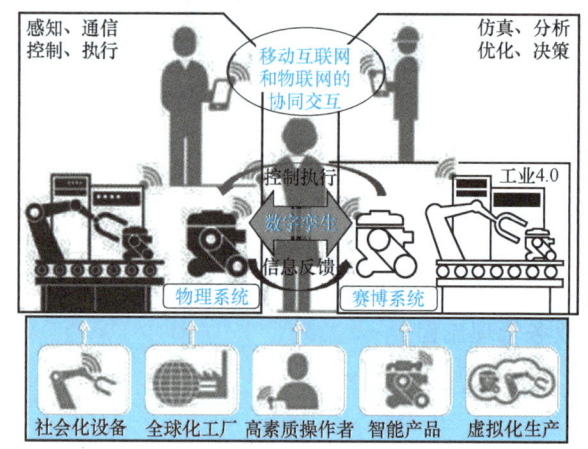

图 2-16 基于数字孪生的智能生产系统示意图

一般意义的智能管理（Intelligent Management，IM）涉及的范围很广。在智能制造领域，智能管理是指新一代信息技术/人工智能、管理科学等与先进制造技术及制造工程相互结合、相互渗透而产生的新技术及其应用，旨在综合利用先进管理理论、方法、技术和系统，提高企业生产质量和效率，拓展价值增值空间，保证生产运营系统安全，满足诸如大规模批量定制生产、个性化小批量生产等现代生产的需求。

在智能制造中的智能管理，是在管理信息系统（Management Information System，MIS）、办公自动化系统（Office Automation System，OAS）、决策支持系统（Decision Support System，DSS）等技术基础上，与专家系统、知识工程、模式识别、机器学习等方法和技术相结合，应用于企业商务运营（Enterprise/Business Operations，EBO）、制造运营管理（Manufacturing Operation Management，MOM）和工业自动化控制运行管理等，从而实现"人-机-物"的高效整合与协调运行。

在 ISA-95 的制造企业自动化金字塔层级结构（图 2-3a）中，智能管理涉及制造系统第 3、4 层级的企业运营过程管理和企业商务管理（图 2-17），主要内容有：

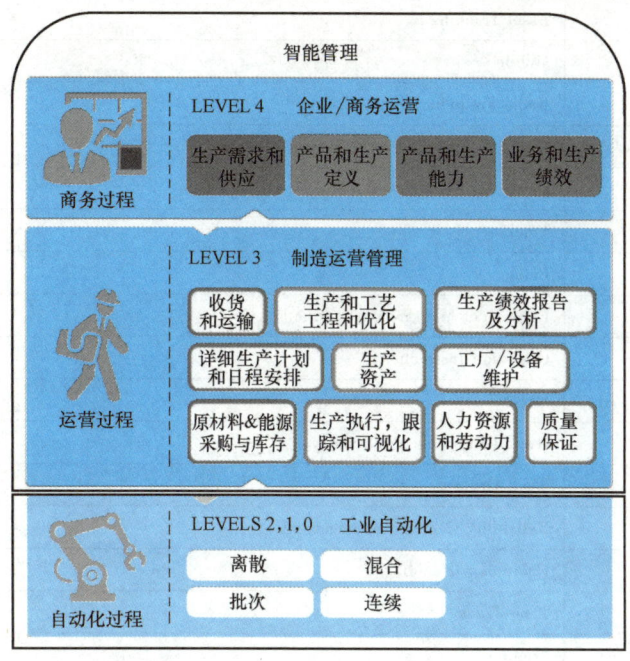

图 2-17　智能管理涉及的各层级内容　[来源：Mark Davidson（2013）]

1. 制造运营管理（第 3 层级）

该层为中间层，即制造运营管理的实施层级，涉及制造过程中从设备、仓储、能源、生产、跟踪、质量等各个方面，如：收货和运输、生产和工艺、工程和优化、生产绩效报告及分析、详细生产计划和日程安排、生产资产、工厂/设备维护、原材料&能源采购与库存、生产执行/跟踪和可视化、人力资源和劳动力、质量保证等制造运营管理等，具体内容见表 2-1。

表 2-1　制造运营管理的具体内容

内容名称	英文翻译	英文简写
仓库管理	Ware House Management	WHM
文档管理	Document Management	
管理计划/配送	Scheduling, Dispatching	
制造资源计划	Manufacturing Resource Planning	MRP
工业用电管理	Industrial Electricity Management	IEM
智能电网	Smart Grid	
交通信息系统	Transportation Information System	TIS
配置	Configure	
模型	Model	
恢复时间目标	Recovery Time objective	RTO
先进过程控制	Advanced Process Control	APC

（续）

内容名称	英文翻译	英文简写
资产跟踪	Asset Tracking	
移动	Mobile	
无线射频标识	Radio Frequency Identification	RFID
制造执行系统	Manufacturing Executive System	MES
电子化作业指导	Electronic Work Instruction	EWI
跟踪	Tracking	
批量	Batch	
设备管理指导	Equipment Management Instruction	EMI
作业指导	Operation Instruction	OI
运行报告	Reporting	
总体设备效率	Overall Equipment Efficiency	OEE
工作指令	Work Order	W. O.
以可靠性为核心的管理	Reliability Centered Management	RCM
设备健康管理	Equipment Health	
时间轨迹	Time Track	
培训	Training	
员工日常培训	Ordinary Train Staff	OTS
统计过程控制	Statistical Process Control	SPC
统计质量控制	Statistical Quality Control	SQC
危害分析与关键控制点	Hazard Analysis and Critical Control Points	HACCP
实验信息管理系统	Laboratory Information Management System	LIMS

2. 企业/商务运营管理（第4层级）

该层级主要处理企业管理和商务运营管理，包括：生产需求和供应、产品和生产定义、产品和生产能力、业务和生产绩效等企业计划及商务运营管理，具体内容见表2-2。

表2-2 企业/商务运营管理的具体内容

内容名称	英文翻译	英文简写
企业资源计划	Enterprise Resource Planning	ERP
高级计划和优化	Advanced Planner Optimizer	APO
高级计划和排程	Advance Planning and Scheduling	APS
客户关系管理	Customer Relationship Management	CRM
产品全生命周期管理	Product Lifecycle Management	PLM
工厂/工艺设计	Plant/Process Design	
环境健康与安全	Environmental Health & Safety	EH&S
计算机化维护管理系统	Computerized Maintenance Management System	CMMS
业务流程管理	Business Process Management	BPM

第 2 章　智能制造技术基础

(续)

内容名称	英文翻译	英文简写
商业智能	Business Intelligence	BI
数据仓库	Data Warehouse	DW
供应链管理	Supply Chain Management	SCM
企业质量管理体系	Enterprise Quality Management System	EQMS

2.2.5　智能服务

1. 智能服务的发展过程

智能服务是指借助产品与服务的融合，完成分散化制造资源的有机整合、不同类竞争力的高度协同，实现综合利用企业内外部资源，并提供规范、可靠的新型服务。当传统产品发展到智能产品并与大数据相结合后，用户和制造商都希望能够充分利用大数据，从而催生了智能服务（图 2-18）。如利用"产品+服务""互联网+服务""智能+服务"等，推动供给侧发展，企业从传统的"以产品为中心"向"以服务为中心"转变，将重心放在解决方案和产品服务中，实现全生命周期中的价值增值。

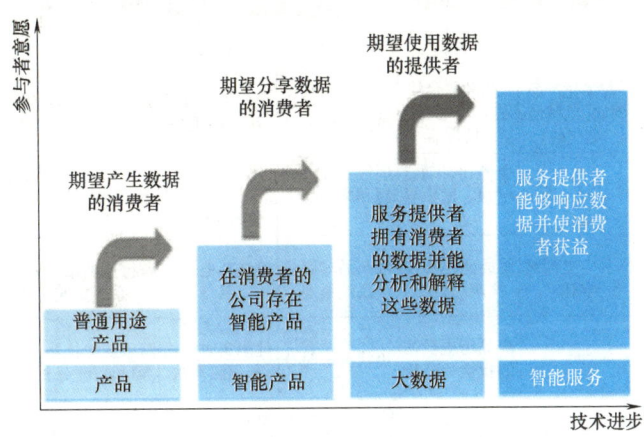

图 2-18　产品和服务发展阶段

2. 智能服务技术及应用

一种描述智能服务的"4+3"的层级模型如图 2-19 所示，模型共有 3 级：第 1 级是模型的核心，第 2 级是制造商、中介和生态系统，第 3 级是新商业模式。

在第 1 级（Level 1）共有 4 层，第 1 层是外部/内部技术基础设施，内部基础设施中的信息和通信技术（ICT）使实体产品和服务更容易与数字世界连接起来，而外部基础设施则需要有一个高速互联网络来处理大量的数据；第 2 层是智能产品，它是连接的物理平台，由所有与互联网关联的智能产品创建，每个连接的设备都可以理解为互联网

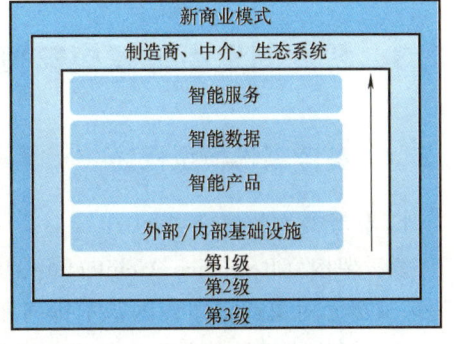

图 2-19　智能服务的层级

39

中产生新数据的节点,所有节点建立了一个新的连接网络,拥有丰富的数据。这些连接的设备可以是移动电话、汽车,或是生产过程中使用的机器。第3层是智能数据,它是软件定义平台,在这一级应提取和分析现有数据,以便将基本信息与新知识(智能数据)联系起来,由传统的托管或使用云来完成。第4层是智能服务,即服务平台。该平台为每个客户连接数字和物理服务,例如汽车与加油站的连接,如果汽车给出油箱中油即将用完的信息,就指导驾驶人立即到达下一个加油站。为了完成这一工作,所有的信息应该连接在一个可以综合和传递知识的数字生态系统。

3. 智能服务的应用模式

智能产品的出现和应用,将为企业向全球一体化和以客户为中心的价值创造转变提供关键技术的支持,使许多企业改变传统的制造模式,为产品增加更多的创新,向客户提供智能化的增值服务,从而保证企业和社会的可持续发展。图2-20描述了一种智能产品-服务生态系统(Smart Product Service Ecosystem,SPSE)商业范式,它将价值创造网络、服务生态思维和信息通信技术整合在一起,可为转型和新兴产业提供可能的指导方针和路线图。

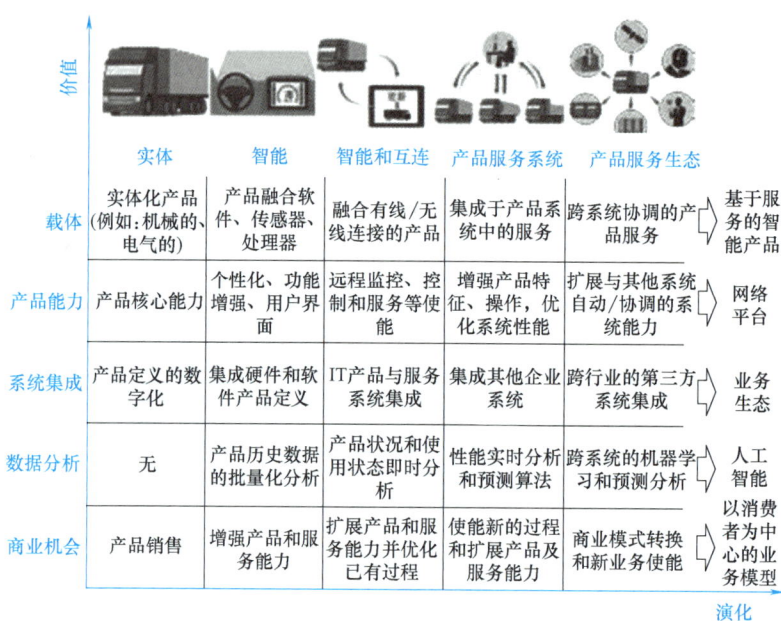

图2-20 智能产品服务应用生态系统 [来源:Zheng M. et al.(2017)]

2.3 智能制造参考架构模型

2.3.1 参考架构模型概述

1. 参考架构的概念

参考架构(Reference Architecture,RA)是一种系统设计蓝图,用来描述系统各部分(物理或概念对象或实体)的基本排列和连接关系,它在给定的"域"上按相应的规则或约束条件,对构成系统的各个组件及其组件间的互联、动作或活动等进行描述。

参考架构给出了系统结构设计的共性解决方案模板,具有通用性、一致性、适用性和抽象性特点,既对具体行业具有业务价值主导作用,又具有不同行业通用性,因此,参考架构被广泛用于描述复杂系统的顶层结构和内部关系,针对特定域或特定项目,又可在参考架构基础上进行具体的实例化。

采用参考架构,可以对智能制造的概念、内涵和范围等进行统一、规范的定义和描述,映射相关的标准,便于不同行业、领域进行技术交流,并用于指导智能制造在企业的具体应用实践。

2. 参考架构模型的基本要素

智能制造参考架构模型是在给定的域空间,对智能制造系统的模块、组件、接口和功能等采用一致、通用的定义术语和描述语言,进行抽象结构描述的一个完整集合表达。智能制造参考架构的构建,包括如下三个基本结构要素:

1) 物理结构(Physical Architecture):用来描述构成智能制造系统的资源或组件。
2) 功能结构(Functional Architecture):用来描述系统工作所需的功能或活动。
3) 分配体系结构(Allocated Architecture):用来对物理结构和功能结构进行集成。

3. 已发布的智能制造参考架构模型

近年来,国际上不同的工业组织和标准研究团体发布了多种智能制造参考架构模型。常用的智能制造参考架构模型有工业4.0参考架构模型(Reference Architecture Model for Industrie 4.0,RAMI4.0)(德国)、智能制造生态系统(Smart Manufacturing Ecosystem,SME)(美国)、工业互联网参考架构(Industrial Internet Reference Architecture,IIRA)(美国)、智能制造系统架构(中国)、物联网架构参考模型(物联网协议联盟)、智能制造标准路线图框架(法国)、工业价值链参考架构(Industrial Value Chain Reference Architecture)(日本)等,见表2-3。我们将重点对德国、美国、日本和我国四个国家的参考架构模型进行进一步的分析和阐述。

表2-3 智能制造参考架构模型 [来源:王春喜等(2017),M. Moghaddam et al.(2018)]

	模型名称	制订组织	模型特点	制订时间
1	工业4.0参考架构模型(RAMI4.0)	德国工业4.0平台	①三个维度:类别、生命周期和价值链、递阶层级;②三大集成:横向、纵向和端到端集成;③智能工厂;④嵌入式智能;⑤智能产品和自治制造系统	2015.4
2	智能生态系统(SME)	美国国家标准与技术研究院(NIST)	①三个维度:产品、制造系统、业务;②制造金字塔;③制造软件集成;④3项变革性制造技术;⑤9种制造范式	2016.2
3	工业互联网参考架构(IIRA)	工业互联网联盟(IIC)	①四个视角:业务、使用、功能、实现;②工业互联网、工业软件、信息数据链驱动、模型高级分析、开放和智能;③9大系统特性	2017.1
4	智能制造系统架构	中国国家智能制造标准化总体组	①三个维度:生命周期、系统层级、智能功能;②标准体系架构;③5种核心技术装备;④5种新模式	2015.12
5	物联网概念模型	ISO/IEC JTC1/WG10 物联网工作组	①提供公共结构和定义用于描述物联网系统中实体之间的概念和关系;②基于修正的UML类图表示法	2015.10

(续)

	模型名称	制订组织	模型特点	制订时间
6	IEEE 物联网参考模型	IEEE P2313 物联网工作组	①定义多种参考模型及其关系；②协同不同参考模型以达到相同的系统质量；③使用 ISO/IEC/IEEE 42010 中规定的符号进行描述	2015.10
7	ITU 物联网参考模型	ITU-T SG20 物联网及其应用	①四个层次：设备层、网络层、服务支持和应用支持层、应用层；②跨层能力：管理能力、安全能力；③互联和通信：任意物体、任意时刻、任意地点	2012.6
8	物联网架构参考模型	oneM2M 物联网协议联盟	①三个层次：应用层、公共服务层、网络服务层；②专注于物联网应用层标准制定，以实现各领域信息互通	2015.6
9	全局三维图	ISO/TC184 自动化系统与集成	①使用"全局图"矩阵识别已有标准；②三个维度：角色层级、价值链和全生命周期	2016.12
10	智能制造标准路线框架	法国国家制造创新网络 AIF	①提供现行标准的映射和连接，通过未来工厂数字模型描述行业活动（产品、生产、供应链、工业服务）；②给出一种分析过程	2016.12
11	工业价值链参考架构（IVRA）	日本工业价值链计划 IVI	定义一种智能制造单元（SMU），包括资产、活动和管理视角三个维度	2016.12

2.3.2 工业 4.0 参考架构模型

工业 4.0 参考架构模型 RAMI4.0（Reference Architecture Model for Industrie 4.0）是目前应用最广泛的面向工业 4.0 的智能制造参考架构。RAMI4.0 第一版由德国机械设备制造业联合会（VDMA）在 2015 年正式发布，2016 年，RAMI4.0 作为技术规范 IEC/PAS 63088《智能制造——工业 4.0 参考架构模型（RAMI4.0）》的投票文件，由国际电工委员会 IEC/TC65（工业过程测量、控制和自动化）公开发布。

RAMI4.0 从类别（Layers）、生命周期和价值链（Value Stream/Life cycle and value chain）和递阶层级（Hierarchy levels）三个维度描述了符合工业 4.0 要求的产品开发和生产全过程中的各个关键要素，如图 2-21 所示。

在类别（Layers）维度，借用了信息和通信技术常用的分层概念，从功能角度将复杂系统分解成资产（Asset）、集成（Integration）、通信（Communication）、信息（Information）、功能（Functional）和业务（Business）等六个功能层，在资产层和集成层，以数字化（虚拟）表示现实世界的各种资产（物理部件/硬件/软件/文件等）；通信层实现标准化的通信协议以及数据和文件的传输；信息层包含相关的数据；功能层采用形式化定义必要的功能；业务层映射相关的业务流程。以上各层既各自实现相对独立的功能，同时下一层又为上一层提供接口，上一层也使用下一层的服务。

在递阶层级（hierarchy levels）维度，依据《企业控制系统集成标准》（IEC 62264）/《批量控制规范》（IEC 61512）描述了企业信息系统和控制系统，给出了用于工厂的不同的功能实体群，定义了产品（Product）、现场设备（Field Device）、控制装置（Control De-

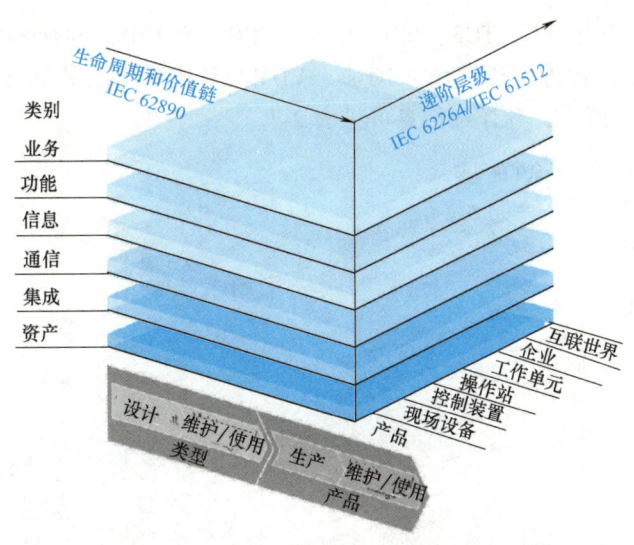

图 2-21　工业 4.0 参考架构模型 ［来源：德国工业 4.0］

vice)、操作站（Station）、工作单元（Work Units）、企业（Enterprise）和互联世界（Connected World）等不同层级。由于工业 4.0 不仅关注生产产品的工厂、车间和机器，还关注产品本身以及工厂外部的跨企业协同关系，因此相对于 IEC 62264/IEC 61512 原标准规范不同之处，是在递阶层级的底层增加了"产品"层，在企业（工厂）之上增加了"互联世界"层。RAMI 4.0 模型将全生命周期及价值链与工业 4.0 分层结构相结合，为描述和实现工业 4.0 提供了最大的灵活性。

在生命周期和价值流维度，基于《工业过程测量控制和自动化系统的产品生命周期管理标准》（IEC 62890）中的产品全生命周期管理定义了不同的生命周期阶段，描述了从规划开始，到设计、仿真、制造，直至销售和服务的全生命周期及其相关价值链。RAMI 4.0 模型将生命周期划分为样机开发（Type）和产品生产（Instance）两个阶段，样机开发阶段从初始设计至定型，还包括各种测试和验证；产品生产阶段进行产品的规模化、工业化生产，不同阶段考虑的重点不同，每个产品是原型的一个实例，当第一阶段的设计和原型完成后，就进入到第二阶段，此时产品将投入生产。工业 4.0 中，样机开发阶段与产品生产阶段形成闭环，在销售阶段将产品的改进信息反馈给样机开发，以改进和完善原型样机，然后发布新的型号和生产新的产品，从而可以按照客户需求实现产品的升级改进。

RAMI4.0 采用类别、生命周期和价值链、递阶层级三个维度的描述，将全生命周期及价值链与工业 4.0 分层结构相结合，可映射工业 4.0 涉及的全部关键要素，使得所有对象的要素都可根据该模型进行分类，高度柔性化的工业 4.0 的相关概念都可以用 RAMI4.0 进行描述和使用，为描述和实现工业 4.0 提供了最大的灵活性。因此，实际应用中可以采用不同维度和各层次为不同视角来进行工业 4.0 的建模和实施。

从标准规范角度来看，RAMI4.0 是智能制造新概念提出之后发布的第一个国际标准化规范，开启了智能制造参考架构标准研究制订的工作进程。实际上，RAMI4.0 中包含了现场设备、生产过程、自动化系统、现场设备集成、通信协议、工厂和产品全生命周期等方面一系列已发布或正在制订过程中的相关 IEC 标准，还映射了 IEC、ISO 中数字工厂、安全与保障、能效、系统集成、现场总线等多个技术领域中的相关标准，这些标准主要来自于

IEC TC65，也包括来自 IEC TC3、ISO/TC184、IEC TC17B、ISO/IEC JTC1、IEC TC44 等技术委员会的标准。此外，还涉及 ecl@ss、VDMA 等技术组织的标准。RAMI4.0 涉及的重要标准，如图 2-22 所示，其详细信息可见表 2-4。

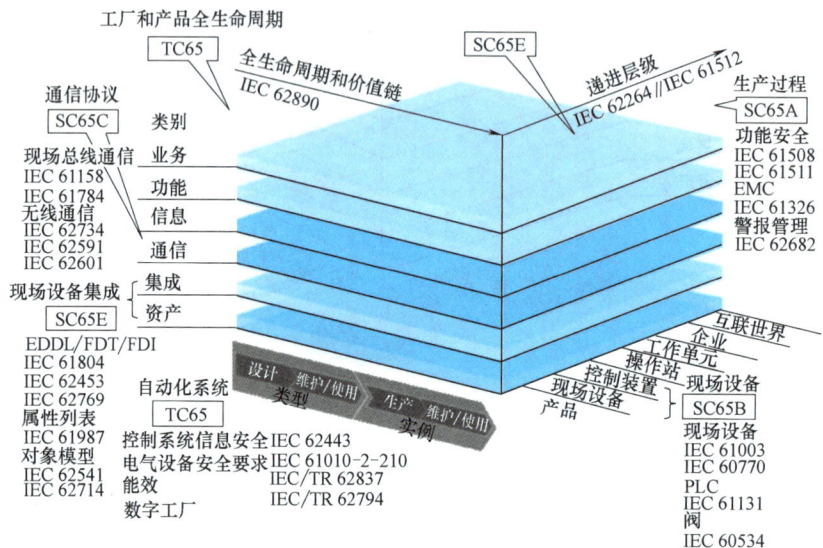

图 2-22　RAMI4.0 中的部分标准规范映射［来源：德国工业 4.0］

表 2-4　RAMI4.0 涉及的重要标准规范一览表［来源：欧阳劲松等（2016）］

领域	标准编号	标准名称	标委会
数字工厂	IEC/TR 62794	工业过程测量控制和自动化——生产设施展示用参考模型(数字工厂)	IEC TC65
	IEC 61987 系列标准	工业过程测量和控制——过程设备目录中的数据结构和元素	IEC TC65
	IEC 61360 系列标准	电气元器件标准数据元素类型和相关分类模式	IEC TC3
	ISO 13584-42	工业自动化系统与集成——零件库——第 42 部分：描述方法学：构造零件系列的方法	ISO TC184
	ISO/IEC Guide 77-1	产品属性和分类规范导则	ISO/TWB
	IEC 62683	低压开关设备和控制装置——信息交换用产品数据和性能	IEC TC17B
	ecl@ss V8.0	产品和服务的分类与描述	ecl@ss
安全与保障	IEC 61508 系列标准	电气/电子/可编程电子安全相关系统的功能安全	IEC TC65
	IEC 61511 系列标准	过程工业领域安全仪表系统的功能安全	IEC TC65
	62443 系列标准	工业通信网络 网络和系统安全	IEC TC65
	IEC 62439 系列标准	高可用性自动化网络	IEC TC65
	IEC 61010-2-201	测量、控制和实验室用电气设备的安全性要求 第 2-201 部分：控制设备的详细要求	IEC TC65
	IEC 61298 系列标准	过程测量和控制装置通用性能评定方法和程序	IEC TC65
	IEC 61984	连接器——安全要求和试验	IEC TC65

(续)

领域	标准编号	标准名称	标委会
安全与保障	ISO/IEC 2700x 系列标准	信息技术——信息安全技术——信息安全管理系统——要求	ISO/IEC JTC1
	IEC 62061	机械安全——与安全有关的电气、电子和可编程电子控制系统的功能安全	IEC TC44
	VDMA Einheitsblatt	状态监控	VDMA
	ISO 8000	数据质量	ISO TC184
能效	JEC/TR 62837	自动化系统中的能效	IEC TC65
	ISO/IEC 20140	自动化系统和集成——能效评价及制造系统的其它环境影响因素	IEC TC65 ISO TC184
系统集成	IEC 62453 系列标准	现场设备工具（FDT）接口规范	IEC TC65
	IEC/TR 62795	FDT/DTM 和 EDDL 设备集成技术互操作规范	IEC TC65
	IEC 62769-1	现场设备集成	IEC TC65
	IEC 62265	企业控制系统集成	IEC TC65
	IEC 62714 系列标准	自动化标识语言	IEC TC65
	IEC 62541 系列标准	OPC 统一架构	IEC TC65
	IEC 61804-1	过程控制用功能模块第 1 部分：一般要求	IEC TC65
	IEC 61804-3	过程控制用功能模块第 3 部分：电子设备描述语言（EDDL）	IEC TC65
	ISO 15926	工业自动化系统和集成——包括油气生产设施的加工设备使用寿命数据的集成	ISO TC184
现场总线	IEC 61158 系列标准	工业通信网络现场总线规范	IEC TC65
	IEC 61784 系列标准	工业通信网络行规	IEC TC65
	IEC 62591	工业通信网络——无线通信网络和通信行规——无线 HART	IEC TC65
	IEC 62601	工业通信网络——无线通信网络和通信行规——WIA-PA	IEC TC65
	IEC 62734	工业通信网络——无线通信网络和通信行规——ISA 100.11a	IEC TC65
	IEC 62948（CD）	工业通信网络——无线通信网络和通信行规——WIA-FA	IEC TC65

2.3.3 基于工业互联网参考架构的智能制造体系架构

1. 工业互联网的内涵

工业互联网由美国 GE 公司于 2012 年提出，最初的概念认为工业互联网是一个由机器、设备组、设施和系统网络组成的庞大的物理世界，能够在更深层面与连接能力、大数据、数字分析相结合。2014 年 3 月由 GE 公司联合 AT&T 公司、思科公司、IBM 公司和 Intel 公司发起建立了美国工业互联网联盟（Industrial Internet Consortium，IIC）。随后美国将工业互联网上升为与德国工业 4.0 相对应的国家战略，力图以工业互联网、工业物联网、大数据等新一代信息技术促进再工业化，引导制造业回流，重振制造业。

工业互联网定义为机器、物品、控制系统、信息系统、人之间互联的网络，它通过对工业数据的全面深度感知、实时传输交换、快速计算处理和高级建模分析，实现智能控制、运行优化和生产组织方式变革。工业互联网是互联网和新一代信息技术与工业系统全方位深度融合所形成的产业和应用生态，是工业智能化发展的关键综合信息基础设施，为智能制造提供信息感知、传输、分析、反馈和控制等方面的支撑。

工业互联网的内涵非常丰富，通常可以从构成要素、核心技术和企业应用三个角度来进一步理解和认识工业互联网。

（1）从构成要素角度　工业互联网是机器、数据和人的融合，这三者以机器为中心共同构成了工业互联网生态系统。在工业生产中，各种机器、设备组和设施通过传感器、嵌入式控制器、应用系统与网络相连接，给机器赋予智能，形成一种新型的复杂网络体系架构。

（2）从核心技术角度　工业互联网是实现数据价值的技术集成。大数据是工业互联网处理的核心对象，数据在产生、收集、传输、分析、整合、管理、决策等各个阶段，需要集成应用各类技术和各类软硬件，完成感知识别、传输通信、数据挖掘、分析处理和集成应用等一系列任务，建立与物理对象完全对应的数字孪生，是实现模型仿真、数据分析和资产管理的具体形式，这是以一种以数据为"加工"对象的多技术集成。

（3）从制造企业应用角度　工业互联网是基于互联网的巨型复杂制造生态系统。工业互联网构建了一个庞大的网络制造生态系统，为企业提供了全面感知、移动应用、云端资源和大数据分析等，使各类制造要素和资源在保证安全的前提下实现信息交互、数据集成和运营优化，从而创造数据价值。

2. 工业互联网参考架构

2015年6月，IIC发布了最初版本的《Industrial Internet Reference Architecture》（《工业互联网参考架构》（IIRA v1.7）），在2017年1月更新为《The Industrial Internet of Things Volume G1：Reference Architecture》（《工业物联网卷G1：参考架构》），并于2019年6月再次升级更新为v1.9版本。

IIRA是一种基于标准的IIoT系统的开放体系结构，其架构描述和表示是通用的和高度抽象的，它具有互操作性，可映射适用的技术，指导技术和标准的发展，具有广泛的行业适用性。因为它的架构描述和表示是通用的，并且是高度抽象的，可以支持所需的广泛的行业适用性。IIRA从IIC以及其他地方定义的用例中提取和抽象共同的特征、特性和模式，也会随着在IIC开发的测试平台（Testbeds）上的应用以及IIoT系统的实际部署不断地改进和修改。另一方面，IIRA的设计也是为了从更高的视角了解今天可用的技术，人们可以根据架构需求来确定技术差距，这又将反过来推动工业互联网新技术的发展。

IIRA架构采用ISO/IEC/IEEE体系结构规范中的一般概念和构造，特别是用关注（Concern）、关联者（Stakeholder）和视角（Viewpoint）作为其体系结构框架，以视图和模型作为其体系结构表示，描述和分析IIoT系统的重要公共体系结构关注点。IIRA采用分层结构，共分为商务视角（Business Viewpoint）、使用视角（Usage Viewpoint）、功能视角（Functional Viewpoint）和实现视角（Implementation Viewpoint）共四个层次（图2-23a）。

（1）商务视角层　关注通过建立工业物联网（IIoT）系统，识别和确定商务关联者以及他们的业务远景、价值观和目标，它进一步确定了IIoT系统是如何通过映射到基本系统功能来实现所述目标的。这些关注以商务为导向，企业决策者、产品经理和系统工程师尤其关注。

（2）使用视角层　指出系统预期使用的一些问题，它通常表示为涉及最终实现其基本系统功能的人或逻辑用户活动序列。这些问题通常牵涉到系统工程师、产品经理和其他利益相关者，包括参与到工业互联网系统规范制定和代表最终使用用户的人。

（3）功能视角层　聚焦工业互联网系统里的功能元件，包括它们的相互关系、结构、相互之间接口与交互，以及与环境外部的相互作用，来支撑整个系统的使用活动。该视角确定了业务、运营、信息、应用和控制 5 大功能领域，对系统组件架构师、开发商和集成商有强大的吸引力。

（4）实现视角层　主要关注功能部件之间通信方案与生命周期所需要的技术问题。这些功能部件通过活动来实现协调并支持系统能力。此视角所关注的问题与系统组件工程师、开发商、集成商和系统运营商有密切联系。

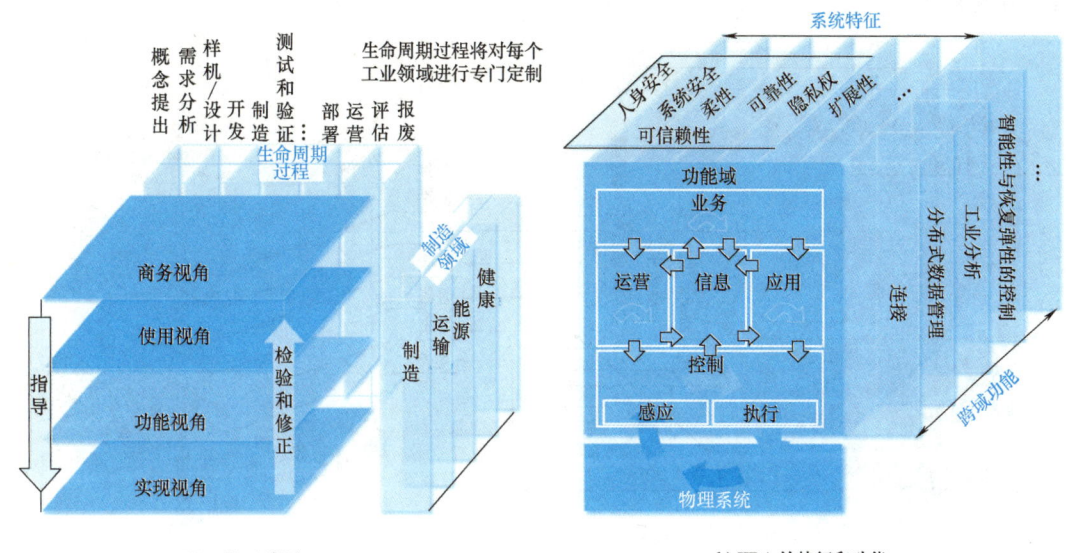

图 2-23　IIRA 系统视角和特征　[来源：Industrial Internet Consortium（2019）]

图 2-23a 还表示了 IIRA 与系统生命周期过程的关系。基于多层视角，IIRA 为应用于各个工业领域（Industrial Sectors）的系统全生命周期过程提供指导，即覆盖概念提出（Conceptualization）、需求分析（Requirement）、原型样机/设计（Prototyping/Design）、开发（Development）、制造（Build）、测试/验证（Test/Validation）、部署（Deployment）、运营（Operation）、评估（Evaluation）到报废（Disposal）等生命周期过程。IIRA 的视角层级为系统设计者提供了一个框架，可以方便地考虑和处理系统创建中常见的重要体系结构问题。

IIRA 的功能域描述如图 2-23b 所示，在可信赖性（Trustworthiness）方面具有人身安全（Safety）、系统安全（Security）、柔性（Resilience）、可靠性（Reliability）、隐私权（Privacy）、扩展性（Scalability）等多个方面的系统特性；在跨域功能（Crosscutting Functions）方面，又有连接（Connectivity）、分布式数据管理（Distributed Data Management）、工业分析（Industrial Analysis）、智能性与恢复弹性（即韧性）控制（Intelligent & Resilient Control）等

重要的功能特点。

3. IIRA 与 RAMI4.0 的映射关系

工业互联网参考架构 IIRA 与德国工业 4.0 参考架构模型 RAMI4.0 两者之间存在映射关系，如图 2-24 所示，左边是 IIC 的架构 IIRA，从功能视角来看，该视角确定了业务、运营、信息、应用和控制五大功能领域，底层的物理系统，是上述功能的执行对象和信息感知反馈来源，在整个功能域上的跨域功能和系统特征，均可清晰地表达；右侧是德国工业 4.0 参考模型架构 RAMI4.0，基本是三大集成——企业内部从底层资产到上层业务的管控一体化纵向集成、从价值链上游原型开发到下游产品应用的全生命周期端到端集成和企业间网络化协作形成互联世界横向集成。IIRA 与 RAMI4.0 两者之间的映射主要体现在 IIRA 功能域上的各项功能与 RAMI4.0 的功能类别（Type）之间的关系，从图 2-24 可以看到两者的具体映射关系如下：物理系统→资产、控制→集成、连接/分布式数据管理→通信、信息→信息、运营/应用→功能、业务→业务。两侧各项功能或类别对应的具体内容可进一步参考 IIRA 和 RAMI4.0 的描述。

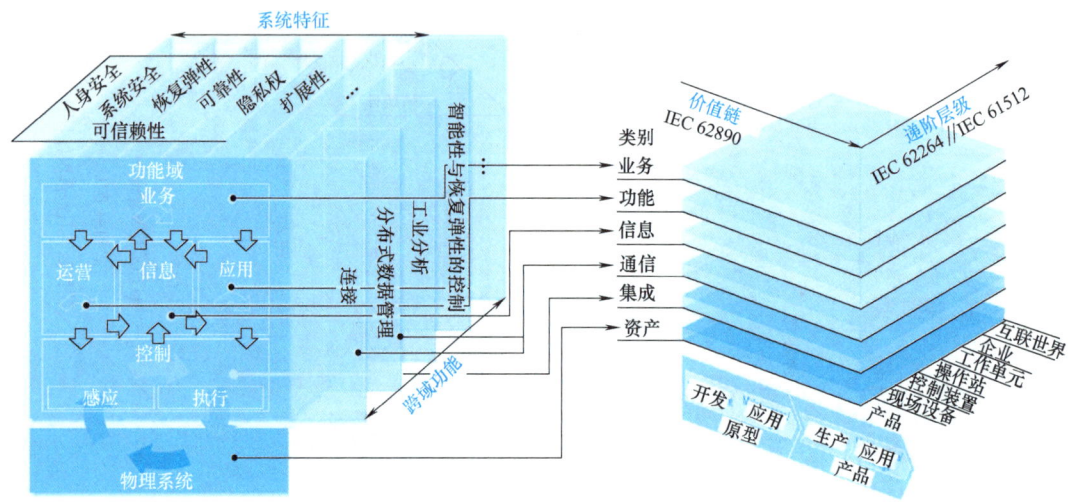

图 2-24　IIRA 与 RAMI4.0 的映射关系

2.3.4　智能制造生态系统模型

1. 智能制造生态系统模型构成

基于协同制造管理模型、企业控制系统集成层次模型［ISO/IEC 62264（ISA 95）］，美国国家标准技术研究所（NIST）于 2016 年 2 月发布了"智能制造生态系统（Smart Manufacturing Ecosystem，SME）"，从标准化的角度，在产品、生产和业务三个维度上加上一个金字塔层级结构，对智能制造进行描述和归类（图 2-25）。

（1）产品（Product）　按照产品生命周期的六个阶段，即产品设计（Design）、工艺设计（Process Planning）、生产工程（Production Engineering）、制造（Manufacturing）、使用和服务（Use & service）、废弃和回收（EOL & recycling），从建模、产品模型及数据交换、制造模型数据、产品目录数据和产品生命周期数据管理五个方面进行分类。

（2）生产（Production）　典型的生产系统生命周期分为设计（Design）、构建（Build）、调试(Commission)、运营和维护(Operation & Maintenance)、退役和回收(Decommission & Recycling)五个阶段。支持生产生命周期活动领域的标准按生产系统模型数据和实践、生产系统工程、生产系统维护和生命周期数据管理进行分类。

(3) 商务(Business) 制造业的价值链管理涉及供应商、生产活动和客户,智能制造生态系统模型将业务周期分为资源(Source)、计划(Plan)、制造(Make)、交付(Deliver)和退回(Return)五个环节。

(4) 制造金字塔(Manufacturing Pyramid) 该维度下的标准为 IEC/ISO 62264 (ISA 95)模型中企业资源计划(ERP)层、制造运营管理(MOM)层、人机接口/分布式控制系统(HMI/DCS)层、现场设备(Field Device)层等。从本质上来说,这是智能制造系统中对机器设备、制造执行和企业计划等的纵向集成。

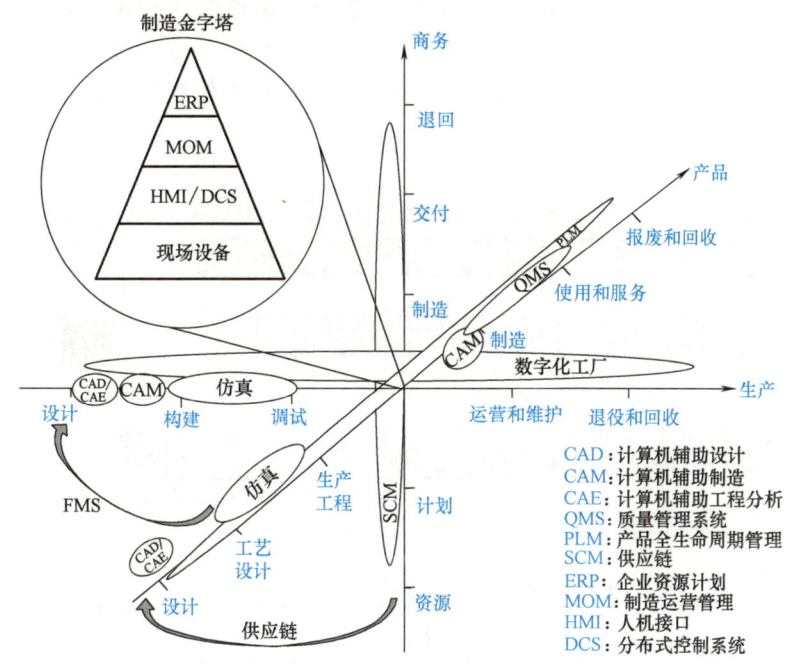

图 2-25 NIST 提出的智能制造生态系统概念 [来源:Qing Li et al. (2018)]

2. 智能制造生态系统模型的主要特征

(1) 生命周期描述和集成 SME 模型以制造金字塔为核心,从产品、生产、商务三个维度进行描述,每个维度可表示成独立的生命周期,三个生命周期在制造金字塔汇聚和交互;同时,SME 强调在每个维度上制造软件的集成,如 CAD、CAM、CAE、QMS、PLM、SCM 等软件集成和应用,这将有助于车间层的先进控制,以及工厂和企业层的优化决策和执行。

(2) 变革性制造技术 SME 提出 3 项优先考虑的变革制造技术:①高级传感、控制和制造平台;②虚拟化、信息化和数字化制造技术;③先进材料制造。

(3) 9 种制造范式 SME 给出了 9 种制造范式,即:精益制造、柔性制造、绿色制造、数字化制造、云制造、分布式制造、智能制造、敏捷制造和网络化协同制造。

3. SME 模型定义的企业功能结构

智能制造生态系统体系结构采用面向服务的方法来定义制造企业的功能体系结构,如图

2-26 所示，它采用制造服务总线连接系统中各种类型的服务，包括：运营技术域（Operation technology domain）、信息技术域（Information technology domain）、虚拟域（Virtual domain）和管理等。此外，服务总线通过商务智能 BI（Business intelligence）服务将企业与客户、互联供应链和互联企业等外部协作者连接起来。

运营技术域服务包括由工业 4.0 组件（例如机器、生产线等）提供的功能，主要有：分布式控制系统（Distributed Control System，DCS）、可编程序逻辑控制（Programmable Logic Control，PLC）等涉及实时和安全关键设备的控制，先进过程控制（Advanced Process Control，APC）、安全管理系统（Safty Management System，SMS）等管控系统。信息技术域服务是企业 IT 提供的服务，包括制造运营管理（Manufacturing Operation Mangement，MOM）、企业资源计划（Enterprise Resource Planning，ERP）和供应链管理（Supply Chain Management，SCM）、订单管理（Order Management）和客户关系管理（Customer Relationship Management，CRM）等服务。虚拟域服务由企业的数字工厂或数字孪生提供，包括建模和仿真服务、查询服务等。管理或公共服务包括企业所需的所有其他服务，包括数据、安全、知识、设备、服务质量和网络配置等管理。

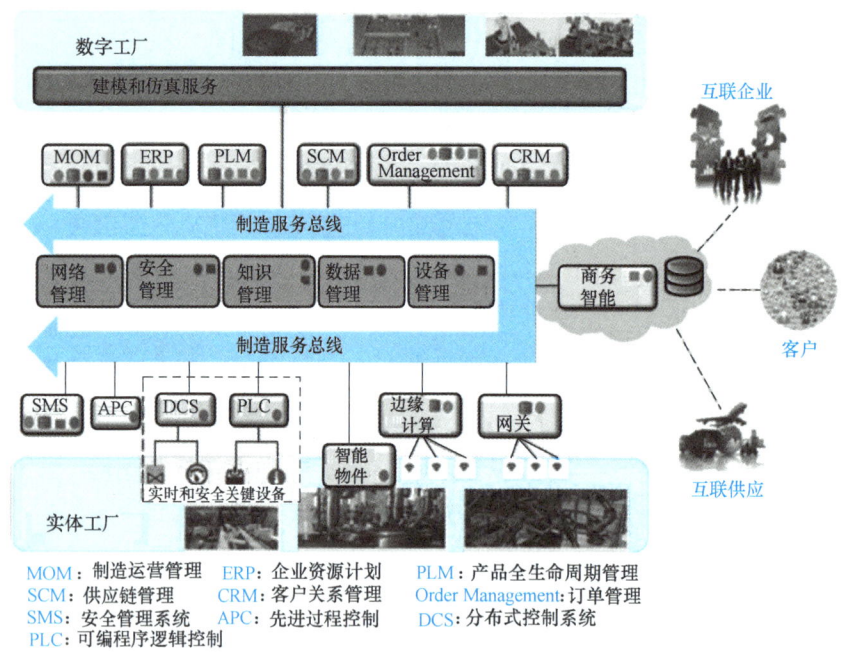

图 2-26　采用 SME 模型的企业功能结构　[来源：Moghaddama M. et al.]

2.3.5　工业价值链参考架构和智能制造单元

2016 年 12 月，日本工业价值链促进会 IVI 发布了《日本互联工业价值链的战略实施框架》，正式提出了一种面向智能制造的工业价值链参考架构（Industrial Value Chain Reference Architecture，IVRA），这是日本智能制造独立的顶层框架，定义了体现日本制造优势的智能工厂互联互通的基本模式。2018 年 6 月，日本经产省发布《日本制造业白皮书（2018）》，明确将互联工业作为制造业的发展目标。

1. 工业价值链参考架构（IVRA）的基本模型

工业价值链参考架构（IVRA）的基本模型是智能制造单元（Smart Manufacturing Unit，SMU），以 SMU 作为描述微观活动的基本组件，各个 SMU 之间相互连接，形成一个通用功能模块，来完成对企业所需要的实际功能的描述。

SMU 定义了三维视图：资产视图（Asset View）、活动视图（Activity View）和管理视图（Management View）（图 2-27），各个视图的内容如下：

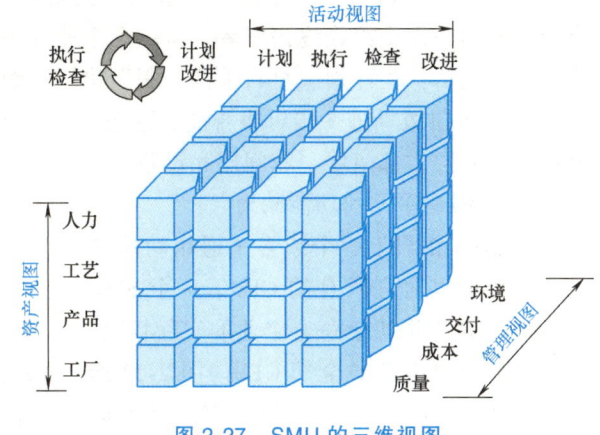

图 2-27　SMU 的三维视图

（1）资产视图　展示了对制造系统有价值的资产，包括人力、工艺、产品和工厂 4 类。它可以是某个 SMU 属性，其中某些部分也可以根据需要在不同的 SMU 中进行转换。

（2）活动视图　由人和装备在物理世界的每个制造现场执行各种活动，其结果就是产生价值，有 4 类基本的活动：计划、执行、检查和改进。

（3）管理视图　展示与管理相关的目标和条目，SMU 的资产和活动应由管理视图进行掌控，主要依据该视图中的 4 类管理：质量、成本、交付和环境。

2. SMU 通用功能模型

用于制造系统的 SMU 通用功能模型如图 2-28 所示，它从知识和工程流（Knowledge and Engineering flow）、需求和供应流（Demand and Supply flow）和递阶层级（Hierarchical Levels）3 个维度，将智能制造作为一个整体，以通用功能模型模块组合体的形式进行描述。

（1）知识和工程流　从工程角度可将智能制造中的知识流（例如：设计信息和工程信息）分为：营销与设计、构建与安装、制造执行、维护与维修、研究与开发等，这些工程

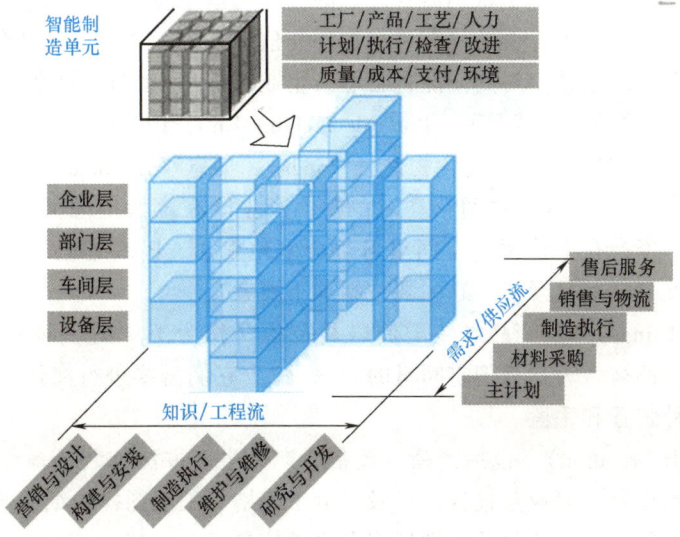

图 2-28　用于智能制造的通用功能模型

和知识流在制造执行阶段将与需求/供应流相互交叉作用。

（2）需求和供应流　供应流由多重企业的价值链流构成，在供应流中材料经过制造转换成最终产品并提交给最终消费者，从一个企业的内部来看，需求和供应流可以划分为多个功能要素，包括：主计划、材料采购、制造执行、销售与物流、售后服务等。

（3）递阶层级　进一步可将智能制造按其通用功能划分为企业不同功能块的垂直层级，主要有：企业层、部门层、车间层和设备层。

3. 智能制造单元的功能映射

一个 SMU 相当于一个或多个通用功能块（GFB），也可以对应所有的 GFB。一个 SMU 对应 GFB 的范围取决于每个企业的实际状况，它可以包括公司内部的全部 GFB。图 2-29 给出一个 SMU-1 映射了不同维度上多个功能的情形，这是一个涉及车间和设备层级的单元，在知识/工程流上的活动有制造执行、维护与维修等功能活动，在需求/供应流上涉及材料采购和制造执行的管理功能要素。

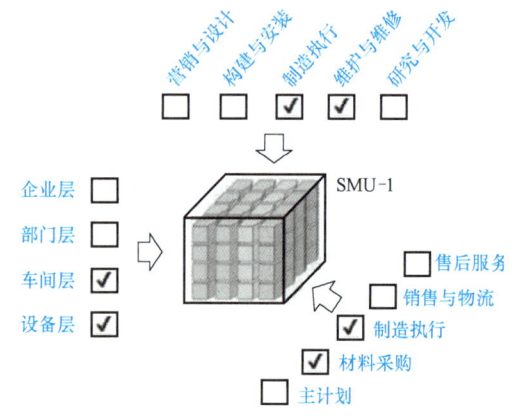

图 2-29　SMU 的功能映射

大型企业内部可能有更多的 GFB，但从另一个角度看，企业也并不总是对应单个的 SMU 结构，而是多个自治的 SMU。例如，一个企业可以允许它的部门具有独立性和自主性，可以进行自主管理的活动。如果一个车间的每个区域或工作站都按 SMU 定义，将加强自下而上的改进，实现柔性和智能制造。

4. 互联的自主制造

智能制造是由多个自主 SMU 互联的多系统中的一个系统，SMU 之间的互联可以发生在企业内部或是企业之间。通常，相对于企业外部互联，企业内部互联对安全管理、可追踪性要求很高，采用参考模型就能以统一的方式处理这些不同的情形。

此外，企业间的互联中一个特别需要注意的问题是基于应收账款和应付账款数据的金融交易，在这种交易中，货币价值转移需要与物件和信息一并管理。虽然没有必要在企业内部进行货币交换，但管理系统中对其使能将会增强企业内部自主 SMU 的独立性。

IVI 中提出一种便携式装载单元（Portable Loading Unit，PLU），如图 2-30 所示。PLU 是一组在 SMU 之间传递的要素，可包含物件（Things）、信息（Information）、数据（Data）和价值（Value）。当资产在 SMU 之间移动时，就会产生既在赛博空间又在物理空间的转移，根据对象的特性，资产在上述两个空间里可被分别地发送，PLU 即是一个对发送的全部所含之物进行一致性管理的单元。PLU 主要包括如下要素：

（1）物件（Things）　当产品、装配件以及装备（作为工厂的一部分）等从一个 SMU 转移到另一个时，都被认为是物理空间里的"物件"，它们需要进行实体运输，必须在真实世界里装备有各种装置和手段。

（2）信息（Information）　包括产品、装备、产品生产方法和装备操作知识等。信息表示为物理介质上的符号，以业务报告、目录、电子表格、工程图样、纸质便笺或卡片等描述形式存在，可通过数字设备接收并识别的消息也是信息。

(3) 数据（Data） 任何信息都可以数字化从而形成数据。数据既可以通过物理世界的内存介质，也可在赛博空间平台上进行传送。数据总是存在于赛博空间里，并在物理空间里表征为物件或信息。

(4) 价值（Value） 无论是物件的发送者还是接收者，信息和数据等传送的资产都具有本身的价值，其过程也被认为是资产的价值在传送。价值传送作为与物件、信息和数据的反向流动，是抽象存在的，价值流可以由与支付相关的价格来具体化。

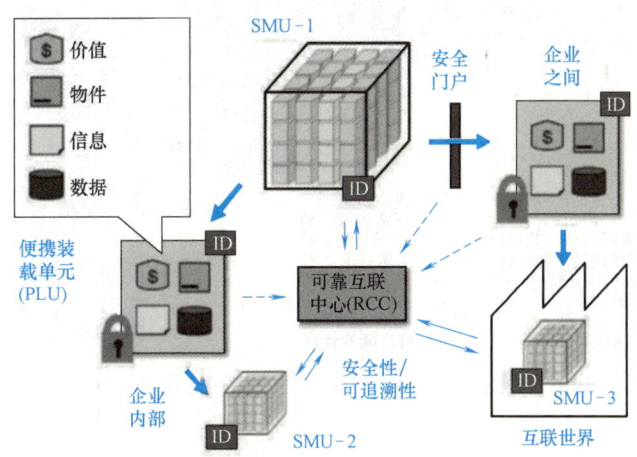

图 2-30 互联制造的便携式装载单元（PLU）

在图 2-30 所示的互联制造系统中，可靠互联中心（Reliable Connection Center，RCC）通过 PLU 单元管理所有 SMU 之间的转移，对于 SMU 之间的资产转移，安全性和可跟踪性要求特别突出。

在安全性方面，所有涉及转移的参与方（包括传送方、接收方和中继代理等）都要求进行认证，此外，PLU 将采用物理或数字密钥给资产加锁，并以相应的安全等级管理它们；当转移的全部所含之物是数据时，PLU 必须使用加密手段；特别地，价值转移则需要使用更加安全的分类管理。当 PLU 以批量方式传送不同物质时，或是在转移过程中存在时滞，需要适当的可跟踪性管理。每个 PLU 都有一个全局化的标识管理标签，该标签使得管理每个 PLU 的当前位置及状态成为可能，并且在需要时可以进行跟踪。

2.3.6 智能制造三链模型

"智能制造三链模型"是林诗万提出的一种面向智能制造的"价值链-知识产权链-资产链"的三链模型。在该模型中，将不同行业企业中重要的流程概括地分为三大链：第 1 链是一条竖直的、以 ERP 为首的价值链；第 2 链是一条水平的、以 PLM 为主线的知识产权链；第 3 链是一条竖直的资产链，如图 2-31 所示。

1. 模型的构成

(1) 价值链 价值链是智能制造的第 1 链，它回答生产什么、何时生产和生产多少等问题，包括智能制造的整个业务管理流程，即："产品订单→生产计划→材料与供应→制造→交付与分销→客户支持"的全过程，它使用 ERP、APS、SCM/MRP、MES、QMS、DRP（Distribution Requirement Plan）等计划、执行和管理工具，优化流程中的各个环节，为企业

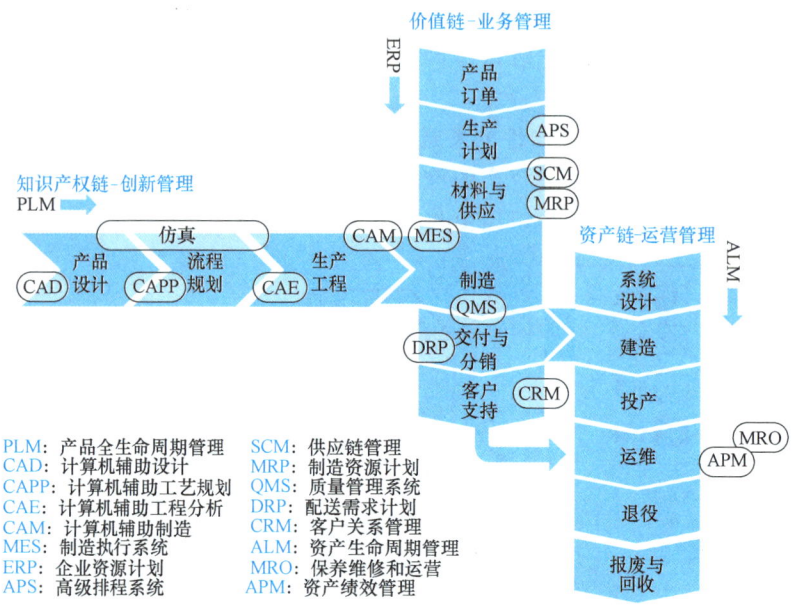

图 2-31　智能制造的三链模型 ［来源：林诗万（2017）］

创造价值。

除了保证成本、效率、质量等传统的生产指标要素达到预期目标，管理流程还必须缩短交付周期、提高资源效率和保障可持续性发展，满足多品种小批量柔性制造、大规模个性化定制生产等新的要求，快速响应市场需求变化。

对大型或高价值装备的制造商，在价值链的下游，即在产品交付与分销之后，还可以拓展和延伸制造服务，即利用制造商对产品关键技术和功能的深度理解和掌握，采用工业互联网、物联网、大数据和云计算等技术，进行预测性维护和资产绩效管理，为客户提供增值服务，不仅为制造企业创造新的营收来源，也可从单一的产品生产销售模式向服务型模式、甚至成效型模式过渡和转型，实现制造企业业务模式转型升级。

这个流程中，需要继续将依赖于报表式的手工管理方式提升为完全数字化的过程（即实现数字化转型），而且还要关注如何把所有的环节无缝整合，自动交互，动态地响应客户和市场的需求。

（2）知识产权链　知识产权链是以产品全生命周期管理为主线的智能制造第 2 链，它回答怎样生产的问题，关注如何优化"产品设计→流程规划→生产工程→制造"这一过程的创新管理流程，以 CAx（CAD、CAPP、CAE、CAM 等）和制造执行系统（Manufacturing Executive System，MES）为主要手段和工具，优化设计制造过程，从而在更短的周期里推出更多样的高新、尖端产品。

位于价值链与知识产权链交叉点的制造执行系统（MES），是将知识产权转为业务价值的枢纽，它管理的对象是作为制造业企业资产的核心的生产能力和资源，对实现企业价值起着举足轻重的作用。MES 在生产现场统筹管理生产计划的执行、设备使用的绩效、产品质量的保证、生产过程的追溯、工人的排班和激励等多个方面。它所关注的是在车间的场景里如何对生产人员、设备、物料、能源等生产要素，实现动态的、精准的、优化的配置和调度，高绩效、高质量、低成本地完成生产任务。由于其管理对象包括实体生产资源，MES

与工业互联网技术在多个应用方面相关性最直接,将与工业互联网的实施相互配合,相互增强。

(3)资产链 智能制造第 3 链是资产链。资产链主要关注的是在产品或装备部署和投产后,在服役期间如何优化其运营和维护,以最低的成本,产生最佳的效益。资产链涉及产品交付分销、完成建造投产后的运维,以及产品生命周期终结后退役、报废与回收。在智能制造系统中,这也会成为互联网、物联网和工业互联网应用的重要场景。

2. 智能制造三链模型与数字主线

如同价值链一样,知识产权链各环节之间也需要无缝集成,让数据按需要在产品生命周期的过程中畅通地流动,从设计,到制造,到运维,甚至一直到退役报废回收。简单地说,数字主线(Digital Thread)就是这样一个使能数据流动的连接和融合框架,如图 2-32 所示。例如,在离散制造基于模型的工程(Model Based Engineering, MBE)实施中,要求实现完全基于三维数字化模型的设计、仿真验证、工艺设计、制造和运维等,即产品全生命周期管理过程三维数字化,避免传统过程中把三维的设计转换成三维的工艺,然后再去制造三维的产品,这种过程将导致在中间环节之间产生繁琐、不可靠的转换。

从图 2-32 还可以看到,数字主线各个环节收集的有关产品的数据,如设计规格、工程模型(描述几何形状、材料、组件和行为等的模型)、仿真验证结果、工艺规程,以及每一个产品实体在制造过程中独有的人(人员)、机(机器)、料(材料)、法(方法)、环(环境)、测(质量检验)等数据,还有部署调试、使用和维护的数据等,即可构成产品实体及其物理生产过程在虚拟空间的一个数字映射模型,这就是产品及其生产过程对象的数字孪生(Digital Twin, DT),也称为数字化双胞胎、数字映射。

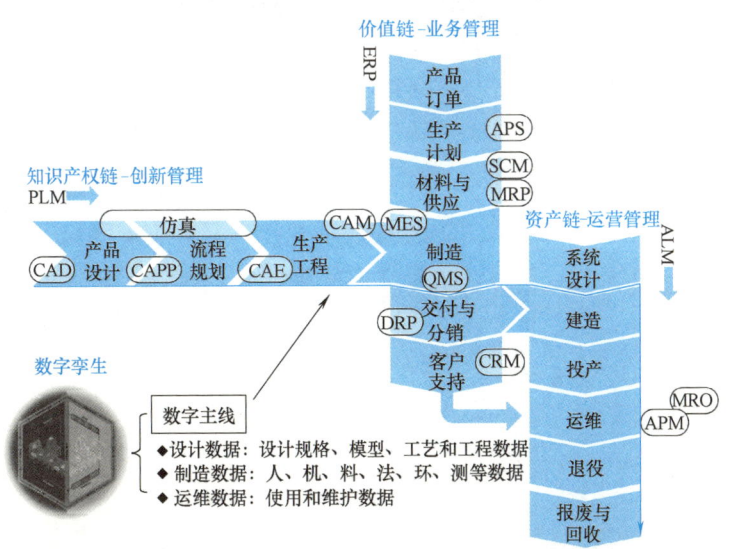

图 2-32 三链模型中的数字主线和数字孪生 [来源:参考林诗万(2017)重新绘制]

数字孪生反映了每个产品,或装备的设计、生产、使用和维护的完整历史。利用每一个产品数字孪生的数据模型,可以在其生命周期内通过仿真,更有效地评估其当前和未来的性能。这不仅对预测性维护和优化运营绩效,而且对根据产品使用的数据来改进产品设计和生产工艺都具有十分重要的价值。另外,数字孪生能够提供对产品质量有效的追溯,特别是当产品因质量问题需要召回时,能追溯到影响每一个产品质量的具体因素,因而可以精确地决定召回的范围,减少召回的成本。

主要的制造业务管理流程,也就是智能制造的三链,不仅在每一流程内部的各个环节需要无缝连接融合,不同流程之间也将更紧密地交叉连通融合。

MES作为智能制造三链中的交叉枢纽,把作为价值链业务管理流程和作为知识产权链的创新管理流程融合在一起。而数字主线则不仅把知识产权链各个环节打通,而且连贯价值链和资产链的环节,全面收集产品的设计、制造和运维数据,建立产品的数据孪生模型。要实现各链的互联互通,信息互流互用,仅仅依赖于目前现有的工业软件的架构,通过多个环节点到点的相互连接整合,不仅工作量大,而且会相当脆弱,难以满足各流程的全面化的互联互通。因而,开发一个新的系统化的、在架构的层次上的解决方案可以说是势在必行。

思考题和习题

2-1 试阐述对智能制造内涵与特征的理解和认识。

2-2 试分析比较 RAMI4.0、IIRA、SME 和 IVRA 等几种不同的智能制造模型架构的特点及异同。

2-3 试针对智能制造中"智能设计、智能产品、智能生产、智能管理、智能服务"五个要素中之一,拓展查阅相关文献,举例说明其特点和应用。

第一部国产雷达

新中国最早的万吨水压机

第 3 章

新一代智能制造支撑技术

【导读】 作为支撑智能制造发展的新一代信息技术和人工智能技术等关键技术,给智能制造实现动态感知、实时分析、自主决策和精准执行等功能提供了相关的方法和技术。本章从基本概念及工作原理、核心算法或关键技术以及智能制造的应用支撑等方面,重点介绍了传感器、工业互联网/物联网、大数据、云计算/边缘计算、虚拟现实/增强现实/混合现实、人工智能和数字孪生等新一代智能制造支撑技术。

3.1 智能传感技术

3.1.1 传感技术基础

1. 传感器的定义和组成

按照 GB/T 7665—2005 的定义,传感器(Sensor 或 Transducer)是一种"能感受被测量并按照一定的规律转换成可用输出信号的器件或装置,通常由敏感元件和转换元件组成"。本质上,传感器是一种检测装置,它能采用敏感材料和元件感知被测量的信息,且将感知到的信息,由转换元件按一定规律和使用要求转换成为电信号或其他所需形式并输出,以满足信息的传输、处理、存储、显示、记录和控制等要求。为实现上述要求,一般传感器的组成除了敏感元件和转换元件之外,还有变换电路和辅助电源,如图 3-1 所示。

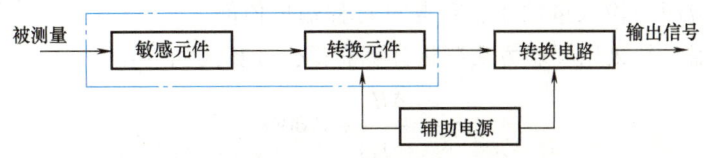

图 3-1 传感器的一般组成框图

2. 传感器的命名和分类

一个传感器全称由"主称+被测量+转换原理+序号"的四级传感器代码组成。传感器的主称是"C";被测量代码一般由被测量英文名称的首字母或中文名称汉语拼音的一个或两个首字母标记,例如:加速度—"A"、电场强度—"DQ"、温度—"W"、位移—

"WY"等；转换原理代码命名规则与被测量代码相同，例如：电磁—"DC"、应变—"YB"、压电—"YD"等。传感器代码示例：CW-01A（温度传感器）、CWY-YB-10（应变式位移传感器）、CA-DR-2（电容式加速度传感器）。各种被测量和转换原理的代码可查阅国家标准 GB/T 7666—2005。

传感器的分类方法较多，常用传感器的分类见表3-1。

表3-1 常用传感器的分类

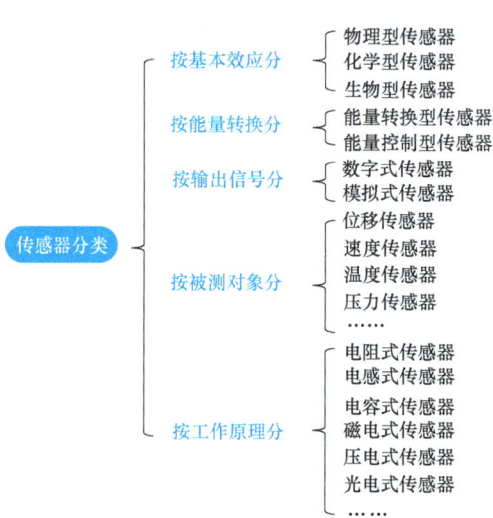

3. 传感器的基本性能指标

（1）静态性能指标

1）线性度。线性度是指传感器输出与输入之间的线性程度，也称为非线性误差，以相对误差 γ_L 表示，即在全量程范围内，测量所得的校准曲线与拟合直线之间的最大偏差值与满量程输出值之比，计算式如下：

$$\gamma_L = \frac{\Delta L_{max}}{y_{FS}} \times 100\% \quad (3.1)$$

式中，ΔL_{max} 是最大非线性绝对误差；y_{FS} 是传感器满量程输出量，如图3-2所示。

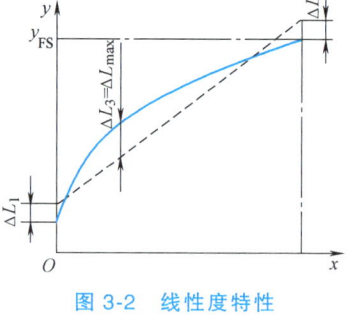

图3-2 线性度特性

2）迟滞。迟滞表示在相同工作条件下，传感器在同一次校准中，对应同一输入量的正行程与反行程输出值间的最大偏差。迟滞一般采用实验方法测量计算获得，计算式如下：

$$\gamma_H = \frac{\Delta H_{max}}{y_{FS}} \times 100\% \quad (3.2)$$

式中 ΔH_{max} 是正、反行程输出间最大差值；y_{FS} 是传感器满量程输出量，如图3-3所示。

3）重复性。重复性是指传感器在相同工作条件下，输入量按同一方向做全量程连续多次变动时所得特性曲线不一致的程度（图3-4）。

4）灵敏度。灵敏度是传感器输出的变化量 Δy 与引起该变化量的输入变化量 Δx 的比值，即

$$k = \frac{\Delta y}{\Delta x} \quad (3.3)$$

一些常用的传感器灵敏度数值见表 3-2。

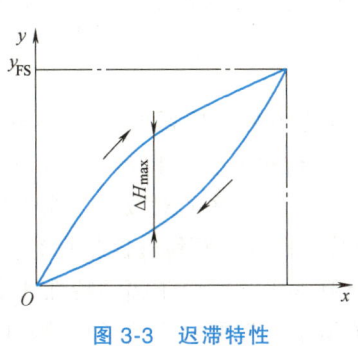

图 3-3 迟滞特性

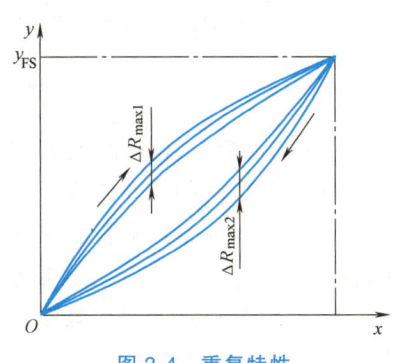

图 3-4 重复特性

表 3-2 一些常用传感器的灵敏度 [来源：Clarence W. De Silva（2019）]

传感器	灵敏度	传感器	灵敏度
血压传感器	10mV/(V·mmHg)	电流传感器	2.0V/A
电容式位移传感器	10.0V/mm	流体压力传感器	80mV/kPa
压电式加速度计电荷灵敏度	110pC/N	温度传感器（热敏电阻）	5mV/K

5）分辨率与阈值。分辨率是指传感器能检测到的最小输入增量，即能检测出的输入量最小变化值。传感器在输入零点附近的分辨率称为阈值，它描述了传感器可测出的最小输入量。

6）测量范围和量程。传感器所能够测量的最小量与最大量之间的范围被称作测量范围，如 $-20V\sim+20V$。量程则是最大值与最小值之差，如测量范围为 $-20V\sim+20V$，传感器的量程是 40V。

7）零漂和温漂。零漂是传感器在长时间工作情况下输出量变化值，温漂指传感器在外界温度变化情况下输出量的变化值，零漂和温漂反映了传感器的工作稳定性。

（2）动态性能指标　传感器的动态性能指标可用时域性能指标和频域性能指标给出。

1）时域性能指标。常用的时域性能指标有阶跃响应的上升时间 t_r、调节时间 t_s 和超调量 $\sigma\%$ 等。以欠阻尼二阶系统为例，如图 3-5 所示，各指标定义如下：

上升时间 t_r：阶跃响应曲线第一次上升到稳态值所用的时间，对过阻尼二阶系统和一阶系统，则取从稳态值的 10% 上升到 90% 时所需要的时间，上升时间反映了传感器响应初始阶段的快速性。

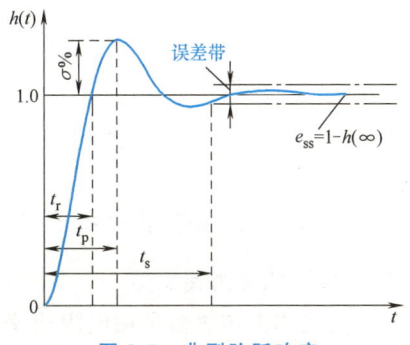

图 3-5 典型阶跃响应

调节时间 t_s：阶跃响应曲线进入到给定的误差带并不再超出误差带的时间，调节时间反映了传感器响应的快速性。

超调量 σ%：阶跃响应曲线第一个峰值超调部分与稳态值的百分比值，计算式为

$$\sigma\% = \frac{h(t_p) - h(\infty)}{h(\infty)} \times 100\% \tag{3.4}$$

稳态误差 e_{ss}：当时间 t 趋于无穷时，阶跃响应期望输出与实际输出之差，计算式为

$$e_{ss} = \lim_{t \to \infty} e(t) = \lim_{t \to \infty} [r(t) - h(t)] \tag{3.5}$$

2）频域性能指标。频域性能指标通常以传感器典型的频率响应函数（Frequency Response Function，FRF）的增益曲线［幅频特性 $A(\omega)$］和相位角曲线［相频特性 $\varphi(\omega)$］描述，工程上用伯德（Bode）图表示（图 3-6），即对频率取以 10 为底的对数作为横坐标，分别以 $20\log A(\omega)$ 和 $\varphi(\omega)$ 作出对数幅频特性曲线和相频特性曲线。频域性能指标有：

带宽（又称频带）ω_b：对数幅频特性 $L(\omega)$ 曲线下降 3dB ［对应于幅频特性 $A(\omega)$ 下降到零频幅频 $A(0)$ 的 0.707 倍时］的频率值，如图 3-6 所示，带宽值反映了传感器响应的快速性，带宽值越大则快速性越好。

相位裕度 γ（图 3-7）：令对数幅频特性曲线 $L(\omega)$ 过 0dB 时的频率为 ω_c，定义相位裕度 γ 为

$$\gamma = 180° + \varphi(\omega_c) \tag{3.6}$$

增益裕度 h（图 3-7）：令对数幅频特性曲线 $\varphi(\omega)$ 过 180°频率为开环频率 ω_g，对应的幅频为 $A(\omega_g)$，定义增益裕度 h 为

$$h = -20\log A(\omega_g) \tag{3.7}$$

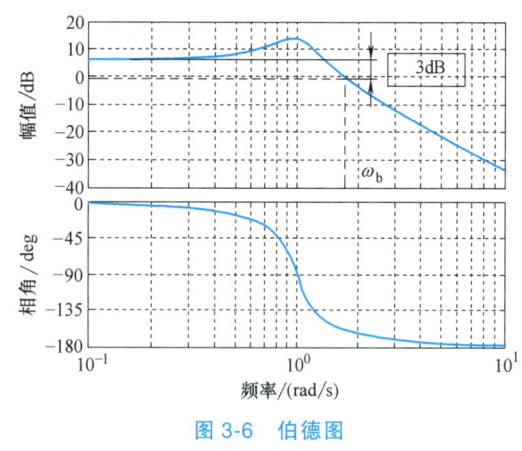

图 3-6 伯德图

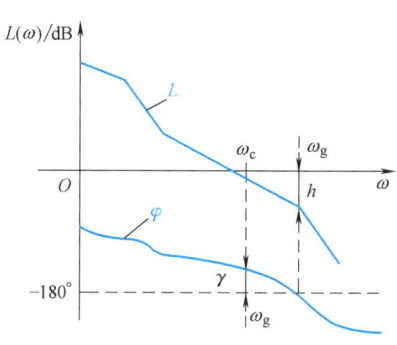

图 3-7 相位裕度和增益裕度

3.1.2 制造工程中常用传感器的工作原理

1. 应变式测力传感器

应变式测力传感器利用电阻应变片将弹性元件受力后变形产生的应变转换为电阻变化从而实现测力（图 3-8a），具有精度高、结构简单、环境适应性好等优点，但存在大应变时非线性、带宽较低、抗干扰能力较差等不足。

应变式测力传感器的敏感元件为电阻应变片，有多种类型和结构，图 3-8b 所示为一种金属箔式应变片，将 4 片应变片贴于测力仪的弹性元件上，即可构成一个直流全桥差动式应

变片测量电路，如图 3-8c 所示。

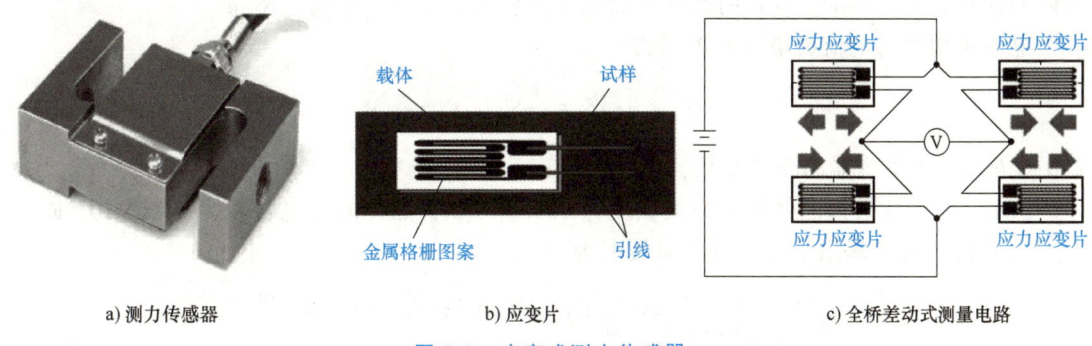

a) 测力传感器　　　　　b) 应变片　　　　　c) 全桥差动式测量电路

图 3-8　应变式测力传感器

设四个桥臂上的应变片初始条件为：$R_1=R_2=R_3=R_4=R$，即为等臂电桥，E 为供电电压，其中两个应变片受拉，两个受压，变形程度相同但符号相反，形成桥式差动，输出电压为

$$V=\frac{(R_1+\Delta R_1)(R_4+\Delta R_4)-(R_2-\Delta R_2)(R_3-\Delta R_3)}{(R_1+\Delta R_1+R_2-\Delta R_2)(R_3-\Delta R_3+R_4+\Delta R_4)}E=\frac{\Delta R}{R}E \tag{3.8}$$

对测力传感器进行标定，即可用于力（拉或压）的测量。

2. 压电式加速度传感器

压电晶体材料（如钛酸钡、单晶石英、锆-钛酸铅、压电聚合物聚乙烯基二烯等），在受到机械应力或应变的影响时，由于各向异性材料（具有非对称分子结构）中的电荷极化，会产生电荷和相应的电位差，反之亦然，这种作用称为压电效应。利用压电效应，可制作多种传感器（如应力、应变、加速度等传感器）或作动器（微电动机、压电阀、声波发生器等）。

压电式加速度传感器是在机械电子工程中常用的一种利用压电效应测量振动（加速度）的传感器，如图 3-9a 所示。其结构包括（图 3-9b）：基座、电极、压电晶片、质量块、弹性元件、外壳。根据压电传感器的工作原理，可将其等效为并联有电容 C_s 的电荷源 q_s，诺顿等效电路图如图 3-9c 所示。等效电容器的阻抗为

$$Z_s=\frac{1}{j\omega C_s} \tag{3.9}$$

电荷灵敏度定义为

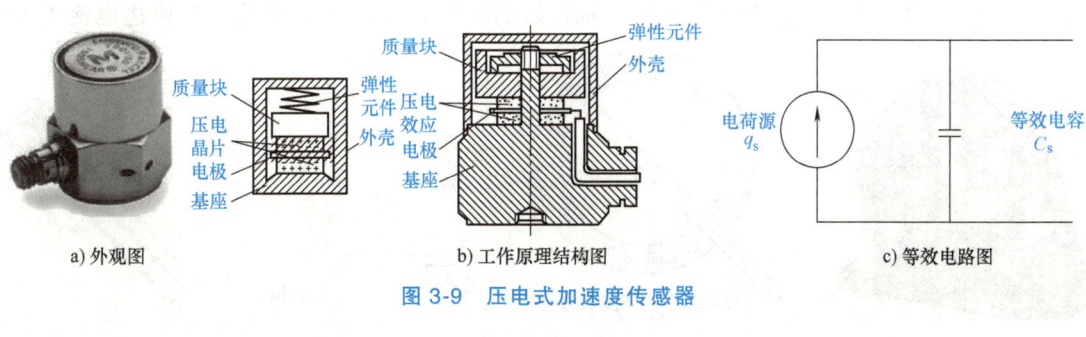

a) 外观图　　　　　b) 工作原理结构图　　　　　c) 等效电路图

图 3-9　压电式加速度传感器

$$S_q=\frac{\partial q}{\partial F}=\frac{1}{A}\frac{\partial q}{\partial p} \tag{3.10}$$

式中，q 是压电晶体生成的电荷，单位：C；F 是给压电晶体施加的力，单位：N；A 是压电晶体的面积，单位：m²；p 是向晶体表面施加的应力或压力，单位：N/m²。

电压灵敏度与电荷灵敏度的关系为

$$S_v = \frac{1}{k} S_q \tag{3.11}$$

式中　k 是晶体电容器的介电常数，单位：F/m。

【例3-1】　钛酸钡晶体的电荷灵敏度为 150.0pC/N，晶体的介电常数为 $1.25×10^{-8}$ F/m，由式（3.11）可计算出晶体的电压灵敏度为

$$S_v = \frac{150.0×10^{-12}}{1.25×10^{-8}} \text{V} \frac{\text{m}}{\text{N}} = 12.0×10^{-3} \text{V} \frac{\text{m}}{\text{N}} = 12.0 \text{mV} \frac{\text{m}}{\text{N}}$$

3. 光纤位移传感器

光纤位移传感器（图 3-10a）利用可以承载光的玻璃纤维束感知和测量目标对象的位移（或位置），其工作原理如图 3-10b 所示。从光源（激光器或发光二极管）的发出光沿着第一束光纤（传输光纤）传送到目标物体，经目标物体表面反射（或散射）到接收区的光纤（接收光纤）并传送给光电探测器（光电二极管或光电晶体管等），光电探测器接收到的光的强度取决于目标物体的位置 x，经过标定后，即可测量位移 x 的值。

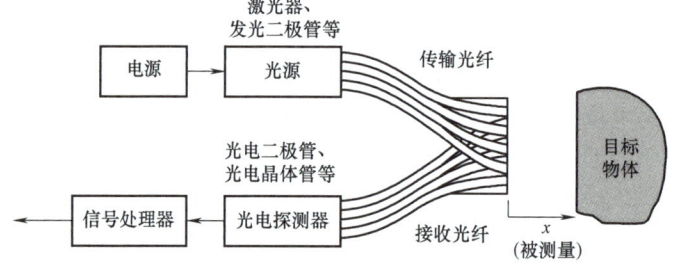

图 3-10　光纤位置（位移）传感器

4. 霍尔式传感器

一种霍尔式电流传感器如图 3-11a 所示，它利用霍尔效应测量电流，其工作原理如图 3-11b 所示，当原边电流 I_p 从穿过副边补偿线圈的导线流过时，在导线周围产生一个大小与流过导线的电流成正比的磁场，该磁场聚集在磁环内，通过磁环气隙中的霍尔元件进行测量并经过运算放大器进行放大后输出，标定后的输出电压 V_s 即可精确反映原边电流 I_p 的

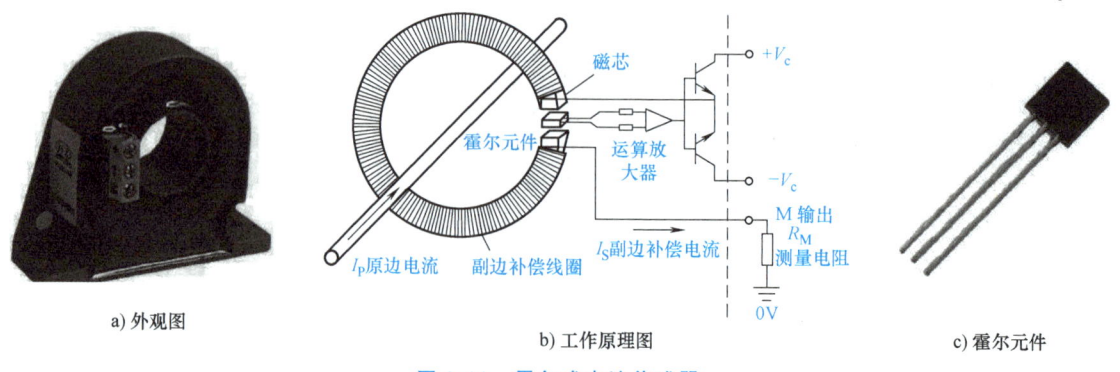

a) 外观图　　　　　　　　b) 工作原理图　　　　　　　　c) 霍尔元件

图 3-11　霍尔式电流传感器

大小。霍尔元件一般是矩形半导体单晶薄片，如图 3-11c 所示。

基于霍尔效应原理也可构成测量位移、压力、转速等其他物理量的传感器。

3.1.3 智能传感器的特点

随着传感器技术的发展，传感器已从具有单一的物理量感知和转换功能，向功能与技术复合集成，以及微型化、多功能、数字化、智能化、系统化和网络化发展，智能传感器集中代表了上述这些发展趋势。相对于经典的传感器，智能传感器还具有如下功能特点：

① 自校零、自标定和自校正。
② 自动补偿功能。
③ 自动采集和数据预处理。
④ 自动检验、自动量程和自寻故障。
⑤ 数据存储、记忆与信息处理功能。
⑥ 双向通信、标准化数字输出适配接口。
⑦ 具有判断、决策处理功能。

一个智能传感器系统基本组成框图如图 3-12 所示，它主要由传感器、信号采集和调理电路、微处理器系统等组成，传感器 1、2、…将被测量经多路开关、程控放大器（滤波和放大）、A/D 转换器等电路进行采样和转换，转换成数字量输入微处理器，经计算、存储、分析处理后，由输出接口（D/A 输出、串口等）按相应的输出格式输出测量结果，同时，微处理器系统还可通过对多路开头、采样、滤波放大、A/D 转换等的控制实现对测量过程的调节与控制。

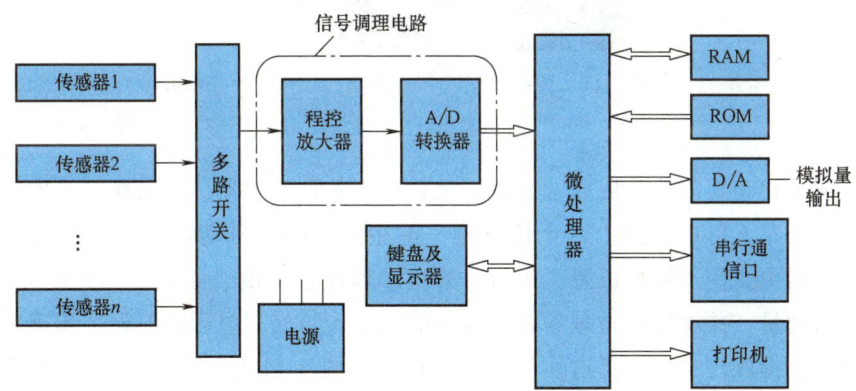

图 3-12 智能传感器系统的基本组成

此外，还出现了具有复合敏感功能的智能传感器，即可同时测量多种物理量，给出多方面反映实测对象运动规律的信息。采用多传感器或传感器阵列实现多参数综合测量，并且可实现无线传输，也成为智能传感技术应用的新特点。

3.1.4 智能传感技术应用

在日常生活和工业生产中，各种传感器应用越来越广泛。例如，各种日用电子产品（如智能手机、电冰箱、洗衣机等），均使用多种传感器。在流程制造中，大量采用温度、压力、流量、液位和气体成分等传感器，对制造过程中的相关参数进行检测，以实现对工作环境、设备状态和运行参数等的感知、分析、诊断和监控,调整或控制生产系统使之处于最佳运行状态。目前传感器通过工业总线、物联网、WiFi、5G、PLC、工控机等,与数字化系统或智能生产系统相连接,使工业过程监测数字化、可视化、网络化和智能化,实现节能减排和低碳环保,提高工艺水平和产品品质。在离散制造业中,各种机床、机器人、自动导航车(Automatic Guided Venide,AGV)和其他数字化制造装备中,配有位置、速度、振动、电流、音频、图像和视频等各种传感器,以实现工作机械的位置和速度运动的精确控制、加工过程检测与控制、故障预测和报警、工作区域监测等。下面介绍智能手机、小型乘用汽车和数控机床上各种传感器应用的具体应用实例。

1. 智能手机

智能手机作为一种最常用的智能产品,使用了多种传感器,如图 3-13 所示,普通智能手机上常用的传感器不少于 10 个,主要有:声音、图像、加速度、GPS、磁力、气压、触觉、陀螺仪等传感器,到 2021 年,预计一部手机上传感器的数量将增加到 20 个以上,还将增加计步、心率、红外、温度、湿度等多种传感器。

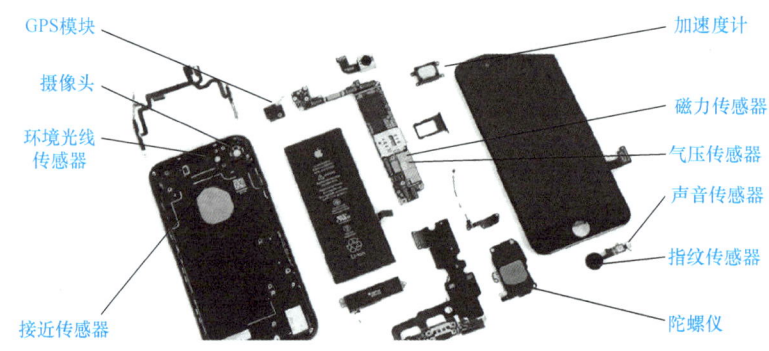

图 3-13 智能手机上的传感器(图片来源:https://gizmodo.com)

2. 汽车

汽车的电子化和智能化发展非常迅速,大量应用各种传感器,普通轿车一般安装有数十个传感器,高级车上可以达到上百个传感器,正在发展中的自动驾驶汽车使用的传感器更多。汽车传感器主要用于测量位置、压力、力矩、温度、角度、距离、加速度、空气流量、气体成分等物理量,并将这些物理量转换成电信号输入给汽车电子控制器,实现对行驶、动力、燃油效率、排放、安全、舒适性等方面的控制。图 3-14 所示为用于轿车上的各种传感器示意图。

3. 数控机床智能主轴多传感器应用

图 3-15 给出了多传感器用于数控机床智能主轴的一个实例。电涡流传感器(Eddy Current Sensor)、加速度计(Accelerometer)、热电偶(Thermal-Couples)、速度(Speed)等多种传感器安装于主轴内部,用于感知(Sensing)加工过程中的主轴径向圆跳动、轴承振动、电动机线圈温升、转速等变化并进行信号调理(Signal Conditioning),经过特征抽取(Feature Extraction)、颤振检测/预测(Chatter Detection/Prediction)等决策模块,可以检测/预报加工过程的切削颤振现象,再通过控制器(Controller)、功率放大器(Power Amplifier)和压电式作动器(Piezo-Actuator),实现对切削颤振的抑制。

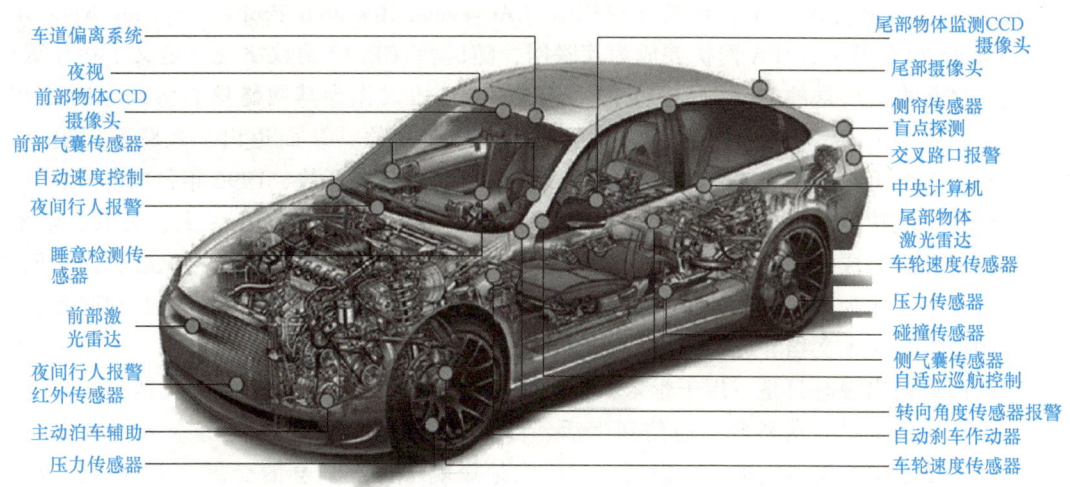

图 3-14 汽车上的各种传感器

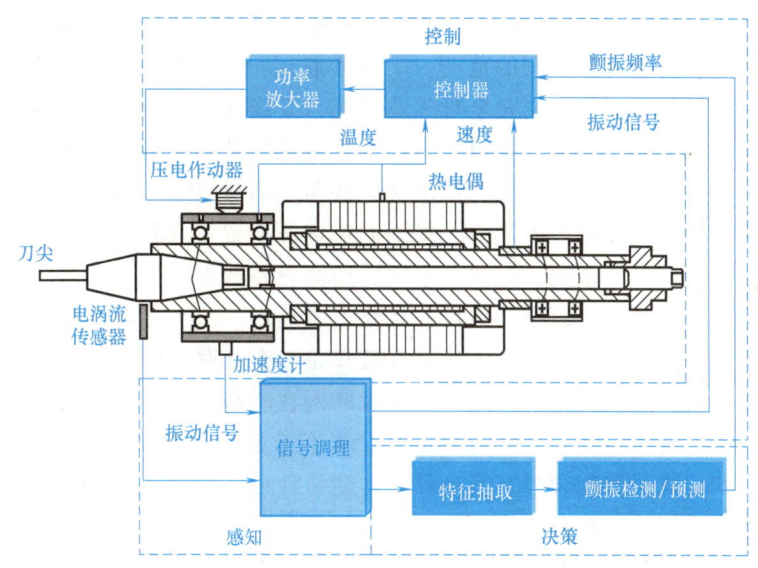

图 3-15 多传感器用于智能主轴监控 ［来源：Cao H., Zhang X., Chen X.］

3.2 工业互联网和物联网

3.2.1 工业互联网

1. 从互联网到工业互联网

（1）互联网发展简介　广义上讲，互联网是指彼此能互相通信的设备组成的网络。因特网（Internet）是指遵循 TCP/IP 通信协议创建的一种互联网，是应用最广的"国际互联网"。

1960 年，美国国防部高等研究计划署（DARPA）在过去不同计算机用户和通信网络之间进行常规通信研究基础上，创建了 ARPA（Advanced Research Projects Agency Network）网。20 世纪 70 年代，ARPA 网扩展成为互联网，随后，TCP/IP 协议出现，定义了在计算机网络之间进行报文传送的方法，ARPA 网采用 TCP/IP 协议作为其网络核心协议。1986 年，美国国家科学基金会 NSF 创建了大学之间互联 NSFNET 网络，从而迈出了互联网历史上重要的一步。1994 年，NSFNET 转为商业运营，整个网络向公众开放，1996 年，"Internet" 一词广泛流传，成功地容纳了原有的计算机网络中的大多数，即是一个由私人、公共、学术、商业和政府网络组成的网络，从地方到全球范围，通过一系列广泛的电子、无线和光学网络技术连接起来，成为全球互联的计算机网络系统。互联网承载着广泛的信息资源和服务，如万维网的链接超文本文档和应用程序、电子邮件、电话和文件共享。

互联网最初出现时只是应用于学术科研和军事应用，但从 20 世纪 90 年代转为向公众开放后，很快就在全世界从科研、通信到生活、商业和能源、交通、生产等众多领域广泛应用，并且其技术本身也得到进一步发展，它极大地影响了人类社会的交流、生活甚至行为、思维方式等，推动了社会的发展和进步。

（2）工业互联网——工业和互联网融合发展的产物　工业互联网（Industrial Internet）的概念是由美国 GE 公司 2012 年提出，它是指一种将机器、物品、控制系统、信息系统、人之间互联的网络，属于泛互联网的范畴。工业互联网可为智能制造提供信息感知、传输、分析、反馈和控制等技术支撑，它是全球工业系统与高级计算、分析、传感技术及互联网的高度融合，它通过构建连接机器、物料、人、信息系统的基础网络，实现工业数据的全面感知、动态传输、实时分析和数据挖掘，形成优化决策与智能控制，从而优化制造资源配置、指导生产过程执行和优化控制设备运行，提高制造资源配置效率和生产过程综合能效。简单说，工业互联网是利用设备联网，通过网络实施监测设备数据、生产数据、物流数据，并对这些数据进行分析、挖掘，从而指导生产、优化设备运行、减少能耗、帮助决策。

智能设备、先进数据分析工具、人机交互接口是工业互联网的三大主要元素，机器、数据和人共同构成了工业互联网生态系统。工业互联网在制造企业中的应用，将是以底层智能装备为基础，以信息智能感知与交互为前提，以基于工业互联网平台的多系统集成为核心，以产品全生命周期的优化管理和控制为手段，构建一种可实现"人-机-物"全面互联、数据流动集成、模型化分析决策和最优化管控的综合体系及生产模式。

工业互联网是工业和互联网融合发展的产物，如图 3-16 所示，互联网在发展过程中，在工业应用方面经过了辅助、集成和融合三个阶段。早期面向学术科研的 ARPANET，在工业上主要应用于数控、工控系统等场合；20 世纪 90 年代以面向商用为主的消费互联网为主导，工业应用开始与 ERP、MES 等数字化技术集成；2000 年后随着移动通信技术的快速进步和广泛应用，特别是电子商务、移动支付等需求，大大促进了移动互联网的发展应用；2012 年，美国 GE 公司发布《工业互联网：打破智慧与机器的边界》，正式提出了"工业互联网"的概念，互联网开始与生产服务、工业应用深度融合发展。

（3）工业互联网的体系架构　工业互联网产业联盟在《工业互联网体系架构（版本 1.0）》中，给出了如图 3-17 所示的工业互联网体系架构（V1.0），该体系架构从工业（产业）和互联网两个视角对工业互联网的业务需求分析，以网络、数据、安全作为工业互联网的共性基础的支撑，构建了工业互联网体系架构。

从工业视角看，工业互联网表现为从生产系统（物理系统）到商业系统的智能化，核

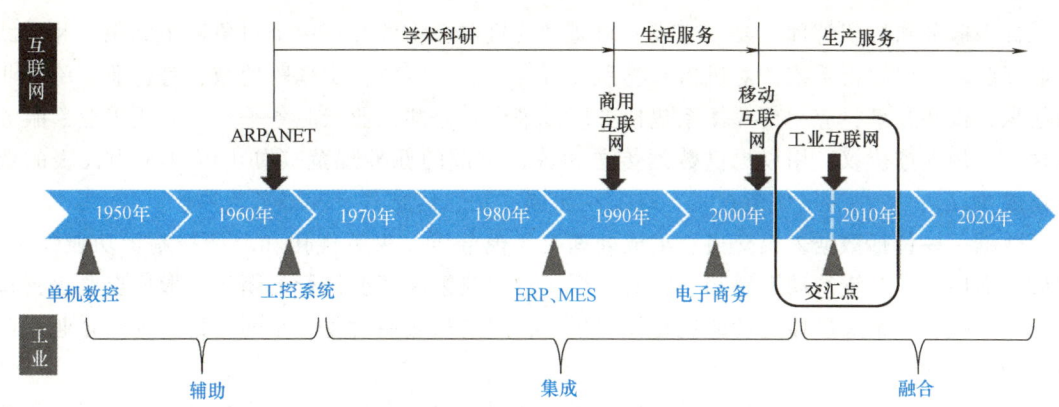

图 3-16 从互联网到工业互联网的发展

心在于企业生产系统内部（机器与机器之间、机器与系统之间）、企业与企业（产业链上、下游）之间的实时互联与智能交互，实现企业内生产系统各层级的优化和智能化生产，并带动商业活动的网络化协同。从互联网视角看，工业互联网表现为商业系统变革牵引生产系统的智能化，核心在于由互联网新模式新业态带动生产组织和制造模式的智能化变革，实现基于互联网平台的个性化定制、智能化服务等。

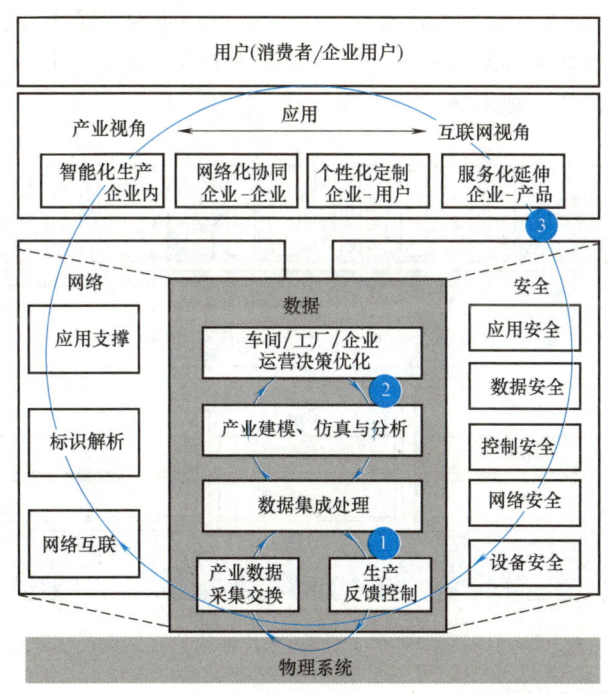

图 3-17 工业互联网体系架构（V1.0）（来源：工业互联网产业联盟，2016）

工业互联网的核心是基于全面互联形成数据驱动的智能，网络、数据、安全是工业互联网的三个核心组成。

网络——包括网络互联体系、标识解析体系和应用支撑体系三大部分。网络互联体系由工厂内部网络、工厂外部网络构成，实现信息数据在生产系统各单元之间、生产系统与商业系统各主体之间的无缝连接和传递；标识解析体系相当于互联网的域名系统（DNS），由标识、标识服务和标识管理三要素组成，它通过给机器、物件等每一个对象赋予标识，并借助工业互联网标识解析系统，对机器和物品进行唯一性的定位，实现跨地域、跨行业、跨企业的信息查询和共享；应用支撑体系包括工厂云平台、公共工业云服务平台、专用工业云服务平台、应用支撑协议，用以提供数据传送和数据集成的标准规范（如 OPC UA 为代表的数据集成协议），提供通用使能技术支撑实现协同交互、信息共享和服务化协作。

数据——包括数据采集交换、集成处理、建模分析、决策优化和反馈控制等功能模块，构成了面向生产系统的动态感知、实时分析、自主决策及精准执行的闭环，形成企业运营管理和生产执行决策及机器运转的优化控制指令，驱动从底层设备、车间运营管理到企业商业活动的智能优化。

安全——包括设备安全、网络安全、控制安全、数据安全、应用安全以及综合安全管理等，核心是提供网络与数据在工业应用中的安全保障。其中，设备安全保障工业智能装备和智能产品的安全；网络安全保障工厂内有线网络、无线网络的安全，以及工厂外与用户、协作企业等互联网络的安全；控制安全保障生产过程控制系统的安全，包括控制协议、控制平台和控制软件等的安全；应用安全保障支撑互联网业务运行的应用软件及平台的安全；数据安全保障重要的产品数据、生产管理数据、生产操作数据、用户数据等各类数据的安全。

2018 年，工业互联网产业联盟对工业互联网体系架构进行了升级，正式发布了《工业互联网体系架构（V2.0）》，如图 3-18 所示。新版本进一步融入了工业智能、工业 APP、区块链、边缘计算、数字孪生等新技术，拓展了工业垂直应用领域的行业实施，增加了业务指南、功能架构、实施框架、技术体系等内容。

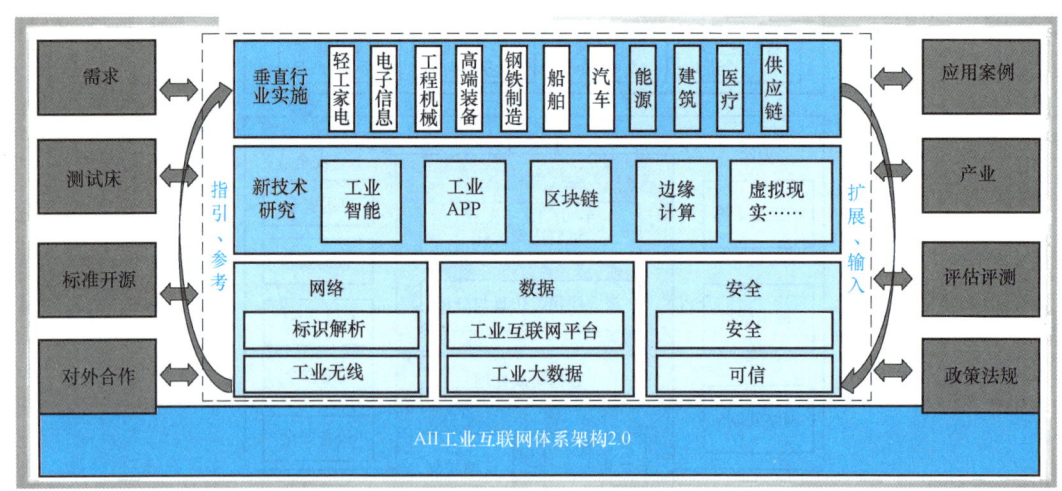

图 3-18 工业互联网体系架构（V2.0）[来源：工业互联网产业联盟（2018）]

2. 工业互联网平台基本架构

工业互联网平台是面向制造业数字化、网络化、智能化需求，构建基于海量数据采集、汇聚、分析的服务体系，支撑制造资源泛在连接、弹性供给、高效配置的工业云平台。

工业互联网平台基本架构包括 3 层：基础设施层（IaaS）、平台层（PaaS）和应用层（SaaS），如图 3-19 所示，各层的主要功能和组成如下：

（1）基础设施层（IaaS） 基础设施层（IaaS）是工业互联网平台的运行基础，由 IT 基础设施提供商为平台建设与运营提供虚拟化的计算资源、网络资源、存储资源，为平台层

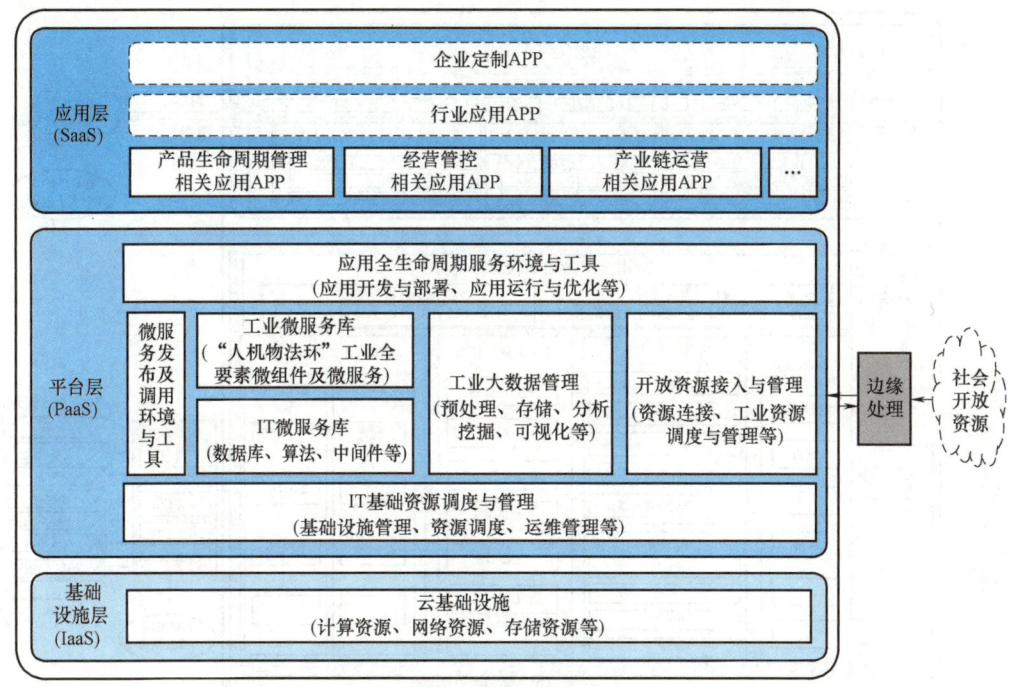

图 3-19　工业互联网平台基本架构 ［来源：李军等（2018）］

（PaaS）、应用层（SaaS）的功能运行、能力构建及服务供给提供高性能的计算、存储、网络等云基础设施。

（2）平台层（PaaS）　平台层（PaaS）是工业互联网平台的核心，由平台建设运营主体、各类微服务组件提供商、边缘解决方案提供商等共同建设，提供应用全生命周期服务环境与工具、微服务发布及调用环境与工具、工业微服务库、IT微服务库、工业大数据管理、开放资源接入与管理等功能，依托组件化的微服务、强大的大数据处理能力、高效的资源接入与管理、开放的开发环境工具，向下接入海量社会开放资源，向上支撑工业APP的开发部署与运行优化，发挥着类似于"操作系统"的重要作用。

（3）应用层（SaaS）　应用层（SaaS）是工业互联网平台的关键，通过激发全社会力量，依托各类开发者基于平台提供的环境工具、资源与能力，围绕特定应用场景形成一系列工业APP，类型可包括产品生命周期管理/经营管控/产业链运营等各类典型场景的通用APP、行业级应用APP、企业级定制APP等，通过实现业务模型、技术、数据、资源等软件化、模块化、平台化、通用化，加速工业知识复用和创新。各类工业APP的大规模应用将有效促进社会资源的优化配置，加快构建基于平台的开放创新生态。

图 3-20 给出了一个基于工业互联网平台基本架构的智能制造创新生态应用的功能模块示意图。

3. 工业互联网平台关键技术

工业互联网平台涉及的关键技术主要涉及五个方面（图 3-21）：

1）工业边缘数据接入和数据处理技术：包括通用化软硬件架构与资源编排管理、通用化数据接入和协议解析方案、规则引擎与复杂分析等。

2）工业数据管理与分析技术：包括面向工业需求的定制化数据管理工具、实时流计算

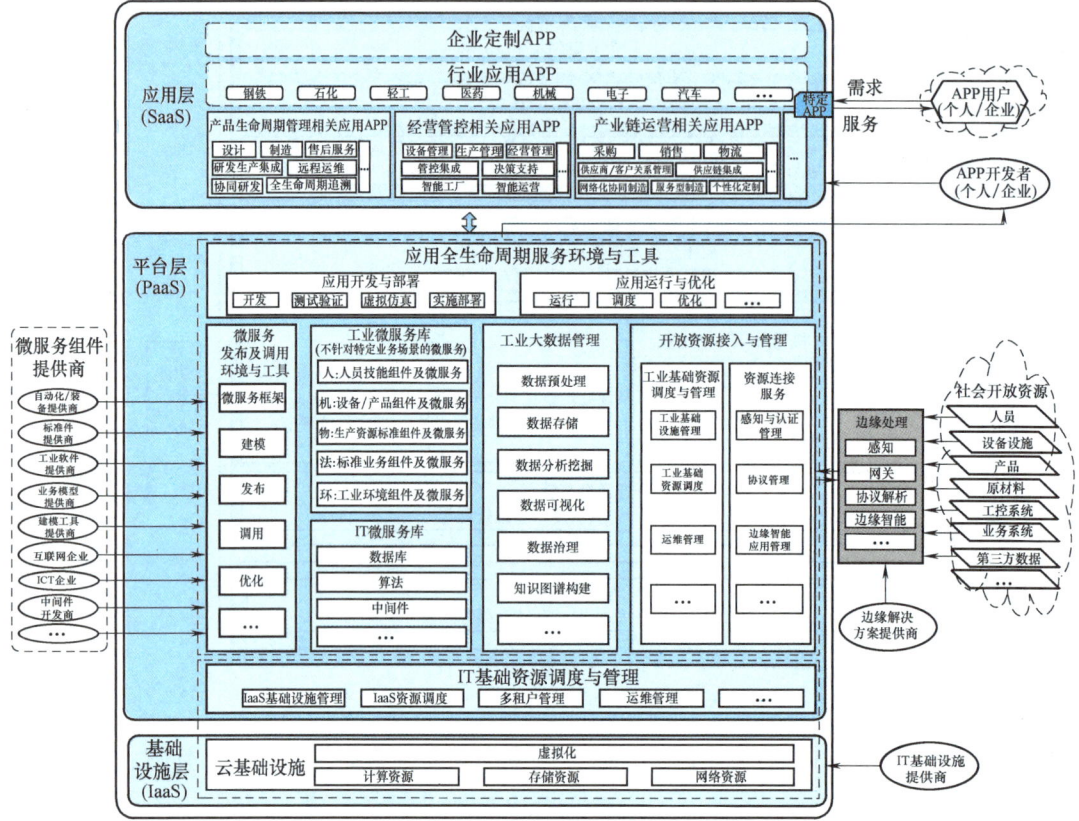

图 3-20 基于工业互联网平台架构的创新生态应用示例 [来源：李军等（2018）]

框架、人工智能框架、直观易用的数据分析和呈现工具等。

3）工业数据建模技术：包括工业生产过程机理与数据模型、信息模型、数字孪生等。

4）工业 PaaS 与应用开发技术：包括新型微服务架构与资源编排管理、开放灵活的新型集成工具、敏捷高效的新型开发工具等。

5）工业安全防护技术：包括设备、网络、控制、数据、应用等各种工业安全防护的实现和应用关键技术。

4. 工业互联网应用实例

（1）GE 公司 Predix　Predix 是 GE Digital 开发，由 GE 在 2013 年发布的一个用于收集和分析工业机器的数据的工业互联网平台。Predix 作为基于云的 PaaS（平台即服务），提供一种连接机器、数据和人员的规范标准，以实现资产绩效管理和运营优化的工业规模分析。Predix 旨在实现系统范围的优化，并创建跨越整个系统的详细模型。该模型允许更好地优化系统的每个部分（例如涡轮叶片）及整个系统的优化（例如航空公司运营）。

GE Predix 以航空发动机、医疗、石油设备等领域的资产管理、预测性维护应用为基础，开发部署了计划和物流、互联产品、智能环境、工业分析、现场人力资源管理、资产绩效管理、运营优化等七类工业 APP，并且通过第三方参与，初步构建了工业互联网平台，可提供完整的解决方案，形成了良好的新型数字化、智能化生态圈，未来 Predix 平台极有可能像 Andriod 系统一样成为工业互联网领域的操作系统。

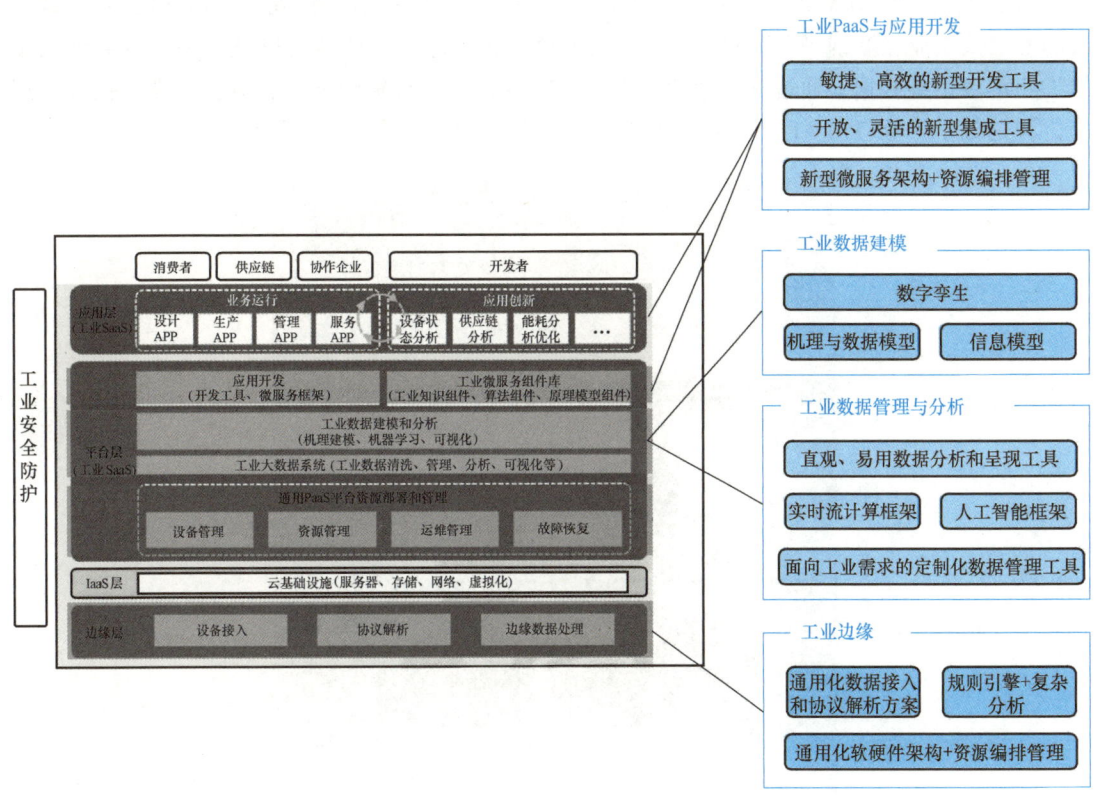

图 3-21　工业互联网平台关键技术　[来源：工业互联网产业联盟（2019）]

图 3-22 所示为 Predix 应用于风电管理的一个实例。其结构采用三层平台架构：边缘连接层、云服务层和应用服务层。边缘连接层主要负责采集数据并将其传输到云端，云服务层主要提供基于 Predix 云的数据基础设施，完成对日常工作的分析、管理和运营的需求，应用服务层主要提供工业微服务和各种服务交互的框架，可进行创建、测试、工业互联网程序运行和微服务等。

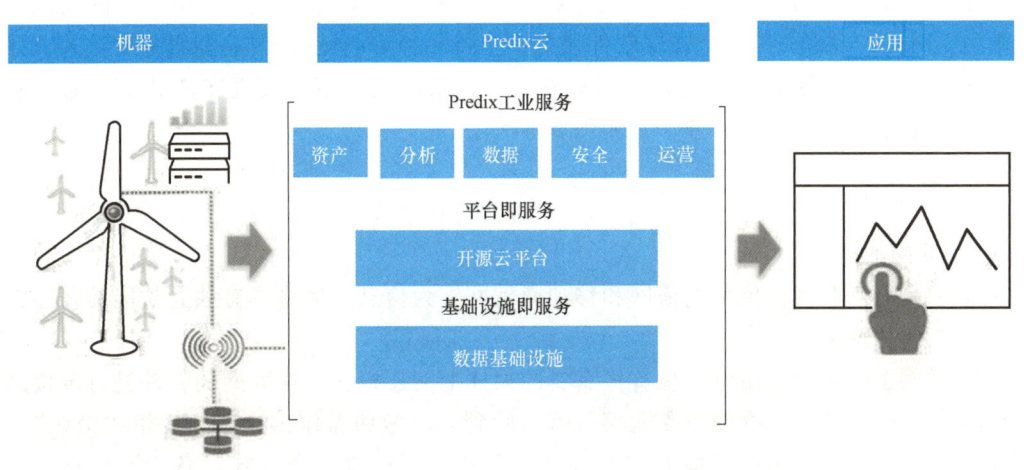

图 3-22　GE Predix 平台　[来源：GE 公司]

（2）西门子公司 MindSphere MindSphere 是德国西门子公司于 2016 年推出的一个基于云的开放式工业互联网平台（图 3-23），该平台可将传感器、控制器以及各种信息系统采集的工业现场设备数据，通过安全通道（如 OPC UA）实时传输到云端，可在云端提供大数据分析和挖掘、工业应用 APP 开发、可视化以及其他智能应用等增值服务。

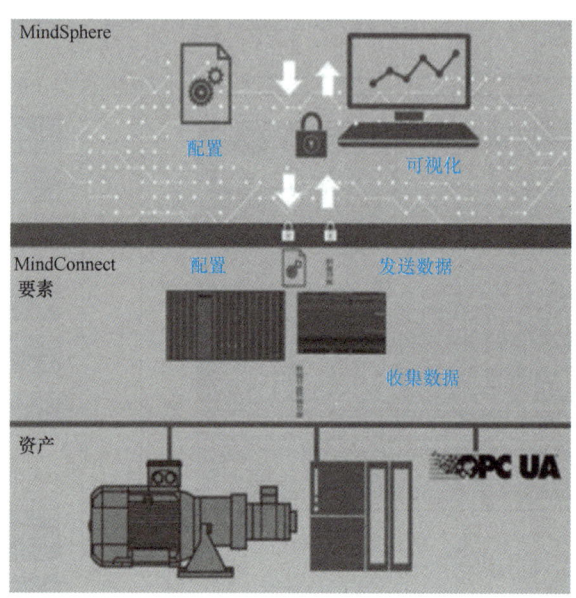

图 3-23 MindSphere 平台架构示意图［来源：西门子］

（3）航天云网-INDICS 平台 航天科工在结合其在航天制造业、智慧云制造和工业互联网方面的研究开发和应用实践，构建了航天云网-INDICS（Industrial Intelligent Cloud System）工业互联网平台，如图 3-24 所示。该平台分为资源层、工业互联网层、平台接入层、INDICS 云平台层、INDICS 工业应用 APP 层等三个层次，INDICS 在 IaaS 层建立数据中心，在 DaaS 层提供大数据存储和数据分析产品与服务，在 PaaS 层提供工业服务引擎、流程/仿真/大数据/人工智能等运行引擎，以及面向开发者的公共服务组件库和 API（Application Programming Interface，应用程序接口），支持各类工业 APP 的快速开发；INDICS 提供 Smart-IoT（智能物联网）产品和 INDICS-APIs 软件接口，支持各种工业设备/产品和服务的接入，并提供开放的多种工业应用 APP，可运行第三方 APP，从而支持用户实现在产品全生命周期的智能研发、智能生产、智能商务、智能服务等活动。

3.2.2　物联网

1. 物联网的概念

物联网是以互联网、传统电信网和移动通信网等为信息载体将具有独立功能的普通物体实现互联互通的网络。

在物联网上，可以应用电子标签将真实的物体上网连接，并对联网的物件进行定位以及收集相关数据。物联网使物理对象能够看到、听到、思考和操作，让它们互相"交谈"、分享信息和协调决策。在物联网使能技术（如：普适计算技术、嵌入式设备、通信技术、传感器网络、互联网协议和应用等）支持下，这些对象可以从传统物件转变为智能物件。物

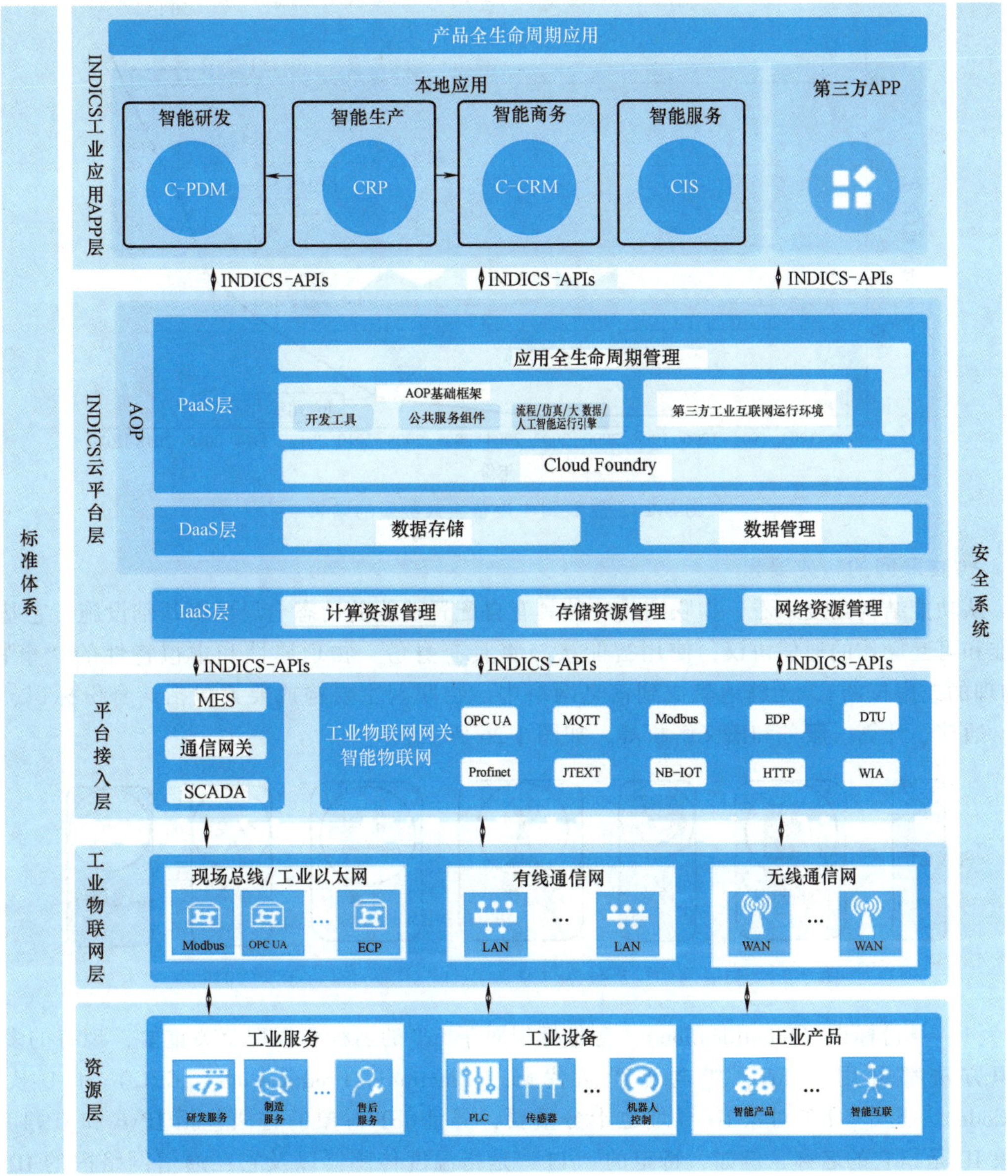

第 3 章 新一代智能制造支撑技术

图 3-24 航天云网-INDICS 平台构架图 [来源：工业互联网联盟（2017）]

联网将使现实世界中的"人-机-物"实现数字化，可应用于十分广泛的领域，主要包括：运输和物流、制造业、健康医疗、智能环境（如家庭、办公、工厂）、社会服务等，具有十分广阔的市场和应用前景。例如，在制造企业中，中央控制计算机可通过物联网对机器、设备和人员进行集中管理和控制；在社会系统中，物联网可以收集各种数据聚集成大数据，可以用于重新设计城市道路、灾害预测与犯罪防治、流行病控制等。

在物联网时代，任何具有网络功能的设备都可以接入互联网，近 20 多年来联网设备的数量呈指数级增长（图 3-25），2018 年联网设备的数量接近 300 亿，到 2020 年这一数字可达 500 亿。

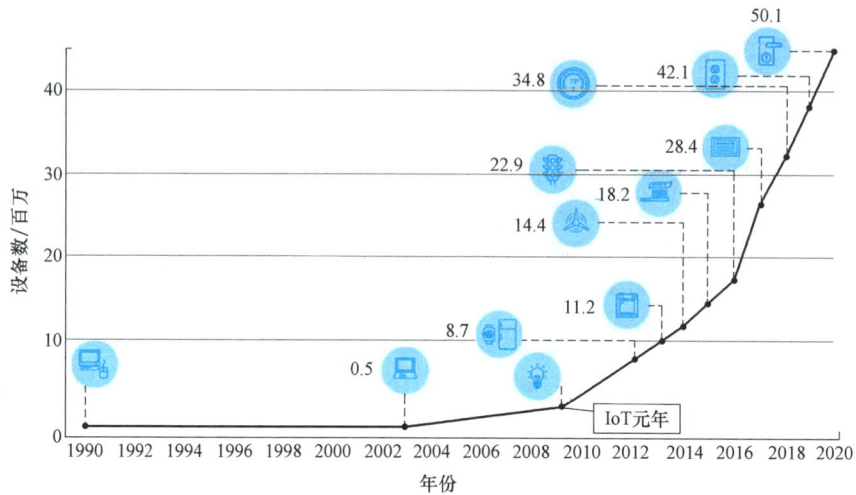

图 3-25　物联网中设备接入数量的增长

2. 物联网的构成要素

从功能结构角度来看，物联网是一种具有自配置功能的动态全局网络基础设施，它基于标准和可互操作的通信协议，使用智能接口将具有身份、物理属性和虚拟特性的"事物"（物理的或虚拟的），无缝地集成到信息网络中。物联网主要构成要素包括：身份标识、传感、通信、计算、服务和语义解析等，如图 3-26 所示。

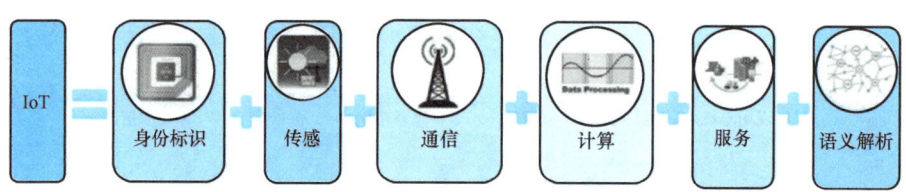

图 3-26　物联网的构成要素　[来源：Ala Al-Fuqaha et al.（2015）]

（1）身份标识（Identification）　身份标识对于 IoT 的名称和匹配至关重要，现有的多种标识方法都可用于 IoT，如电子产品代码（Electronic Produt Code，EPC）和 U-代码（UCode）。此外，IoT 对象 ID 寻址也十分重要，寻址 IoT 对象的方法包括 IPv6 和 IPv4 等，对象 ID 是指它的名称，例如，特定的"T1"是指温度传感器以及它在通信网络内的 ID 地址。需要区分对象的标识和地址两者的不同，因为标识方法不是全局的唯一的，而寻址有助于唯一地标识对象。此外，网络内的对象可能使用公共 IP 而不是私人的，标识方法提供了网络内每个对象的明确标识。

（2）传感（Sensing）　物联网传感意味着从网络中的相关对象收集数据，并将其发送至数据仓库、数据库或云。对收集到的数据进行分析，以便根据所需的服务采取具体行动。物联网传感器可以是智能传感器、执行器或可穿戴传感设备。例如，一些公司提供智能集线器和移动应用程序，使人们能够使用智能手机监视和控制建筑物内数以千计的智能设备和电器。集成了传感器、内置 TCP/IP 和安全功能的单板计算机通常用于物联网产品，这些设备通常连接到中央管理门户，以提供客户所需的数据。

（3）通信（Communication）　物联网通信的目的是将异构对象连接在一起，提供特定的智能服务。常用的物联网通信协议有 WiFi、蓝牙、IEEE802.15.4、Z-Wave 和 LTE-Advanced，一些特殊通信技术如射频标识（Radio Frequency IDentification，RFID）、近场通信（Near Field Communication，NFC）和超宽带（Ultra-Wide Bandwidth，UWB）等也应用于物联网通信，此外，第五代移动通信技术 5G 也将成为支持物联网通信的一项重要新支撑技术。

（4）计算（Computation）　处理单元（例如微控制器、微处理器、SOC、FPGA）和软件应用程序是物联网的"大脑"，决定了 IoT 的计算能力。已有多种硬件平台可用于运行 IoT 应用，例如 Arduino、UDOO、FriendlyARM、Intel Galileo、Raspberry、Gadgeteer、BeagleBone、Cubieboard、Z1、WiSense、Mulle 和 T-moteSky。此外，许多软件平台用于提供 IoT 功能，其中，软件平台的操作系统尤为重要，实时操作系统（Real Time Operating System，RTOS）将很适合用于物联网的开发。例如，Contiki RTOS 在物联网方案中得到了广泛的应用，它的 cooka 模拟器允许研究者和开发人员进行模拟和仿真物联网和无线传感器网络（WSN）应用；TinyOS、LiteOS 和 Riot OS 也提供用于 IoT 环境的轻量化 OS。另外，汽车工业与 Google 建立了开放式汽车联盟（OAA），并计划采用 Android 平台加快建设车联网（Internet of Vehicles，IoV）。

云平台也为物联网提供了重要的计算能力，这些平台为智能对象提供设施，将其数据发送到云，以对大数据进行实时处理，最终用户则可获益于从大数据中提取的知识。

（5）服务（Services）　物联网服务可分为以下 4 类：

1）身份相关服务——是最基本和最重要的服务，每个需要将物理世界的对象带到虚拟世界的应用程序都必须识别这些对象。

2）信息聚合服务——收集和汇总原始感知测量的信息，进行处理并报送给物联网应用程序。

3）协作感知服务——以信息聚合服务为基础，使用所获得的数据进行决策并做出相应的反应。

4）普适服务——旨在向任何需要的人提供任何需要的协同感知服务。

物联网应用的最终目标是获得无处不在的服务，但要实现这一目标，还存在许多困难和挑战。大多数现有的物联网应用程序提供与身份相关、信息聚合和协作感知的服务。例如，智能医疗和智能电网属于信息聚合范畴；智能家居、智能建筑、智能交通系统和工业自动化更接近协作感知服务范畴，智能家居物联网服务根据天气预报，可以自动关闭窗户、放下百叶窗，有助于提高个人生活品质，方便地对家用电器和系统（如空调、供暖系统、能源消耗表等）进行远程监控和操作。

（6）语义解析（Semantics）　物联网中的语义解析是指通过不同的机器，智能化地提取知识以提供所需服务的能力。知识抽取包括发现和利用资源和建模信息。此外，它还包括识别和分析数据，以理解提供准确服务的正确决定。因此，语义分析是物联网中将需求发送到正确的资源中枢。这种需求得到语义 Web 技术的支持，如资源描述框架（RDF）和 Web 本体语言（OWL）。2011 年，万维网联盟（W3C）采用了高效的 XML 交换（EXI）格式作为建议。EXI 在物联网环境中很重要，因为它是为资源受限环境优化 XML 应用程序而设计的。此外，它在不影响相关资源（如电池寿命、代码大小、处理所消耗的能量和内存大小）的情况下，减少了带宽需求。EXI 将 XML 消息转换为二进制消息，以减少所需的带宽和最小化所需的存储大小。以上关于物联网 6 方面的构成要素及实例总结见表 3-3。

表 3-3 物联网的构成要素及实例 ［来源：Ala Al-Fuqaha et al. （2015）］

IoT 元素		样例
身份标识	命名	EPC,uCode
	地址	IPv4,IPv6
传感		智能传感器,可穿戴传感装置,嵌入式传感器,作动器,RFID 标签
通信		RFID,NFC,UWB,Bluetooth,BLE,IEEE 802.15.4,Z-Wave,WiFi,WiFiDirect.,LTE-A
计算	硬件	SmartThings,Arduino,Phidgets,Intel Galileo,Raspberry Pi,Gadgeteer,BeagleBone,Cubieboard,Smart Phones
	软件	OS（Contiki,TinyOS,LiteOS,Riot OS,Android）；Cloud（Nimbits,Hadoop,etc.）
服务		标识相关（运送）,信息聚合（智能网格）,协作意识（智能家居）,泛在（智慧城市）
语义解析		RDF,OWL,EXI

3.2.3 基于 5G 的工业互联和工业物联

5G 是指第 5 代移动通信技术，它以大流量、低时延、高可靠和安全的优势，将在智能制造中得到应用，并满足新的商业模式的复杂需求。虽然 5G 还处于起步阶段，但 5G 技术是与工业 4.0 和物联网相关联的机械设备（M2M）通信的一个必要的发展步骤。Cheng J 等给出了一种 5G 移动通信应用于智能制造的场景，如图 3-27 所示，根据 5G 的特点在物理车

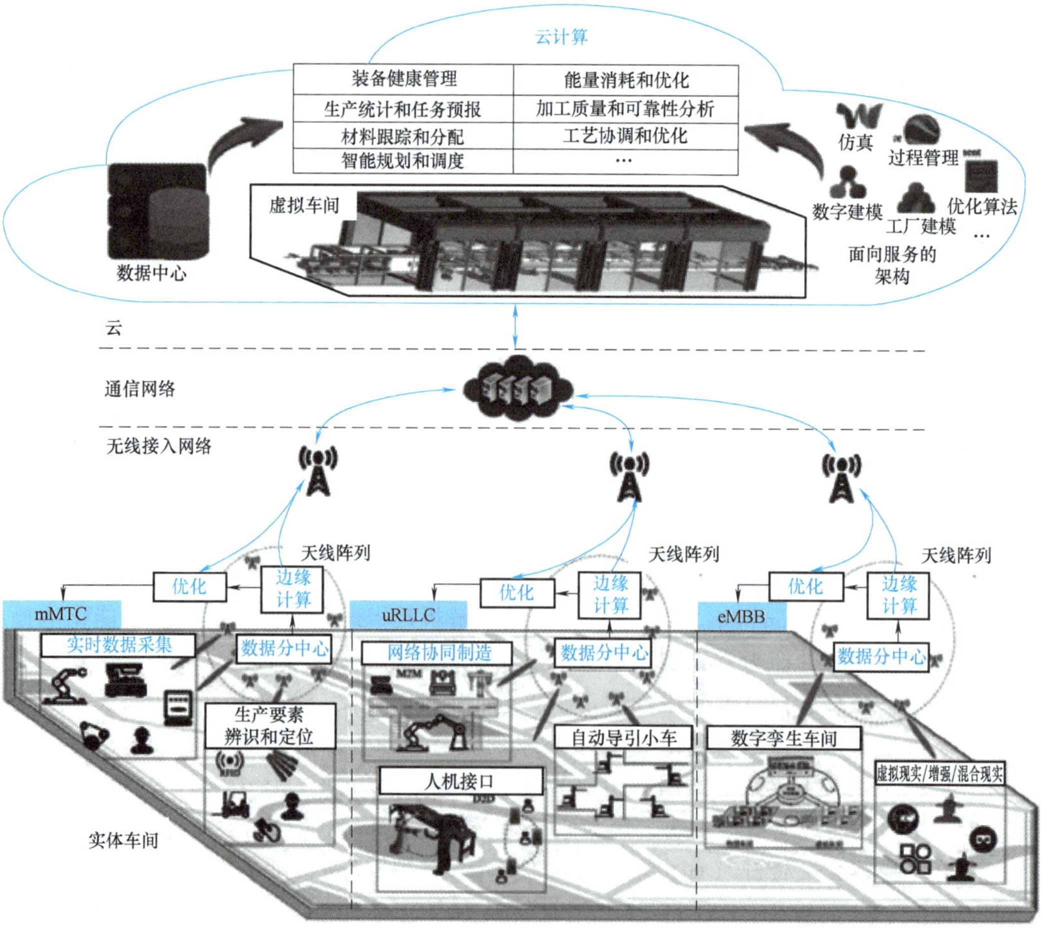

图 3-27 5G 移动工业物联网应用于智能制造的场景 ［来源：Jiangfeng Cheng et al. （2018）］

间（Physical Shop-floor）层分别有三种应用场景：

1）海量机器类通信（Massive Machine Type Communication，mMTC）主要应用于实时数据采集、生产要素的辨识和定位。

2）低时延高可靠通信（Ultra-Reliable & Low Latency Communication，uRLLC）主要应用于装置到装置 D2D（Device-to-Device）连接通信、机器到机器或机器到人（Machine-to-Machine/Man，M2M）连接通信、人机交互、网络化协同制造、车间内 AGV 控制等。

3）增强型移动宽带（Enhance Mobile Broadband，eMBB）主要应用于数字孪生车间、虚拟现实/增强现实/混合现实等。

5G 在上面三种应用场景中，获取或产生的数据在数据分中心（Data Sub-center）进行边缘计算处理，然后经 5G 天线阵列（Antenna array）和无线接入网络 RAN，传送给通信网络 CN，在云端进行大数据处理、云计算、虚拟车间的数字孪生仿真、面向制造的服务等，为智能制造提供各种服务，如仿真优化、工艺管理、产品数据及模型管理、装备健康管理、生产统计和任务预测、材料跟踪与分配、智能规划及调度、能耗管理及优化、加工质量及可靠性分析、生产组织与优化等。

3.3 大数据

3.3.1 大数据、工业大数据与制造大数据

1. 大数据的概念——从"数据"到"大数据"

数据是在现代科学技术和工程中大量使用的概念和存在，但"大数据"一词出现的时间则较晚。Cox 和 Ellsworth 于 1997 年使用了该词，当时是针对计算机系统面临的挑战——数据集合通常相当大，需要占用内存、本地磁盘甚至远程磁盘的容量。2008 年在《Nature》杂志的专题——"Bigdata：The next google"第一次正式提出"大数据"的概念。大数据的概念自提出之后一直在不断演变中，现在大数据的定义主要基于对其特征的描述，Laney（2001 年）利用 3V 特征——容量（Volume）、速度（Velocity）和变化（Variety）来定义大数据，并描述了由于当时电子商务的出现而迅速升级的数据管理挑战，在此之后，还有学者提出了采用价值（Value）、有效性（Validity）、准确性（Veracity）和可见性（Visibility）等特征来定义大数据。2011 年 Manyika 等人定义大数据为超出了常规数据库工具获取、存储、管理和分析能力的数据集。2017 年 Mashingaidze 和 Backhouse 以及 Daki 等人认为大数据是一些大小超出了常用软件工具在可容忍的时间内捕获、管理和处理数据的能力的数据集。

从 3V 特征的视角，大数据定义为具有容量大、速度快和变化多特征的数据集合，即在容量方面具有海量性特点，随着海量数据的产生和收集，数据量越来越大；在速度方面，具有及时性特点，特别是数据采集和分析必须迅速及时地进行；在变化方面，具有多样性特点，包括各种类型的数据，如半结构化数据、非结构化数据和传统的结构化数据。

物联网出现和应用的最重要结果之一，就是产生了数量巨大的数据，成为大数据的重要来源，预计到 2020 年将超过 40 万亿兆字节［或 40 约特字节（yottabytes）］。

2. 工业大数据

在现代工业中，嵌入在机床中的传感器产生的数据、基于云的解决方案以及业务管理都

在不断增加，预计每年工业数据的总量将超过 1000 艾字节（Exabytes），与谷歌（Google）或思科（Cisco）报告的大数据规模相比，这类数据的数量不算多，但未来随着工业物联网、CPPS 和智能工厂的发展会快速增加。这类采用物联网范式从工业产生的数据称为"工业大数据"，而不是普通的"大数据"。

工业大数据是指在工业领域中，围绕典型制造模式，从客户需求到销售、订单、计划、研发、设计、工艺、制造、采购、供应、库存、发货和交付、售后服务、运维、报废或回收再制造等整个产品全生命周期各个环节产生的各类数据和相关技术及应用的总称。工业大数据除了具有一般大数据的 3V 特征（即容量大、速度快和变化多）之外，还具有价值性、高准确性和闭环性的特点。

工业大数据主要来源有：

（1）生产经营相关业务数据　主要由企业信息化系统（如 ERP、PLM、SCM、CRM 和 EMS 等）产生，数据类型包括产品研发数据、生产性数据、经营性数据、客户信息数据、物流供应数据和环境数据等。

（2）设备物联数据　主要由工业生产设备和最终产品通过物联网实时产生并采集的数据，包括操作运行记录、工况状态、环境参数等数据，狭义的工业大数据就是指这类数据。

（3）外部数据　是与工业企业生产过程和产品相关的来自外部网络的数据。

工业大数据以产品数据为核心，大大拓展了传统的工业数据范围，同时还包括工业大数据相关技术及其应用。图 3-28 给出了一个通过物联网产生的工业大数据的例子，图 3-28 中，在赛博生产系统中，由现场设备上的各种传感器（如图像传感器、电流传感器、霍尔传感器等）产生制造过程数据，一方面采集的原始数据在数据预处理和数据整理之后，通过网络服务上传云端，用于大数据分析处理；另一方面，各传感器数据经过现场的数据获取装置采集处理，通过 OPC UA 服务器、SOAP 网络服务和 OPC UA 客户端，提交给 SCADA、MES 和 ERP，用于企业自动化各层次的分析控制、制造执行和运营决策等。

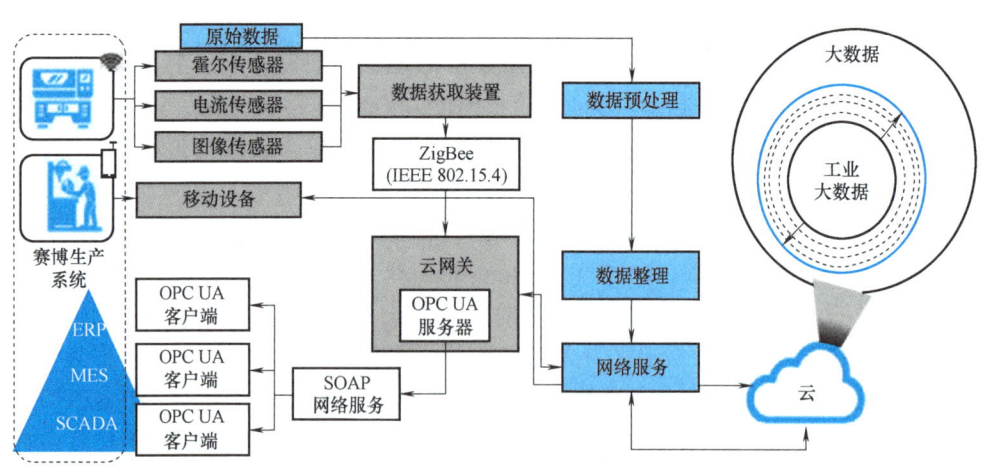

图 3-28　由物联网应用产生的工业大数据

3. 制造大数据

制造大数据是指制造业通过网络化、数字化、物联化形成的海量异构制造数据资产的汇聚。

制造大数据来源途径主要有：制造车间的产品数据、流通阶段的运营数据、客户/厂商及合作者之间的价值链数据、各种其他途径获得的外部数据（如政策、市场、竞争对手等方面的数据），如图 3-29 所示。现代设计制造过程中各种软件系统（PDM、MES、ERP、CRM、SCM、CAD/CAM/CAE/CAPP 等）产生的数据，互联网/工业物联网、RFID、传感器、电子标签等在制造业中应用产生的数据等，都是制造大数据的直接来源。

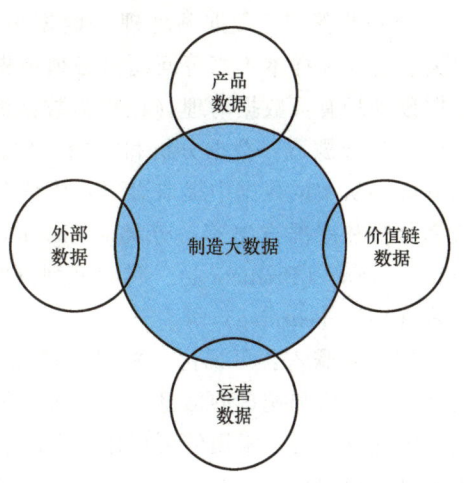

图 3-29　制造大数据来源

由于制造大数据来源不同，制造大数据面临多源异构感知的多样性和复杂性、生产过程主动感知的及时精确性和数据存储应用过程的物理和逻辑安全性等要求和挑战。通过数据驱动的制造行业数据资源分析与应用，可为制造业设计、生产、经营、管理全过程提供大数据支撑与服务，促进创新链、供应链、产业链的形成与优化，为制造业转型升级、宏观决策、智能制造提供支撑。

3.3.2　大数据分析和数据挖掘方法

1. 大数据分析应用流程

大数据分析应用流程如图 3-30 所示，共分为如下六个步骤：

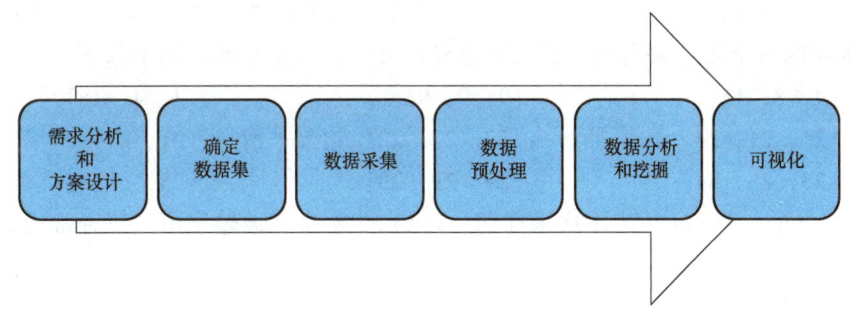

图 3-30　大数据分析应用流程

（1）步骤一：需求分析和方案设计　根据待分析的具体问题背景和需求，进行问题定义，提出进行大数据分析的任务和目标，确定解决问题所需的软硬件资源、边界条件（假定和约束）和评价标准，制订工作内容、分析步骤和技术路线，设计形成总体实施方案。

（2）步骤二：确定数据集　选取并确定待分析问题的数据集及其特性。数据集的分类有多种，常用的数据集类型可分为：记录数据、基于图形的数据和有序数据三类。数据集的特性则包括维度、稀疏性和分辨率。

（3）步骤三：数据采集　这一步骤采集并存储足够的、未经任何加工处理的原始数据。数据采集的途径通常有：数据库、数据仓库、文件等。在智能制造中，产品设计和工艺数据库、工业软件产生的数据、工业物联网数据、传感器输出数据、制造装备和工艺过程的现场运行数据等，是数据采集的主要来源。

（4）步骤四：数据预处理　数据采集获取的原始数据通常体量大且存在噪声、失真、缺失、错误和样本不当等问题，必须预先进行整理和预处理，以获得高质量的数据。主要的数据预处理有：数据清理（也称为数据清洗）、数据集成、数据归约、数据转换等。

（5）步骤五：数据分析和挖掘　数据分析和挖掘是采用适当的统计分析算法或数据挖掘方法，从大量数据中提取得到有用信息，或揭示出隐含的、先前未知的有用信息。常用的数据分析和挖掘方法有：分类（Classification）、聚类（Clustering）、关联规则（Association Rule）、预测（Prediction）、时间序列（Time Series）、机器学习（Machine Learning）和深度学习（Deep Learning）等。

（6）步骤六：可视化　采用可视化工具，以可见的图形、图像或图表等形式，有效地展示数据分析和挖掘的信息，以使人们更直观形象地理解这些信息，为预警、监测、决策、控制等提供支持。常用的可视化工具既有入门级工具，如 EXCEL 软件，也有专用的信息图表工具或地图工具，如 Visem、Canva、Google Charts、Infogram、MapShaper、Map Stack 等。此外高级分析工具也具有非常丰富的可视化功能，如 R、D3、Python 等。

2. 数据预处理技术

（1）数据清理　数据清理主要解决：填充缺失值、平滑噪声并识别离群点及纠正数据中的不一致。常用填充缺失值的方法有：忽略缺失值的元组；使用属性的均值填充；使用与给定元组属同一类的所有样本的属性均值填充；使用最可能的值填充，如用回归、贝叶斯公式推理或决策树确定。平滑噪声可用分箱、回归或聚类等方法进行处理，在工程上的多种滤波方法则可用于工业数据（尤其是各种传感器采集的数据）的去除噪声处理。

1）分箱方法。分箱方法通过考察数据的"近邻"（即周围的值）来平滑有序数据的值。

示例：一组排序后的数据为 {4，8，15，21，21，24，25，28，34}，用分箱方法可将其划分为等频的三个箱，采用箱均值或箱边界值可进行数据平滑，结果如下：

箱1：{4, 8, 15}　　　　　　　{9, 9, 9}　　　　　　　{4, 4, 15}

箱2：{21, 21, 24} 均值平滑→ {22, 22, 22} 边界平滑→ {21, 21, 24}

箱3：{25, 28, 34}　　　　　　{29, 29, 29}　　　　　{25, 25, 34}

2）滤波方法。若 $x(k)$ 为本次采样值，$y(k)$ 为本次滤波输出值，三种常用的滤波方法的算法如下：

算术平均滤波：

$$y(k) = \frac{1}{N}\sum_{i=0}^{N-1} x(k-i) \tag{3.12}$$

式中，N 是算术的项数，N 为大于 1 的整数。

加权平均滤波：

$$y(k) = \sum_{i=0}^{N-1} C_i x(k-i) \tag{3.13}$$

式中，N 是算术的项数，N 为大于 1 的整数；C_i 是加权系数，$\sum_{i=0}^{N-1} C_i = 1$。

一阶滞后滤波：

$$y(k) = \alpha x(k) + (1-\alpha) y(k-1) \tag{3.14}$$

式中，$y(k)$ 是本次滤波输出值；$x(k)$ 是本次采样值；$y(k-1)$ 是上次滤波输出值，α 是滤波系数，0<α<1。

3）离群点和错误数据处理。离群点是指一个时间序列中远离序列的一般水平的极端大值和极端小值。可通过偏差检测或聚类来识别和剔除离群点。错误数据通常是由测量、传输、输入等过程中的错误而产生，需要仔细检查并纠正。

(2) 数据集成　数据集成是将若干个分散的数据源中的数据，按逻辑关系或物理联系集成到一个统一的数据集合中。这些数据源可以是关系数据库、数据仓库和一般文件，数据集成的核心任务就是将互相关联的数据源（可能是分布式的、异构的）集成到一起，并使之对于用户来说是透明的、一致的和高效的。

数据集成过程需要解决实体识别、属性冗余和数据值冲突等问题。

(3) 数据规范化　数据规范化是将原来的度量值转换为无量纲的值，也称为数据标准化。三种常用的规范化方法是：

1）最小-最大规范化（离差标准化）

$$x' = \frac{x - x_{\min}}{x_{\max} - x_{\min}}(x_{\text{new\_max}} - x_{\text{new\_min}}) + x_{\text{new\_min}} \tag{3.15}$$

式中，$x \subset A$ 是属于数据集 A 的原始数据值；$x' \subset A'$ 是将 x 转换到数据集 A' 的数据值；$x_{\min}$、$x_{\max}$ 是数据集 A 中的最小值、最大值；$x_{\text{new\_min}}$、$x_{\text{new\_max}}$ 是将集合 A 转换到新区间的集合 A' 的最小值、最大值；

2）Z-score 规范化（标准差标准化）

$$x' = \frac{x - \overline{A}}{\sigma_A} \tag{3.16}$$

式中，$\overline{A}$ 是数据集 A 的均值，$\overline{A} = \frac{1}{n}\sum_{k=1}^{n} x_k$；$\sigma_A$ 是数据集 A 的标准差，$\sigma_A = \sqrt{\frac{1}{n-1}\sum_{k=1}^{n}(x_k - \overline{A})^2}$。

3）小数定标规范化。通过移动数据的小数点位置进行数据的规范化变换，小数点移动的位数取决于数据集 A 的最大绝对值。

$$x' = \frac{x}{10^j} \tag{3.17}$$

式中，j 是使 $\max(|x'|) < 1$ 的最小整数。

(4) 数据规约　数据规约（Data Reduction）又称为数据简约，是指在尽可能保持原始数据集完整性的前提下，最大限度地精简数据量，从而得到比原数据集小却基本保持其完整性的约简表示。常用的数据规约方法有：主成分分析（Principal Component Analysis，PCA）、随机投影法、偏最小二乘回归、离散小波变换等。

(5) 数据离散化　数据离散化是将连续变量划分为不同类别的过程，例如，对年龄属性的一种可能的离散化划分操作为：[0…11]→儿童，[12…17]→青少年，[18…44]→青年，[45…69]→中年，[70…∞]→老年。

工程上连续数值变量的离散化通常可通过满足香农采样定理的定时采样和保持器来实现，常用的保持器有零阶保持器和 1 阶保持器。

3. 常用数据挖掘算法

从数据挖掘的角度考虑，大数据分析方法可分为：分类（Classification）、聚类（Clustering)、关联规则（Association Rule）和预测（Prediction）等，图 3-31 形象地描述了这 4 类数据分析方法，每个类别都可看作是一种数据挖掘功能，涉及信息提取和分析应用中的多种方法和算法。例如，贝叶斯网络、支持向量机和 K-最近邻法提供了分类的方法；类似地，分区、分层聚类在聚类中也很普遍；关联规则是一种常用的描述性数据分析方法，时间序列预测方法则是一种趋势预测的重要方法。

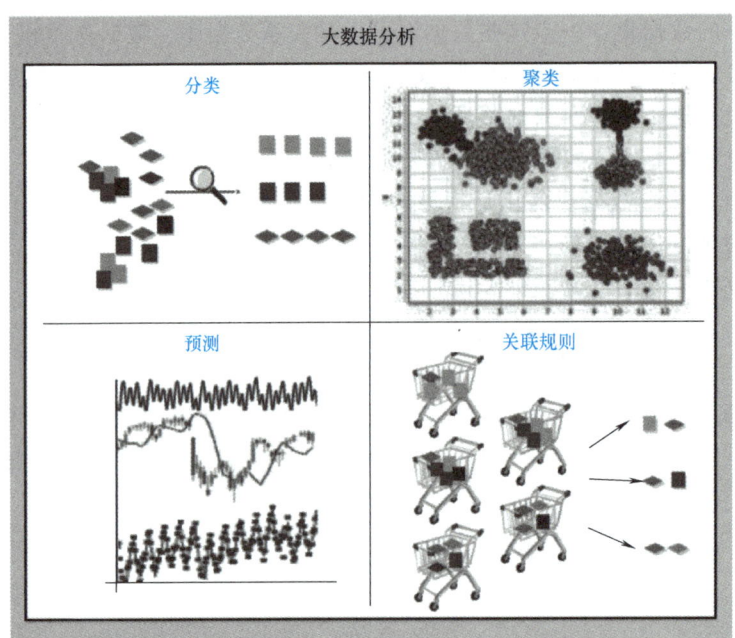

图 3-31　大数据分析中常用的数据挖掘方法　[来源：Marjani M., et al.]

（1）分类算法　分类的目标是从数据集中提取出能够描述数据类基本特征的模型，并利用这些模型把数据集中的每个对象都归到其中有某个已知的数据类中，通常所说的分类是有监督（也称为指导）学习的方法。常用的基本分类方法有：决策树方法（Decision Tree based Methods）、基于规则的方法（Rule-based Methods）、人工神经网络（Artificial Neural Network，ANN）、K-最近邻法（K-Nearest Neighbor）、深度学习（Deep Learning）方法、贝叶斯置信网络（Bayesian Belief Network）、支持向量机（Support Vector Machines，SVM）等。下面通过朴素贝叶斯分类法介绍分类的原理及实现过程。

贝叶斯定理：设 $P(A|B)$ 为条件概率，即在事件 B 已发生的前提下，事件 A 发生的概率，则在事件 A 发生的条件下事件 B 的发生的概率为

$$P(B|A) = \frac{P(A|B)P(B)}{P(A)} \quad (3.18)$$

式中的 $P(A)$、$P(B)$ 和 $P(A|B)$ 可以由给定的数据估计，$P(A|B)$ 计算式为

$$P(A|B) = \frac{P(AB)}{P(B)} \quad (3.19)$$

基于贝叶斯定理的朴素贝叶斯分类具体步骤如下：

问题描述：对于给定的待分类项（特征向量）$x = \{a_1, a_2, \cdots, a_m\}$，其中每个 $a_i(i=1, 2, \cdots, m)$ 为 x 的一个特征属性，设已知类别集合 $C = \{y_1, y_2, \cdots, y_n\}$，若给定一个待分类项 x，如何将其归到类别集合 C 中的某一个类别 $y_k(k=1, 2, \cdots, n)$？

算法步骤：

步骤一：获取一个已知的训练样本集。

步骤二：统计得到在各类别下的各个特征属性的条件概率估计，即

$$P(a_1|y_1), P(a_2|y_1), \cdots, P(a_m|y_1); P(a_1|y_2), P(a_2|y_2), \cdots, P(a_m|y_2); \cdots;$$
$$P(a_1|y_n), P(a_2|y_n), \cdots, P(a_m|y_n) \tag{3.20}$$

步骤三：如果各个特征属性是条件独立的，则根据贝叶斯定理有

$$P(y_i|x) = \frac{P(x|y_i)P(y_i)}{P(x)} \tag{3.21}$$

上式中，各特征属性是条件独立的，所以有

$$P(x|y_i)P(y_i) = P(a_1|y_i)P(a_2|y_i)\cdots P(a_m|y_i)P(y_i) = P(y_i)\prod_{j=1}^{m} P(a_j|y_i) \tag{3.22}$$

步骤四：如果 $P(y_k|x) = \max\{P(y_1|x), P(y_2|x), \cdots, P(y_n|x)\}$，则有：$x \in y_k$。

【例 3-2】 已知训练样本见表 3-4，该样本集合有四个关键属性：$A = \{$age, income, student, credit$\}$，类标签属性 C 为"是否购买计算机"，$C_i = \{$yes, no$\}$。现有待预测（分类）样本 $x = \{$age = "<= 30", income = "middle", student = "yes", credit = "normal"$\}$，试确定该样本是否购买计算机？

表 3-4 "是否购买计算机"训练样本

序号	age	income	student	credit	是否购买计算机
1	≤30	high	no	normal	no
2	≤30	high	no	normal	no
3	31~40	high	no	normal	yes
4	>40	middle	no	excellent	yes
5	>40	low	no	normal	yes
6	>40	low	yes	excellent	no
7	31~40	low	yes	excellent	yes
8	≤30	middle	no	normal	no
9	≤30	low	yes	normal	yes
10	>40	middle	yes	normal	yes
11	≤30	middle	yes	excellent	yes
12	31~40	middle	no	excellent	yes
13	31~40	high	yes	normal	yes
14	>40	middle	no	excellent	yes

【解】：

① 确定如表 3-4 作为已知分类的训练样本集。

② 根据训练样本数据，计算类别 C_i（"是否购买计算机"）= {yes, no} 下各个特征属性 "age" "income" "student" "credit" 的条件概率估计。

$P($age = "<= 30" $| C_i =$ "yes"$) = 2/10 = 0.2$

$P($age = "<= 30" $| C_i =$ "no"$) = 3/4 = 0.75$

$P(\text{income}=\text{"middle"} \mid C_i=\text{"yes"})=5/10=0.5$

$P(\text{income}=\text{"middle"} \mid C_i=\text{"no"})=1/4=0.25$

$P(\text{student}=\text{"yes"} \mid C_i=\text{"yes"})=6/10=0.6$

$P(\text{student}=\text{"yes"} \mid C_i=\text{"no"})=1/4=0.2$

$P(\text{credit}=\text{"normal"} \mid C_i=\text{"yes"})=5/10=0.5$

$P(\text{credit}=\text{"normal"} \mid C_i=\text{"no"})=3/4=0.75$

③ 计算 $P(x \mid C_i)P(C_i)$：

$P(x \mid C_i=\text{"yes"})=0.2\times0.5\times0.6\times0.5=0.03$

$P(x \mid C_i=\text{"no"})=0.75\times0.25\times0.2\times0.75=0.028125$

$P(C_i=\text{"yes"})=10/14=0.714$

$P(C_i=\text{"no"})=4/14=0.286$

$P(x \mid C_i=\text{"yes"})P(C_i=\text{"yes"})=0.03\times0.714=0.0214$

$P(x \mid C_i=\text{"no"})P(C_i=\text{"no"})=0.028125\times0.286=0.008$

④ $P(x \mid C_i=\text{"yes"})P(C_i=\text{"yes"})>P(x \mid C_i=\text{"no"})P(C_i=\text{"no"})$，所以：$x \in C_i=$ "yes"，即预测该样本"是否购买计算机"为"是"，分类过程结束。

【例3-3】 给定人类身体特征统计资料见表3-5，已知某人特征为 $X=\{$身高 $H=183\text{cm}$，体重 $W=59\text{kg}$，脚长 $L=20.3\text{cm}\}$，试判别此人为男性还是女性？

表3-5 性别特征数据表

序号	身高 H/cm	体重 W/kg	脚长 L/cm	性别 S
1	183	81.6	30.5	M
2	180	86.2	27.9	M
3	170	77.1	30.5	M
4	180	74.8	25.4	M
5	152	45.4	15.2	F
6	168	68.0	20.3	F
7	165	59.0	17.8	F
8	175	68.0	22.9	F

【解】

① 假定男性和女性的身高、体重、脚长都是高斯（正态）分布，根据表3-5可计算出均值和方差，见表3-6。

表3-6 样本均值和方差

性别	身高 H/cm		体重 W/kg		脚长 L/cm	
	均值 μ	方差 σ^2	均值 μ	方差 σ^2	均值 μ	方差 σ^2
男	178.2	32.250	79.925	25.4758	28.575	5.9825
女	165.0	92.667	60.100	114.040	19.050	10.923

② 两种类别是等概率的，即有：$P(M)=P(F)=0.5$。

③ 对给定样本 $X=\{H=183\text{cm}, W=59\text{kg}, L=20.3\text{cm}\}$，分别计算其相应的概率密度。先计算 $P(S=\text{"M"})$，得

$$P(H=183 \mid S="M") = \frac{1}{\sqrt{2\pi}\sigma}\exp\left(\frac{-(183-\mu)^2}{2\sigma^2}\right) \approx 0.049515$$

同理,有

$$P(W=59 \mid S="M") = \frac{1}{\sqrt{2\pi}\sigma}\exp\left(\frac{-(59-\mu)^2}{2\sigma^2}\right) \approx 0.000014$$

$$P(H=20.3 \mid S="M") = \frac{1}{\sqrt{2\pi}\sigma}\exp\left(\frac{-(20.3-\mu)^2}{2\sigma^2}\right) \approx 0.00053$$

所以:$P(S="M") = P(H=183 \mid S="M") * P(W=59 \mid S="M") * P(L=20.3 \mid S="M") = 1.9339e^{-10}$

再计算 $P(S="F")$,得

$$P(H=183 \mid S="F") = \frac{1}{\sqrt{2\pi}\sigma}\exp\left(\frac{-(183-\mu)^2}{2\sigma^2}\right) \approx 0.00721$$

$$P(W=59 \mid S="F") = \frac{1}{\sqrt{2\pi}\sigma}\exp\left(\frac{-(59-\mu)^2}{2\sigma^2}\right) \approx 1.37164$$

$$P(H=20.3 \mid S="F") = \frac{1}{\sqrt{2\pi}\sigma}\exp\left(\frac{-(20.3-\mu)^2}{2\sigma^2}\right) \approx 0.11234$$

所以:$P(S="F") = P(H=183 \mid S="F") * P(W=59 \mid S="F") * P(L=20.3 \mid S="F") = 1.5059e^{-5}$

④ 由于 $P(S="F") > P(S="M")$,即女性后验概率的分子比较大,因此该样本应归到类别"F"。

(2) 聚类算法 聚类分析或聚类是将一个对象集根据对象彼此之间的相似程度划分为多个子集(或簇)的统计方法,以使同一子集(或簇)中的对象彼此(在某种意义上)比其他子集(或簇)中的对象更相似,但与其他子集(或簇)中的对象具有很高的相异性。聚类是一种无监督学习过程,它同分类的本质区别是:分类需要事先知道所依据的对象特征,而聚类则是要找到这个对象的特征。聚类分析广泛用于机器学习、模式识别、图像分析、信息检索、数据压缩和计算机图形学等领域。常用的聚类算法有:划分方法 [如:k-均值法(k-means)、k-中心点法(k-medoids)等]、层次方法(如:BIRCH 算法、CURE 算法、CHAMELEON 算法等),还有基于密度的方法、基于网格的算法、基于模型的算法等。

聚类的数学描述为:对给定包含 n 个数据对象的数据集 X,按照相似度标准经过聚类后,输出数据对象的结果为簇(或类)$C_i \in X$,$i=1, 2, \cdots, k$ ($k \leq n$),即 $C = \{C_1, C_2, \cdots, C_k\}$,同时还满足条件:

① $C_1 \cup C_2 \cup \cdots \cup C_k = X$。

② $C_i \cap C_j = \varnothing$;$i, j = 1, 2, \cdots, k, i \neq j$。

上面的 C_i 称为簇或类,由条件①可知数据对象集 X 中的每一个对象必定属于某一个簇,由条件②可知数据对象集 X 中的每一个对象最多只属于某一个簇。其中的相似度标准可以用不同的目标函数进行评价,从而使每个簇内的数据对象应该是紧凑的(距离尽可能"接近"),而不同簇中的数据对象之间距离则尽可能"远离"。

下面以应用广泛的 k-均值法为例介绍聚类算法中划分方法的实现过程。

问题描述：将 n 个数据对象的数据集 X 划分为 k 个簇，使得簇内数据对象具有较高的相似度，相似度用一个簇中数据对象的平均值（质心）来表示，即用目标函数 E 进行评价：

$$E = \sum_{i=1}^{k} \sum_{x \in C_i} [d(x, \overline{x_i})]^2 \qquad (3.23)$$

式中，x 是数据对象集中的样本点；$\overline{x_i}$ 是簇 C_i 中的数据对象的平均值；$d(x, \overline{x_i})$ 是 x 与 $\overline{x_i}$ 之间的欧氏距离。

算法步骤：

步骤一：从数据集 X 中随机选择 k 个对象，作为初始的簇中心，其中 k 是由用户指定的期望划分的簇的个数。

步骤二：对剩余的每个数据对象点，计算其与每个簇中心的距离，并依据距离值将其指派到最近的中心，形成 k 个簇。

步骤三：重新计算新形成的 k 个簇的簇中心。

步骤四：计算目标函数 E，若 E 值（或簇中心）不再发生变化则停止，输出聚类结果；否则，重复步骤二直到停止。

【例 3-4】 一个二维数据集见表 3-7，试用 k-均值法将其划分为两个簇。

表 3-7 二维数据集

	P1	P2	P3	P4	P5	P6	P7	P8	P9	P10
x	3	3	7	4	3	8	4	4	7	5
y	4	6	3	7	8	5	5	1	4	5

【解】

① 设划分的两个簇分别为 C_1、C_2，选择两个初始簇中心为 $P7(4,5)$ 和 $P10(5,5)$。

② 计算 10 个样本点（数据对象）到 C_1、C_2 中心的距离（为简化计算，采用距离的二次方作为计算值），并将样本点归到最近的簇，迭代进行，各次迭代计算的结果见表 3-8。

表 3-8 各次迭代计算的结果

		P1	P2	P3	P4	P5	P6	P7	P8	P9	P10
x		3	3	7	4	3	8	4	4	7	5
y		4	6	3	7	8	5	5	1	4	5
C_1：各点到初始中心点距离的二次方		2	5	13	4	10	16	0	16	10	1
C_2：各点到初始中心点距离的二次方		5	5	8	5	13	9	1	17	5	0
C_1：各点到新中心点距离的二次方		1.6	0.9	17	3.6	8.3	20	0.3	18	14	2.3
C_2：各点到新中心点距离的二次方		14	17	1.6	15	28	2.1	8.1	18	0.1	3.6
C_1：各点到新中心点距离的二次方		3.8	0.5	19	1.5	5.1	19	0.8	23	14	2.5
C_2：各点到新中心点距离的二次方		13	20	0.3	20	35	5.3	9.3	11	0.8	5.3

	初始中心点		一次迭代后中心点		二次迭代后中心点		三次迭代后中心点	
	C_1	C_2	C_1	C_2	C_1	C_2	C_1	C_2
x	4	5	3.5	6.75	3.67	6.5	3.67	6.5
y	5	5	5.17	4.25	5.83	3.25	5.83	3.25

第一轮迭代,分别计算出各样本点到初始簇中心 $P7(4,5)$、$P10(5,5)$ 的距离的二次方,聚类如下:

C_1: $\{P7,P1,P2,P4,P5,P8\}$

C_2: $\{P10,P3,P6,P9\}$

第二轮迭代,经过第一轮迭代后新的簇中心点分别为: C_1—(3.5, 5.17)、C_2—(6.75, 4.25),分别计算出各样本点到新的簇中心点,第二轮聚类如下:

C_1: $\{P1,P2,P4,P5,P7,P10\}$

C_2: $\{P3,P6,P8,P9\}$

第三轮迭代,经过第二轮迭代后新的簇中心点分别为 C_1(3.67, 5.83)、C_2(6.5, 3.25),分别计算出各样本点到新的簇中心点,第三轮聚类结果同第二轮聚类。

③ 第三轮迭代得到的聚类相对于第二轮迭代不再有变化,聚类计算中止,即得到最终的聚类划分结果为

C_1: $\{P1,P2,P4,P5,P7,P10\}$

C_2: $\{P3,P6,P8,P9\}$

(3) 关联规则分析方法　关联规则分析是指从一个大型数据集(Dataset)中发现有趣关联或相互关系,即从数据集中识别出频繁出现的属性值集,也称为频繁项集,然后利用这些频繁项集创建描述关联规则的过程。关联规则是一种描述性数据分析方法,常用于购物篮分析、点击流分析、推荐系统、医疗诊断和科学数据分析等方面。

先介绍关联规则的一些基本概念和定义。

设 $I=\{i_1, i_2, \cdots, i_m\}$ 是 m 个不同项 $i_j(j=1, 2, \cdots, m)$ 的集合,称为项集(Itemset),项集中含的项的个数称为项集的长度,记为 $|I|$,长度为 k 的项集称为 k-项集。项集 I 的一个子集 T 称为事务(或交易),每一项事务都有一个唯一的标识 TID,称为事务号(或交易号),事务的全部集合构成了事务数据库 D,D 中包含事务的个数用 $|D|$ 表示。

关联规则一般用蕴涵式 $X \rightarrow Y$ 表示,表示项集 X 在某一事务(或交易)中出现,则导致 Y 以某一概率也会出现,其中 $X \subset I$ 为先决条件,$Y \subset I$ 为关联结果,且 $X \cup Y = \varnothing$。

项集的支持度:定义为项集 $\{X\}$ 出现的可能性,即在事务数据集 D 中含有 X 的概率,记为:

$$\text{Support}(X) = P(X) = \text{count}(X \subseteq T) / |D| \tag{3.24}$$

关联规则的支持度:定义为在所有项集 $\{X, Y\}$ 出现的可能性,即项集中同时含有 X 和 Y 的概率,记为

$$\text{Support}(X \rightarrow Y) = P(X,Y) = \text{count}(X \cup Y) / |D| \tag{3.25}$$

若给定最小支持度阈值 minsup,筛选出满足 Support$(T) \geq$ minsup 的项集 T,称为频繁项集(Frequent Itemset)。

关联规则的置信度:定义为在先决条件 X 发生的条件下,关联结果 Y 发生的概率,即在含有 X 的项集中同时含有 Y 的可能性。记为

$$\text{Confidence}(X \rightarrow Y) = P(Y|X) = P(X,Y)/P(X) = \text{Support}(X \rightarrow Y)/\text{Support}(X) \tag{3.26}$$

若给定最小置信度阈值 mincon,可根据 Confidence $(T) \geq$ mincon 最终生成满足需要的关联规则。

提升度:定义为含有 X 的条件下同时含有 Y 的可能与没有这个条件下项集中含有 Y 的可能性之比,记为

$$\text{Lift}(X \to Y) = P(Y|X)/P(Y) = \text{Confidence}(X \to Y)/P(Y) \tag{3.27}$$

提升度是对置信度的一个补充指标，当 Lift($X \to Y$) = 1 时表示 X 与 Y 相互独立，即 X 出现对 Y 出现的可能性没有提升作用，当 Lift($X \to Y$) > 1 时，其值越大表明 X 对 Y 的提升程度越大，即关联性越强。

问题描述：已知一个事务集（也称为事务数据库）D，并给定最小支持度阈值 minsup 和最小置信度阈值 mincon，如何发现数据与项目之间的有趣关系或相关联系，生成所有支持度和置信度分别高于 minsup 和 mincon 的关联规则？

算法步骤：

步骤一：找出 D 中所有频繁项集，即筛选出满足 Support(T) ≥ minsup 的项集 T。

步骤二：对于 D 中的任一频繁项集 X，生成其所有的非空子集 $x \subset X$。

步骤三：对于每个非空子集 $x \subset X$，若 Confidence($x \to (X-x)$) ≥ mincon，那么规则 $x \to (X-x)$ 即为所要挖掘的强关联规则。

可以有多种方法寻找频繁项集，Apriori 算法是一种用逐层搜索的迭代方法发现频繁项集的方法，下面以超市"购物篮"的经典案例说明关联规则的算法及应用。

【例 3-5】 某超市的交易数据集 D 见表 3-9，设 minsup = 30%、mincon = 50%，试通过顾客放入购物篮中的商品之间的关联，发现该超市交易的频繁项集，分析顾客的购物习惯。

表 3-9 交易数据表

交易号 TID	顾客购买的商品	交易号 TID	顾客购买的商品
T1	牛奶,茶	T6	尿布,牛奶,啤酒
T2	面包,尿布	T7	啤酒,牛奶
T3	牛奶,尿布,啤酒	T8	面包,茶
T4	面包,牛奶,尿布	T9	面包,牛奶,啤酒
T5	尿布,牛奶,啤酒	T10	面包,牛奶,尿布

【解】

$$I = \{\text{面包,牛奶,茶,尿布,啤酒}\}, |I| = 5;$$
$$D = \{T1,T2,T3,T4,T5,T6,T7,T8,T9,T10\}, |D| = 10。$$

① 第一次迭代，搜索 D 找出每一个候选 1-项集的集合，记为 $C1$：

$$C1 = \{\text{面包,牛奶,茶,尿布,啤酒}\}$$

计算候选 $C1$ 中的每一个 1-项集的支持度，有

Support(面包) = 5/10 = 50%，Support(牛奶) = 8/10 = 80%，

Support(茶) = 2/10 = 20%，Support(尿布) = 6/10 = 60%，Support(啤酒) = 5/10 = 50%

② 由于 Support(茶) = 2/10 = 20% < minsup，再由 $C1$ 中去掉候选 1-项集 {茶}，生成频繁 1-项集的集合 $L1$：

$$L1 = \{\text{面包,牛奶,尿布,啤酒}\}。$$

③ 由 $L1$ 使用连接产生候选 2-项集的集合 $C2$，有

$C2 = \{\{\text{面包,牛奶}\},\{\text{面包,尿布}\},\{\text{面包,啤酒}\},\{\text{牛奶,尿布}\},\{\text{牛奶,啤酒}\},\{\text{尿布,啤酒}\}\}$

计算 $C2$ 中的每一个候选 2-项集的支持度，有

Support(面包,牛奶) = 30%，Support(面包,尿布) = 30%，Support(面包,啤酒) = 10%

Support(牛奶,尿布) = 50%，Support(牛奶,啤酒) = 40%，Support(尿布,啤酒) = 30%

④ 由于 Support（面包,啤酒）=10%<minsup，再由 C2 中去掉该候选项集，生成频繁 2-项集的集合：

$L2=\{\{面包,牛奶\},\{面包,尿布\},\{牛奶,尿布\},\{牛奶,啤酒\},\{尿布,啤酒\}\}$

⑤ 由 L2 使用连接产生候选 3-项集的集合 C3，有

$C3=\{\{面包,牛奶,尿布\},\{面包,牛奶,啤酒\},\{牛奶,尿布,啤酒\}\}$

计算 C3 中的每一个候选 3-项集的支持度，有

Support(面包,牛奶,尿布)=20%,Support(面包,牛奶,啤酒)=10%,
Support(牛奶,尿布,啤酒)=30%

⑥ 在 C3 中，由于

Support(面包,牛奶,尿布)=20%<30%,Support(面包,牛奶,啤酒)=10%<30%

从而确定频繁 3-项集的集合 L3，有

$L3=\{牛奶,尿布,啤酒\}$

Confidence（牛奶,尿布,啤酒）=Support(牛奶,尿布,啤酒)/Support(牛奶,尿布)
=30%/50%=60%>mincon

L3 即为所求的频繁 3-项集，强关联规则即为

牛奶,尿布→啤酒 [Support=30%；Confidence=60%]

【讨论】根据该交易数据集中发现的频繁 3-项集 L3，超市应如何对货架上的商品进行组合摆放？

（4）预测分析方法　预测分析是利用从大型数据集中获取的信息对未来结果进行预测和估计的过程。有多种预测分析方法，如回归、时间序列、人工神经网络、卡尔曼滤波、机器学习等，其本质都是通过大量的观测数据，发现变量之间存在的统计规律或相关关系（包括确定性关系或非确定性关系），并在一个或多个关系变量变化时，预测或估计另一个或多个变量的变化情况。

回归分析是最常用的预测分析方法，它是基于统计原理，对大量统计数据进行数学处理，并确定因变量与另一些变量之间的相关关系，建立一个相关性的函数表达式（即回归方程），利用回归方程可以进行外推，预测在给定条件下因变量的变化。根据因变量和自变量的关系或特点，回归分析可分为：线性回归分析、非线性回归；一元回归分析、多元回归分析、逻辑回归分析和其他回归分析等。

下面以多元线性回归为例说明预测分析的原理及应用。

问题描述：假定因变量 y 与多个自变量 x_j（$j=1,2,\cdots,k$）之间具有线性关系，可表示为多元线性函数，即

$$y=\beta_0+\beta_1 x_1+\beta_2 x_2+\cdots+\beta_k x_k+\varepsilon \tag{3.28}$$

式中，β_0 是常数项；$\beta_1,\beta_2,\cdots,\beta_k$ 是回归系数；ε 是随机误差项。

式（3.28）称为多元线性回归模型，参数 β_0 和 $\beta_1,\beta_2,\cdots,\beta_k$ 是未知的，需要根据 n 次的样本观测值进行估计，得到参数估计值：$\hat{\beta}_0,\hat{\beta}_1,\hat{\beta}_2,\cdots,\hat{\beta}_k$，从而得到样本回归方程：

$$\hat{Y}_i=\hat{\beta}_0+\hat{\beta}_1 x_{1i}+\hat{\beta}_2 x_{2i}+\cdots+\hat{\beta}_k x_{ki} \tag{3.29}$$

式中，$\hat{Y}_i$ 是样本回归值，也称为样本拟合值、样本估计值，$i=1,2,\cdots,n$；x_{ji} 是 x 的样本

观测值，$j=1, 2, \cdots, k$；$i=1, 2, \cdots, n$。

⌈算法步骤⌉：

步骤一：获得共计 n 组样本的自变量和固变量观测值：$x_{1i}, x_{2i}, \cdots, x_{ki}$ 和 Y_i；其中：k 为自变量的个数，i 为观测次数，$i=1, 2, \cdots, n$。

步骤二：记估计值矢量为：$\hat{\beta}=[\hat{\beta}_0, \hat{\beta}_1, \hat{\beta}_2, \cdots, \hat{\beta}_k]^T$，由样本预测值构建 X 矩阵：

$$X = \begin{pmatrix} 1 & x_{11} & x_{12} & \cdots & x_{1k} \\ 1 & x_{21} & x_{22} & \cdots & x_{2k} \\ \vdots & \vdots & \vdots & & \vdots \\ 1 & x_{n1} & x_{n2} & \cdots & x_{nk} \end{pmatrix}, Y = \begin{pmatrix} Y_1 \\ Y_2 \\ \vdots \\ Y_n \end{pmatrix} \tag{3.30}$$

步骤三：根据最小二乘估计原理，计算参数矢量 β 的最小二乘估计量 $\hat{\beta}$：

$$\hat{\beta} = (X^T X)^{-1} X^T Y \tag{3.31}$$

步骤四：计算因变量估计值 $\hat{Y}_i$ 与实际观测值 Y_i 之间的残差 e_i：

$$e_i = Y_i - \hat{Y}_i = Y_i - (\hat{\beta}_0 + \hat{\beta}_1 x_{1i} + \hat{\beta}_2 x_{2i} + \cdots + \hat{\beta}_k x_{ki}) \tag{3.32}$$

残差的标准差（或称为回归标准差）S_e 为

$$S_e = \sqrt{\frac{\sum e_i^2}{n-k-1}} \tag{3.33}$$

其中：

$$\sum e_i^2 = e^T e = Y^T Y - \hat{\beta}^T Y^T Y \tag{3.34}$$

3.3.3 大数据应用

1. 常用大数据分析软件工具

常用大数据分析软件工具可分为两类：商用工具和开源工具。

商用软件工具是由商用软件开发商提供的集成数据处理、建模、分析、评估、可视化等系列功能的成熟和稳定的软件系统，主流的商用软件工具有：统计分析系统 SAS（Statistical Analysis System）、社会科学统计分析程序包（Statistical Program for Social Sciences，SPSS）、智能挖掘工具 Intelligent Miner、QUEST 等。

相对于商用软件工具，开源工具是向公众开放源代码的软件工具，可以免费使用，从而使得有更多的开源技术开发者参与并共同完善软件。目前常用的大数据分析和数据挖掘方面的开源软件有：R、Python、Weka、Rapid Miner、Mahout 和 Spark MLib 等。

2. 大数据平台

一个完整的大数据分析平台包括大数据来源、大数据平台、大数据分析、大数据应用等关键组成部分，大数据平台是大数据分析和应用的核心，它能够实现海量数据的分布式存储与计算，其核心组成包括：数据整合、分布式文件存储系统、分布式数据存储系统、数据仓库、分布式计算、流计算等，也包括资源管理与调度、分布式协助服务、系统监控与管理等辅助模块。

3. 大数据应用领域

大数据应用领域非常广泛，表 3-10 给出了分类、聚类、关联规则、预测、时间序列等几种数据分析方法各自主要支持的应用领域，这些领域包括灾害管理、健康保健、医学图像、人类基因、市场分析、工业、语音识别、生物信息学、自然语言处理、社会网络分析、电子政务等。从表中可以看到，由于各个应用领域的数据特点和需解决的问题不同，几种常用的数据分析方法的适用性也不尽相同。

表 3-10　大数据分析方法及应用领域　［来源：M. Marjani（2017）］

方法	应用										
	灾害管理	健康保健	医学图像	人类基因	市场分析	工业	语音识别	生物信息学	自然语言处理	社会网络分析	电子政务
分　　类	—	—	√	—	—	√	√	—	√	—	√
聚　　类	—	√	√	√	√	—	√	—	√	√	√
关联规则	—	√	—	√	√	√	—	√	—	√	√
预　　测	√	—	—	—	√	√	—	—	√	√	—
时间序列	√	—	√	—	—	√	—	√	√	√	√

注：1. √支持。
　　2. —尚不支持。

在智能制造领域，产品全生命周期管理涉及大量数据，包括市场分析、产品设计、开发、制造、分销、售后服务和回收等各个环节，制造大数据已被企业视为一项有价值的业务资产，采集、处理、分析和利用大数据，对生产过程、产品质量进行监测和评估，对生产装备和设施进行健康监测和运维，以支持实现优质、高效、低耗、绿色和安全的生产。例如，丰田汽车公司为汽车配备了智能传感器，并不断收集关于车锁、位置、点火和轮胎的数据，这些数据可供制造商装配线使用。

【应用案例】　一个 5 轴数控加工过程大数据应用的实例。

如图 3-32 所示，1 台 5 轴联动数控加工中心采集的运行状态和加工过程数据可达 36.9GB/8h，但多未有效利用。图 3-32 所示汽车发动机缸体加工的大数据采集情况，基于这些采集的加工大数据，通过对数控加工指令数据、实时测量数据的采集处理和建模分析，可以分析出加工过程中零件缺陷或表面质量问题的产生原因，进行加工质量预测，图 3-33 所示为一个加工大数据应用实际例子，基于大数据分析可得出零件加工产生过切的本质原因是 Y 轴的加速度有振荡。

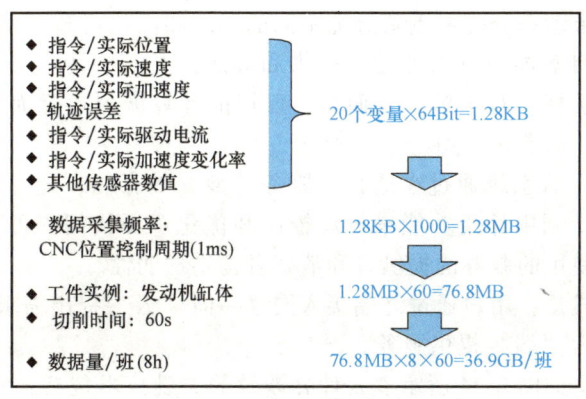

图 3-32　5 轴数控加工中心的加工大数据

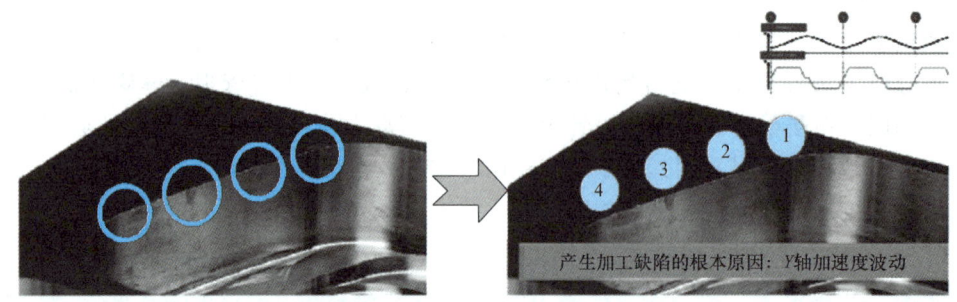

图 3-33　数控加工大数据应用于分析缺陷原因［来源：SAP］

3.4　云计算和边缘计算

3.4.1　云计算

"云计算"一词出现在 1996 年。云计算是互联网计算的新构想，它最初的目标是对计算资源、网络资源、存储资源在时间和空间上进行弹性虚拟化管理，后来借助云平台，发展到了不仅对计算、网络、存储三方面资源，而且还包括其应用的云化管理。2006 年 8 月，亚马逊创建了子公司——亚马逊网络服务，并推出了弹性计算云（EC2）。2008 年初，NASA 的 OpenNebula 成为第一个部署私有云、混合云和云联合的开源软件。云计算在最近几年得到了突飞猛进的发展。

云计算的定义众多，美国国家标准与技术研究院（NIST）给出的云计算定义是：云计算是一种 IT 资源按使用量付费的模式，对共享的可配置资源（如网络、服务器、存储、应用和服务等）提供普适的、方便的、按需的网络访问，与此同时资源的使用和释放可以快速进行，不需要很大的管理代价。NIST 还阐明了云计算具有如下基本特征：

（1）按需自服务　消费者能够单方面地按需自动地获得计算能力，例如服务器时间和网络存储，无须与每个服务提供商进行人工交互。

（2）泛在网络接入　通过网络和标准机制访问获得计算能力，从而促进各种瘦/胖客户机平台（如移动电话、平板计算机、便携式计算机和工作站）的使用。

（3）资源池化　供应商的计算资源被汇聚在一起，采用多租户的模式为多用户提供服务，可根据消费者需求动态分配和重新分配不同的物理和虚拟资源。

（4）快速弹性　计算能力可以弹性地提供和释放，在某些情况下是自动的，以便根据需求快速向外和向内扩展。对于消费者而言，可用的计算能力通常而言可看作是不受限制的，并且可以随时以任何数量占用。

（5）可计费服务　云系统通过在适合于服务类型（如存储、处理、带宽和活动用户账户）的某种抽象级别上利用计量功能来自动控制和优化资源使用。可以监视、控制和报告资源使用，从而为所使用的服务的提供者和消费者提供透明性。

典型的云计算模式是：用户通过终端接入网络→向"云"提出需求→"云"接受请求后组织资源→通过网络为"端"提供服务。

云计算的概念模型如图 3-34 所示。云计算涉及的关键技术包括：基础设施即服务（Infrastructure as a Service，IaaS）、平台即服务（Platform as a Service，PaaS）、软件即服务

（Software as a Service，SaaS）和业务即服务（Business as a Service，BaaS）等。云计算（Cloud computing）是一种基于网络（主要是互联网）的计算方式，它由服务提供者通过虚拟化和可扩展的网络资源提供计算服务，从而使共享的软硬件资源和信息可以按需提供给用户端的计算机和其他终端设备。

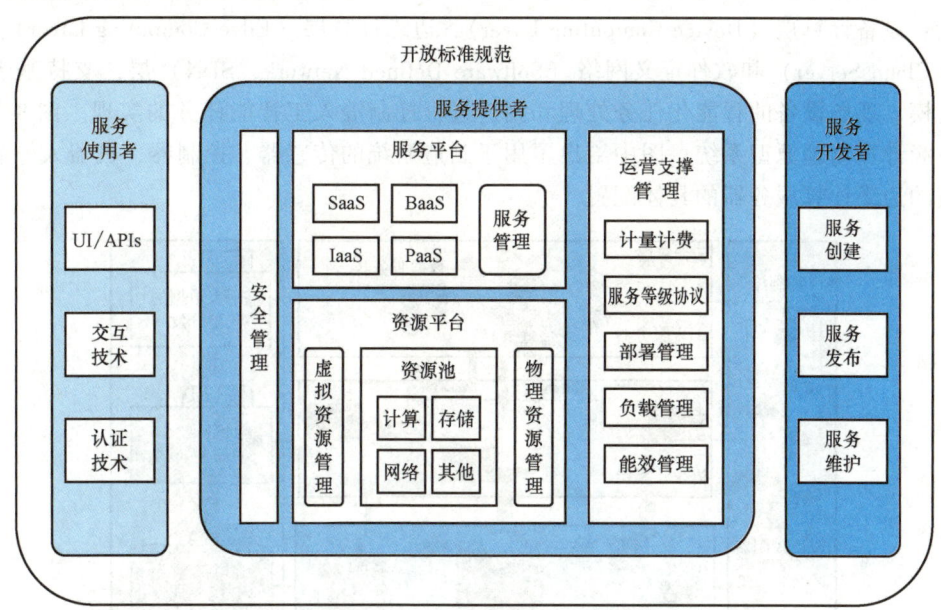

图 3-34　云计算概念模型　[来源：刘强、丁德宇（2017）]

有了云计算，用户终端的功能可以大大简化，用户需要的复杂计算与处理过程都将转移到终端背后的"云"上完成，一是用户计算和处理过程需要的应用程序并不需要安装和运行在用户的个人计算机、便携式计算机或平板计算机、手机等终端设备上，而是运行在互联网上的大规模服务器集群中；二是用户处理的大量数据也无须存储在本地终端上，而是保存在互联网上的数据中心里。由云计算服务负责服务器和数据中心的正常运行和管理维护，并保证为用户提供在时间和空间上都充足的计算能力和存储空间，从而使用户可以在任何时间和任何地点，只要连接至互联网，便可访问云，实现随需随用。

随着智能制造技术的发展，产品生命周期中的大量数据和信息可由各种传感器和变换器实时采集，然后通过云计算进行处理，可以在很少或没有人工干预的情况下连续、自主地处理数据并做出预测、判断和决策。有学者提出了一种新的制造平台——云制造，如李伯虎院士团队提出的"智慧云制造——云制造 2.0"，就是一种将制造技术与云计算、物联网、面向服务的技术以及高性能计算等新兴技术相结合的新型制造模式。

3.4.2　边缘计算

边缘计算（Edge computing）是一种分布式计算模式，它使计算和数据存储更接近需要的位置，以提高响应时间和节省带宽。

边缘计算一般都配置于靠近设备端或数据源头的网络边缘侧，采用网络、计算、存储、应用等多种核心功能一体化开放平台，提供计算服务，从而获得及时的网络服务响应，满足敏捷连接、实时业务、智能分析、动态优化、安全与隐私保护等方面的需求。边缘计算为工业互联网/物联网、云计算在智能制造的实际应用，提供了便捷可行的技术途径和方案，可以有效地解决实际应用场景中的数据实时性、资源分散性和网络异构等问题。智能制造中边缘计算涉及的关键技术有：感知终端、智能化网关、异构设备互联和传输接口、边缘分布式服务器、分布式资源实时虚拟化、高并发任务实时管理、流数据实时处理等。

图 3-35a 给出了一个具有边缘计算、云计算的混合计算系统的智能制造应用架构示例，它包括：设备计算层（Device Computing Layer）、边缘计算层（Edge Computing Layer）、云计算层（Cloud Server）和软件定义网络（Software Defined Network，SDN）层，支持基于大数据的建模、现场设备的智能化任务处理和制造过程控制等人工智能任务的实现。图 3-35b 所示为边缘计算物理原型系统，图中给出了用于制造系统的传感器、控制器、机器人等节点及其对应的边缘计算服务器的具体配置。

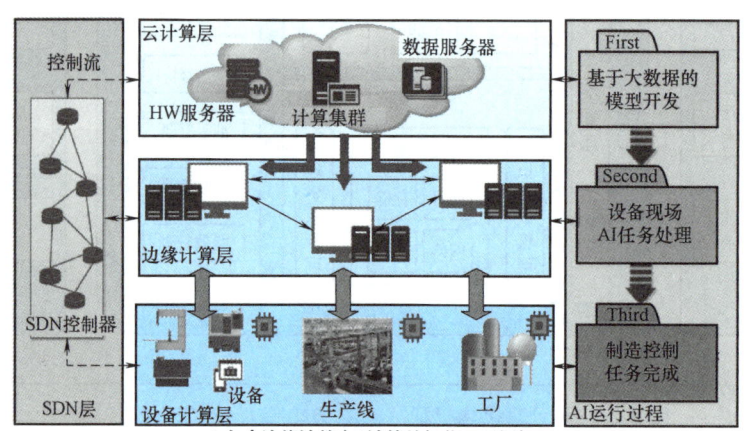

a) 包含边缘计算/云计算的智能工厂框架

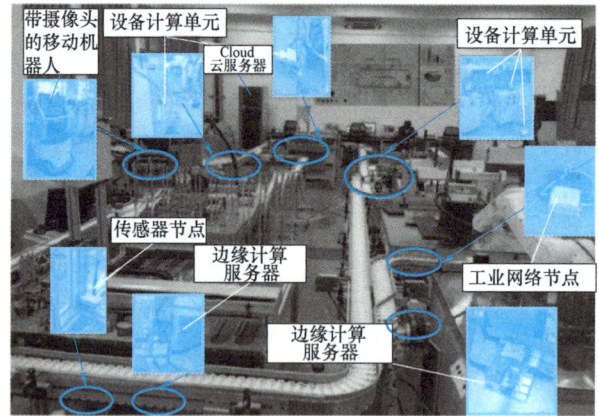

b) 一个边缘计算物理原型系统

图 3-35　边缘计算应用示例［来源：LI XM 等，2019］

3.5　人工智能

3.5.1　人工智能的概念和内涵

1. 人工智能发展历史

人工智能（Artificial Intelligence，AI）是研究使用计算机模拟人的某些思维过程和智能行为（如学习、推理、思考、规划等）的学科，它研究开发用于模拟、延伸和扩展人类智能的理论、方法、技术及应用系统，主要包括计算机实现智能的原理、制造类似于人脑智能的计算机，使计算机能实现更高层次的应用。

1956年人工智能概念正式提出，标志着人工智能学科的诞生，其后经历了第一次爆发/寒冬、第二次爆发/寒冬、第三次爆发等发展阶段（图3-36），现在正处于新一代人工智能（也称为：人工智能2.0）发展阶段。经过60多年的发展，人工智能的理论和技术日益成熟，应用领域也不断扩大，已成功应用于机器视觉、生物信息识别、专家系统、自动规划、智能搜索、定理证明、博弈、自动程序设计、智能控制、机器人学、语言和图像理解、遗传编程等众多领域。

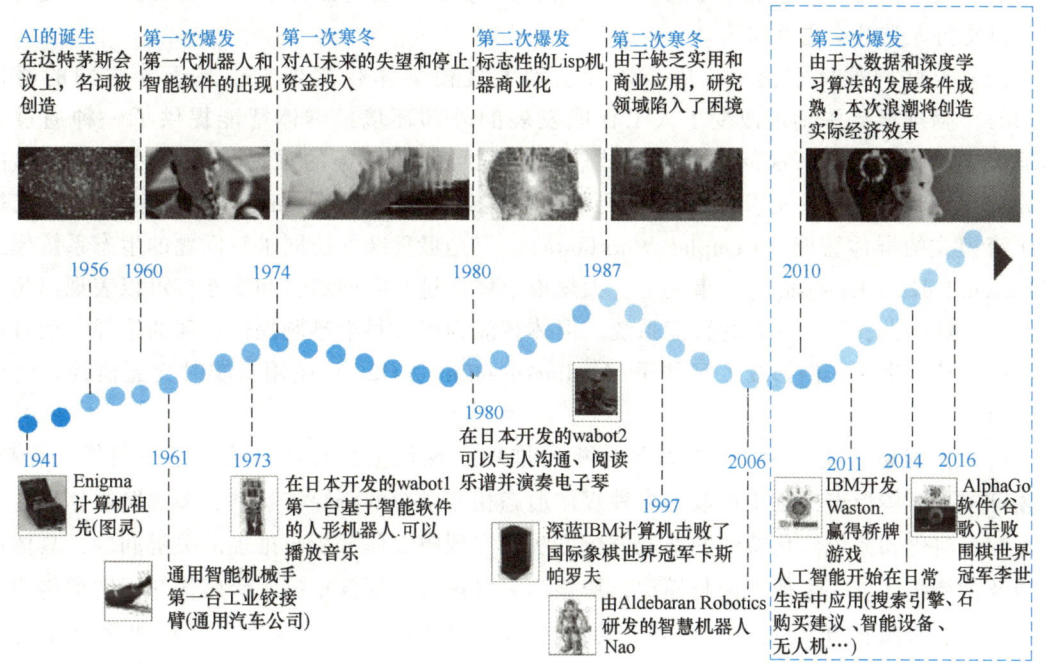

图3-36 人工智能的发展历程 ［来源：Roland Berger，2017］

新一代人工智能是人工智能发展的新形态，潘云鹤院士在《Heading toward Artificial Intelligence 2.0》提出新一代人工智能在技术方面将具有如下显著特征：

1) 从知识表达技术到当今大数据驱动知识学习，转向数据驱动和知识指导相结合的方式，其中，机器学习不但可自动化，而且可解释，应用更广泛。

2) 从处理分类型数据，如视觉、听觉、文字等，迈向跨媒体认知、学习和推理的新水平。

3) 从追求"智能机器"到高水平的人机协同融合，走向混合型增强智能的新计算形态。

4) 从聚焦研究"个体智能"到基于互联网的群体智能，形成在网上激发组织群体智能的技术与平台。

5) 将研究的理念从机器人转向更加广阔的智能自主系统，从而改造各种机械、装备和产品，引领其走向智能化的道路。

2. 新一代人工智能技术发展方向

传统的人工智能的研究内容主要包括机器人、机器学习、语言识别、图像识别、自然语言处理和专家系统等。随着大数据、云计算和移动互联网等技术的发展，若干新的技术变化已初露端倪，并表现在近几年来的新一代人工智能技术的前沿方向上，它们是：

（1）大数据智能——从数据到知识　在大数据时代，将数据驱动机器学习方法与人类的常识先验与隐式直觉有效结合，可以实现可解释、更鲁棒和更通用的人工智能。新一代人工智能（AI 2.0）时代大数据人工智能具体表现为：从浅层计算到深度神经推理；从单纯依赖于数据驱动的模型到数据驱动与知识引导相结合学习；从领域任务驱动智能到更为通用条件下的强人工智能（从经验中学习）。新一代人工智能将改变计算本身，将大数据转变为知识，以支持人类社会更好决策。

（2）互联网群体智能——从个体智慧到大规模群体智能聚集　基于互联网的赛博（Cyber）物理世界深刻地改变了人工智能发展的外部环境，群体智能提供了一种通过聚集群体中的个体智慧解决问题的新模式。按求解问题和任务的难易程度，可将群体智能计算分为三种类型：一是实现任务分配的众包模式（Crowd Sourcing）；二是较复杂、支持工作流模式的群体智能（Complex Workflows）；三是最复杂的协同求解问题的生态系统模式（Problem Solving Ecosystem）。事实上，大规模个体通过互联网参与和交互，可以表现出超乎寻常的智慧能力，是一种新的智能系统。群体智能为解决科学难题提供了新的途径，而且已融入社会日常生活，例如线上到线下（online-to-offline，O2O）应用、实时交通监控、物流管理等。

（3）跨媒体智能——实现跨媒体分析与推理　现代信息传播已从文字、图像、音频、视频等单一媒体形态，逐步过渡到多种媒体形态相互融合的跨媒体特性，多源跨媒体融合及具有知识演化和系统演化特性的智能分析方法是实现跨媒体分析与推理的关键问题，具体内容涉及：跨媒体统一表征理论与模型、跨媒体关联理解与深度挖掘、跨媒体知识图谱构建与学习方法、跨媒体知识演化与推理、跨媒体描述与生成、跨媒体智能引擎和跨媒体智能应用。

（4）人机混合增强智能——协作与认知　由于人类面临的许多问题具有不确定性、脆弱性和开放性，任何智能机器都无法完全取代人类，需要将人的作用或人的认知模型引入到人工智能系统中，形成"混合-增强"智能的形态，这种形态是人工智能或机器智能的可行的、重要的成长模式。"混合-增强"智能可以分为两类基本形式：一类是人在回路的人机协同混合增强智能；另一类是将认知模型嵌入机器学习系统中，形成基于认知计算的混合智能。

（5）自主智能系统——机器人和机械装备智能化/自主化升级　从人工智能诞生之时起，机器人就列入其目标领域，仿生学自然也成为重要的发展方向。无人自主智能系统相关技术及应用领域包括无人车、无人机、服务机器人、空间机器人、海洋机器人和无人车间/智能工厂等。另一方面，对机械装备进行智能化和自主化的升级，往往比类人机器人更加高效。因此，自主智能系统将成为新一代人工智能的重要发展方向，把握这一趋势，对我国制造业的升级尤为重要。

3.5.2 机器学习和深度学习

1. 人工智能与机器学习、深度学习的关系

机器学习（Machine Learning，ML）、深度学习（Deep Learning，DL）是人工智能中两个重要的内容。机器学习是实现人工智能的一种方法，是人工智能的一个特定子集，深度学习是实现机器学习的一种技术，图3-37给出了上述三者的相互关系。机器学习使计算机能够自动解析数据、从中学习，然后对真实世界中的事件做出决策和预测；深度学习是利用一系列"深层次"的神经网络模型来解决更复杂问题的技术。

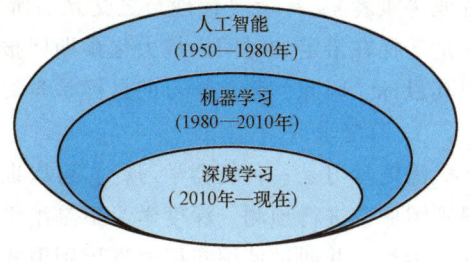

图3-37　AI与机器学习及深度学习的关系

2. 机器学习

机器学习是一种自动进行分析建模的数据分析方法，它是人工智能的一个分支，其基础是系统可以从数据中学习、识别模式并在最少的人工干预下做出决策。

现在有多种机器学习方法，如：监督学习（Supervised learning）、无监督学习（Unsupervised learning）、增强学习（Reinforcement Learning）、深度学习（Deep Learning）、深度增强学习（Deep Reinforcement Learning）等，如图3-38所示。当前应用最广泛的两种机器学习方法是监督学习（Supervised learning）和无监督学习（Unsupervised learning），这两类机器学习方法中的分类、聚类、回归、预测等算法在大数据一节中已有介绍，不再赘述。机器学习方法在深度学习上的突破性进展，为人工智能的蓬勃发展拓展了新的道路。

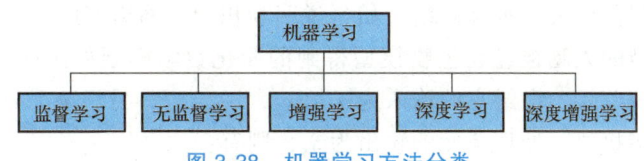

图3-38　机器学习方法分类

（1）监督学习　监督学习是采用具有标记（Label）的示例（Examples）进行训练的算法，此处的"标记"一词相当于统计学习和数据挖掘中的"因变量"，或称为"目标"；"示例"即已知对应关系的"输出-输入"数据集。例如，一台设备可能具有标记为"F"（出错）或"R"（运行）的数据点。学习算法接收一组输入，并且算法通过将其实际输出与正确输出进行比较来学习以发现设备出现"出错"的工况。常用的算法有：分类、回归、预测和梯度增强等方法，在采用历史数据预测未来可能发生事件的应用中，通常使用监督学习。【例3-2】和【例3-3】就是通过已有的训练样本（即示例）的学习，对新输入的数据样本做出"是否购买计算机"或"是男性还是女性"的判断。

（2）无监督学习　无监督学习用于处理没有历史标记的数据，即系统没有被告知有关输入-输出之间的"正确答案"，需要通过无监督学习算法探索数据并在其中找到一些结构，从而给出"正确答案"。例如，它可以识别具有相似属性的客户细分，然后在市场营销活动中对它们进行类似对待。或者，它可以找到将客户群彼此分开的主要属性。常用的算法有：k-均值聚类、自组织映射、最近邻映射和奇异值分解等。【例3-4】则是用无监督学习的聚类方法——k-均值法将一个二维数据集划分为两个簇。

（3）其他经典的机器学习方法 半监督学习（Semisupervised Learning）用于与监督学习相同的应用程序。但是，它同时使用标记和未标记的数据进行训练，通常是少量标记数据和大量未标记数据。此类学习可以与分类、回归和预测之类的方法一起使用。强化学习（Reinforcement Learning）通常用于机器人技术、游戏和导航。通过强化学习，可以通过反复试验发现哪些动作产生了最大的回报。这种类型的学习包含三个主要部分：代理（学习者或决策者）、环境（代理与之交互的所有内容）和操作（代理可以做的事情）。代理的目标是选择在给定的时间内最大化预期回报的操作。通过采用良好的策略，代理可以更快地实现其目标。因此，强化学习的目标是学习最佳策略。

3. 深度学习

深度学习是一种机器学习，它可以训练计算机执行类似于人类的任务，例如识别语音，识别图像或进行预测。深度学习不是组织数据来运行预定义的方程式，而是设置有关数据的基本参数，并通过使用多层处理识别模式来训练计算机自己学习。作为人工智能领域的一大突破，深度学习在语音识别、图像重构、自然语言处理、多模态图像文本和游戏等方面表现出了优异的性能，其最成功的应用实例就是Alphago。

当前深度学习主要采用基于人工神经网络（Artificial Neural Network，ANN）的方法，如卷积神经网络（Convolutional Neural Network，CNN）、堆栈自编码器网络（Stacked Auto-Encoder，SAE）和深度置信网络（Deep Belief Network，DBN）等。这些方法具有两个特点：一是多隐层的人工神经网络对处理高度非线性和复杂的特征抽象具有优异的学习能力，通过学习得到的特征实现对数据更本质的刻画，从而有利于对原始数据进行识别或分类；二是深度神经网络在训练上的难度可以通过"逐层初始化预训练"来有效降低。

下面从典型多层前馈人工神经网络开始，说明卷积神经网络深度学习的基本算法原理。

一个由模拟典型的人脑神经元生物模型得到的简化数学模型如图3-39所示，即人工神经网络中的一个处理单元，设给它的输入为 $x_1, x_2, \cdots, x_m$，另记 w_{i1}、w_{i2}、$\cdots$、w_{im} 为对应于各个输入的连接权值，处理单元的输出为 y_i，则有：

$$y_i = \sigma \Big(\sum_{j=1}^{m} w_{ij} x_j - \theta_j \Big) \tag{3.35}$$

式中，$\sigma(\cdot)$ 是激活函数（Activate Function）；θ_j 是阈值。常用的激活函数有阶跃函数、阈值函数、斜坡函数、Sigmoid函数等。常用的Sigmoid函数（Bipolar Sigmoid Function）表达式如下：

$$\sigma(f) = \frac{1}{1+e^{-\lambda f}} \quad (\lambda > 0) \tag{3.36}$$

一个ANN由多个处理单元广泛互连构成，每个单元的输出通过权重，连接到其他的单元上，从而构成多种不同类型的人工神经网络模型，图3-40所示为一种多层前向网络（Multilayer Feedforward Network）。

利用已有的学习样本（输入输出数据集），对给定的人工神经网络的权值 w_{ij} 和阈值 θ_j 的迭代修正就是学习（也称为训练）的过程，其基本原理是：

步骤一：根据学习样本中的输入数据矢量 $\boldsymbol{x}$ 按前向传递计算各层的输出 $\boldsymbol{y}$，权值 w_{ij} 和阈值 θ_j 的初值可在（0，1）范围内随机初始化。

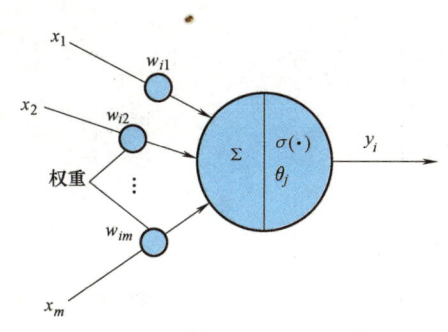

图 3-39　神经元的简化数学模型

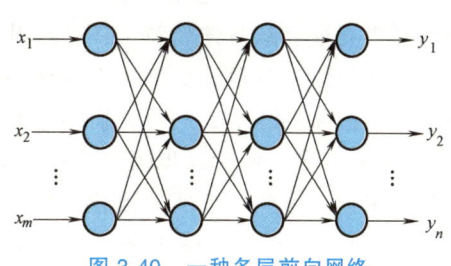

图 3-40　一种多层前向网络

步骤二：根据输出 y 与学习样本中的期望输出，计算误差目标函数 E，不同的人工神经网络模型可选择相应的目标函数，CNN 的目标函数为

$$E(w,\theta) = \frac{1}{n}\sum_{i=1}^{n}\frac{1}{2}\|\hat{y}_i - y_i\|^2 \tag{3.37}$$

式中，$\|\hat{y}_i - y_i\|$ 是欧几里得范式。

步骤三：更新权值 w_{ij} 和阈值 θ_j 的值，通用计算式如下：

$$\begin{cases} w_{ij} \leftarrow w_{ij} + \Delta w_{ij} \\ \Delta w_{ij} = -\eta\dfrac{\partial E}{\partial w_{ij}} \\ \theta_j \leftarrow \theta_j + \Delta \theta_j \\ \Delta \theta_j = -\eta\dfrac{\partial E}{\partial \theta_j} \end{cases} \tag{3.38}$$

步骤四：重复步骤一，直到目标函数 E 收敛于给定值。

用于深度学习的卷积神经网络（CNN）是一种前馈深层局部连接神经网络，相对于经典的人工神经网络（ANN），CNN 增加了卷积（Convolution）和池化（Pooling）层，以提取数据的内在特征，然后全连接到一个分类层，再到输出层。CNN 模型的训练可分为两个基本过程：一是前身传播的卷积、池化、加权求和等操作计算输出值；二是误差反向传播调整权值的阈值。

卷积过程的计算通式比较复杂，仅以图 3-41 所示具体实例说明计算方法。假定一个二维输入特征图 X 的大小是 4×4，卷积核 K 是 2×2，对 X 经过 K 以移动步幅为 1 进行卷积一遍之后，即得到一个大小是 $(4-2+1)\times(4-2+1) = 3\times 3$ 特征图 Y，其输出 y_{00} 的计算式为

$$y_{00} = \sigma(x_{00}k_{00} + x_{01}k_{01} + x_{10}k_{10} + x_{11}k_{11} + \theta)$$

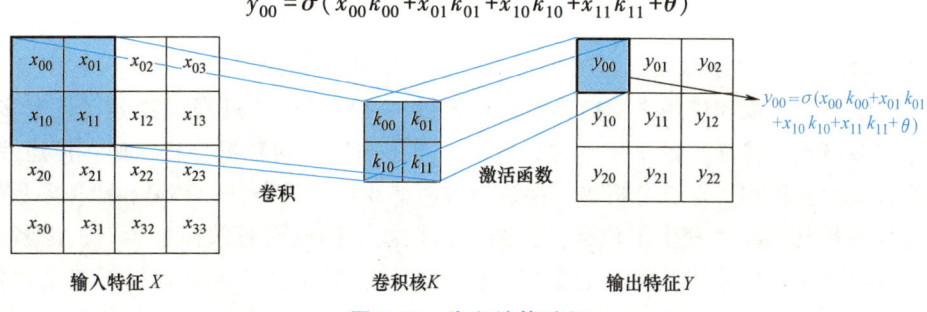

图 3-41　卷积计算过程

通过卷积可获得图像的特征，也进一步减少了计算量，引入池化（也称为子采样）操作可得到维度减少的新特征图。池化计算过程示例如图 3-42 所示，对一个 4×4 的二维输入特征图 X，用 2×2 的池化窗口进行池化（从左向右、自上而下以步幅为 2 移动），平均池化采样，得到一个新的池化后的特征图 Y，此时得到的新特征图 Y 的大小只有原特征图 X 的 1/4。

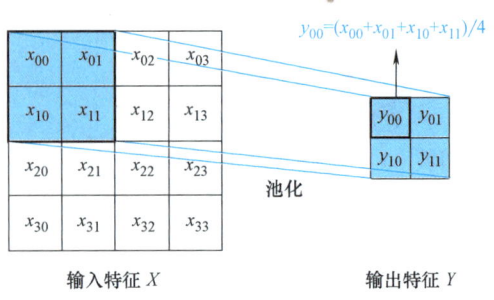

图 3-42　池化计算过程

图 3-43 所示为一个典型卷积神经网络（CNN）模型的构成实例，它的组成如下：一个输入层（28×28 的二维图像）、两个卷积层和两个池化层、一个全连接层和一个输出层。

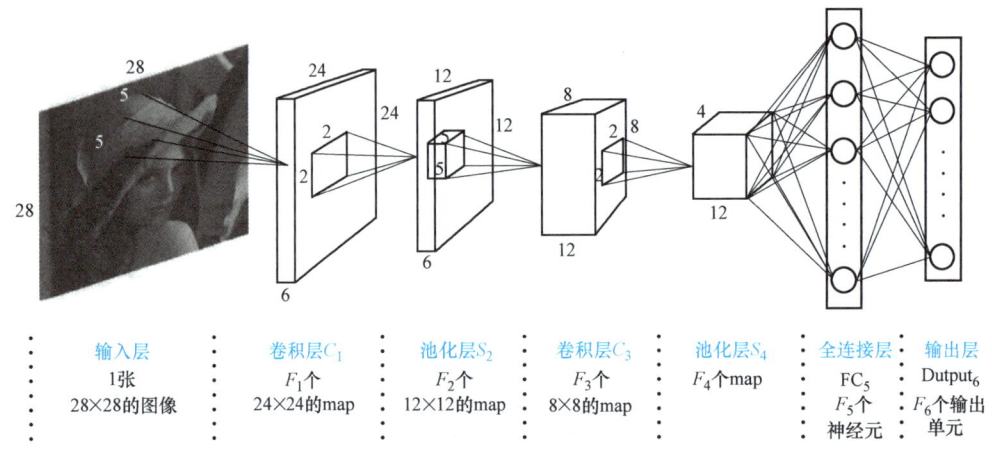

图 3-43　一个典型 CNN 模型构成实例［来源：王国胤等，2017.07］

3.5.3　人工智能应用

人工智能的发展目标是给机器赋予类人的感知、学习、思考、决策和行动等能力。经过 60 多年的发展，人工智能取得了突破性进展，正在推动人类社会进入智能化时代，新一代人工智能与先进制造技术的高度融合，正是智能制造发展的重要基础。人工智能将在智能制造中发挥巨大的作用，为产品设计/工艺知识库建立和充实、制造环境和状态信息理解、制造工艺知识自学习、制造过程自组织执行、加工过程自适应控制等方面，提供强大的理论和技术支持。

图 3-44 给出一个基于深度学习的先进分析技术应用于智能制造的示例，它由智能互联过程、深度学习、决策和应用 3 层结构组成，通过对互联的生产过程大数据（具有多模态、非结构化和多格式等特征）的深度学习，可以产生不同层次的数据分析，如：描述性分析、诊断分析、预测分析和规定性分析等。描述性分析捕获产品的条件、环境和操作参数等，给出生产运行的状况，即"发生了什么？"；当产品性能下降或设备故障发生时，诊断分析检查其出现的问题并报告分析其发生的原因，即预报"将发生什么？"；而执行则是在前边各种分析基础上，告诉应该"采取什么行动？"，给出一个或多个行动或路线的指令以改进生

产结果或纠正问题。通过深入学习所提供的先进分析,形成"数据洞察",支持产品公司、制造商、供应商等在产品全生命周期过程中的决策和应用,适应不断变化的消费者需求、提高生产率和缩短停机时间,获得更好的知名度和从全球竞争力的运营中获取更多的价值。

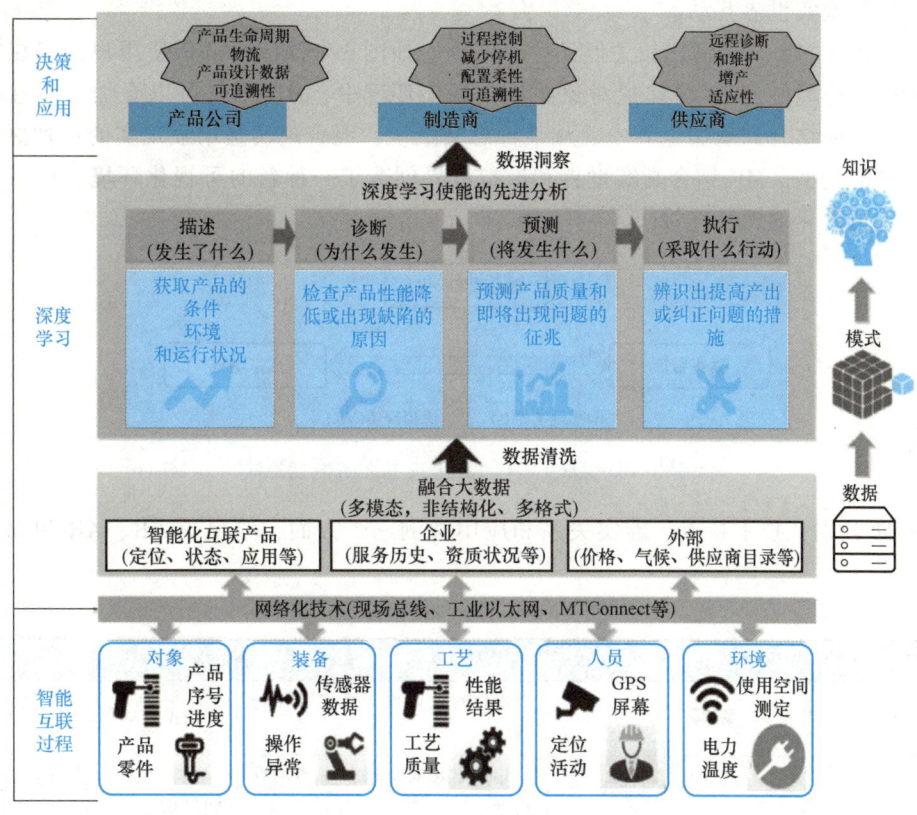

图 3-44　基于深度学习的先进分析技术应用于智能制造示例　[来源：Jinjiang Wang 等, 2018]

3.6　虚拟现实/增强现实/混合现实技术

3.6.1　虚拟现实、增强现实和混合现实的基本概念

虚拟现实 VR（Virtual Reality）是一种可以创建和体验虚拟世界的计算机仿真系统和技术,它利用计算机生成一种完全的虚拟环境,使用户沉浸到该环境中。虚拟现实技术具有"3I"的基本特性,即：沉浸（Immersion）、交互（Interaction）和想象（Imagination）。先进的 VR 体验甚至提供了移动的自由——用户可以在数字环境中移动并听到声音。此外,可以使用特殊的手动控制器来增强 VR 体验。

增强现实 AR（Augmented Reality）是虚拟现实的扩展,它将虚拟信息与真实场景相融合,通过计算机系统将虚拟信息通过文字、图形图像、声音、触觉方式渲染补充至人的感官系统,增强用户对现实世界的感知。在增强现实中,当数字化内容被添加到现实世界时,用户可以看到现实世界并与之互动。AR 技术的关键在虚实融合、实时交互和三维注册。

混合现实 MR（Mixed Reality）通过在现实场景呈现虚拟场景信息,在现实世界、虚拟世界和用户之间搭起一个交互反馈的信息回路，以增强用户体验的真实感。MR 是 VR 技术的进一步发展，它将虚拟内容不仅覆盖在真实环境中，而且锚定（Anchor）到该环境并与之交互。简而言之，在混合现实中，可以看到虚拟对象，就像在增强现实中一样，但是这些对象也可以与现实世界互动。

VR、AR 和 MR 三者密切相关但又存在区别，如图 3-45 所示，VR 使用户沉浸在完全人工虚拟的数字环境中，AR 将虚拟对象叠加在现实环境中，MR 不仅可以叠加，而且可以将虚拟对象嵌入或结合到现实世界中。从某种意义上说，混合现实是增强现实的一种更加身临其境和互动的类型。MR 结合真实世界和虚拟世界创造了一种新的可视化环境，可以实现真实世界与虚拟世界的无缝连接。

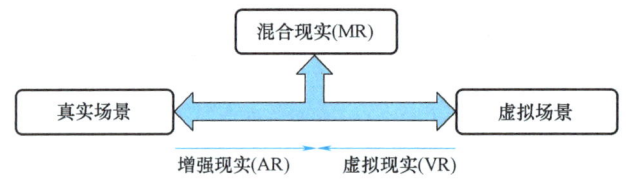

图 3-45 AR、VR 和 MR 三者之间相互关联

表 3-11 分别从技术特点、虚实关系和应用举例三个方面，给出了 VR、AR 和 MR 特点及不同。

表 3-11 VR、AR 和 MR 的特点及应用场景实例

	虚拟现实	增强现实	混合现实
技术特点	完全人工场景	虚拟对象叠加于真实世界场景之上	虚拟场景与真实世界相融合
虚实关系	完全沉浸于虚拟场景之中	用数字化对象增强真实世界场景	真实世界和虚拟场景两者之间互动
应用举例	VR 装配、VR 城市	AR 仪表、AR 导游	MR 加工、MR 游戏

3.6.2　虚拟现实/增强现实/混合现实的关键技术

虚拟现实/增强现实/混合现实涉及的关键技术主要包括（图 3-46）：

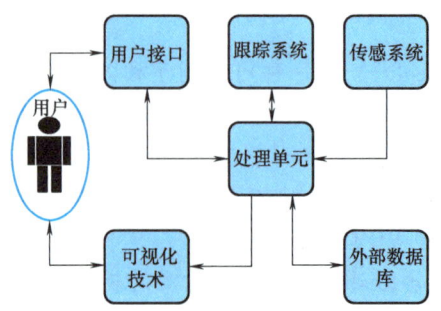

图 3-46 VR、AR 和 MR 涉及的技术及其相互关系

1. 可视化技术（Visualization Technology）

VR/AR/MR 中可视化技术的作用是将真实环境以数字化信息进行可视化呈现，常用的

可视化技术有：头部固定式显示（Head-Mounted Display，HMD）、手持式装置（Handheld Devices，HHD）、静态屏幕（static screens）和投影装置等。可视化系统既可以是固定式也可以是移动式。

2. 传感系统（Sensor System）

传感系统通过各种传感器为 AR 和 MR 从环境中获取信息，大多数场景下常使用一个/多个摄像头或立体摄像机作为主要输入，当需要提供对象的深度感知时也增设超声传感器、红外传感器、陀螺仪和加速度计，用于进一步的准确定位。

3. 跟踪系统（Tracking System）

跟踪系统用以保证将数字化对象准确定位于真实环境中的对象，在 AR 系统中，多采用一种基于标记（Marker-Based）的三角定位技术来校正数字对象的位置，采用自然标记或无标记系统则需要在真实环境中附加额外的物体才能确定虚拟对象位置。

4. 用户界面（User Interface）

用户界面用于实现系统和用户之间的双向通信，键盘、鼠标、手写板等多种硬件可用于交互，手势识别、语音识别、凝视识别、力反馈、听觉信号等技术都已开发出来，用以实现在 VR/AR/MR 中进行交互。

5. 处理单元（Processing Unit）

处理单元负责 VR/AR/MR 的软件程序运行，在 AR 和 MR 中，处理单元还要与相关的数据源连接以获取真实环境中的实时数据。

3.6.3 虚拟现实/增强现实/混合现实技术在智能制造中的应用

在智能制造中，VR/AR/MR 有许多应用场景，如设备运维、物流管理、标准作业程序（Standard Operation Procedure，SOP）的 VR/AR 支持、虚拟装配及装配过程人机工程评估、工艺布局虚拟仿真与优化、交互式虚拟试验、基于 AR 的全息索引、操作技术培训等。

【应用案例】 一个数据驱动的飞机翼身制孔集成 VR 可视化的实例。

飞机翼身制孔集成可视化系统的总体方案如图 3-47a 所示，由物理场景和虚拟场景两部分融合构成，采用的开发平台是 CATIA 系统。图 3-47b 给出了实现了现场信息实时获取、数据解析、数据存取、数据驱动、交互操作和可视化展示等功能，图 3-47c 所示为飞机翼身制孔集成系统实现的可视化场景。

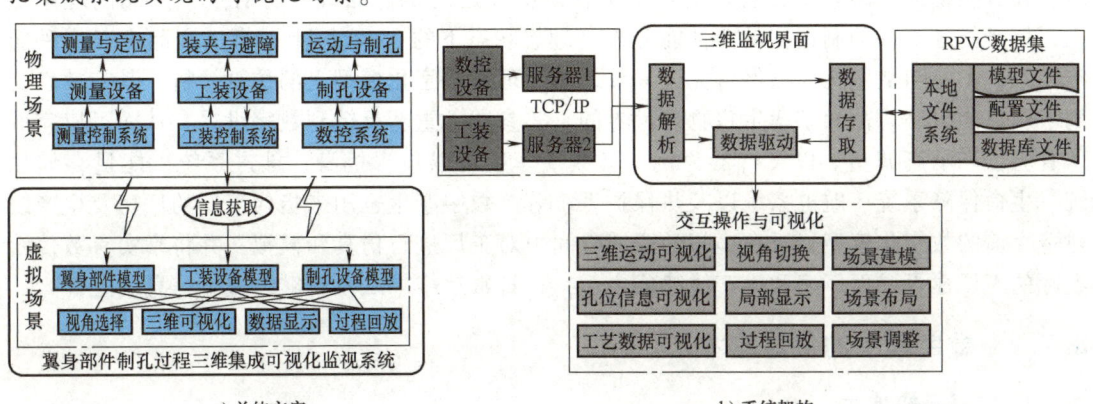

图 3-47 数据驱动的飞机翼身制孔集成 VR 可视化实例 ［来源：王俊峰（2018）］

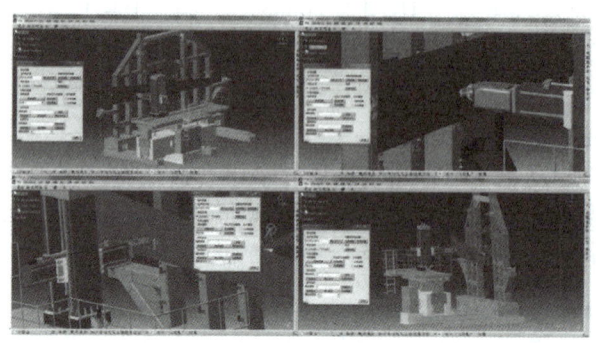

c) 数据驱动的飞机翼身制孔集成可视化场景

图 3-47　数据驱动的飞机翼身制孔集成 VR 可视化实例［来源：王俊峰（2018）］（续）

3.7　数字孪生

3.7.1　数字孪生的概念和内涵

最初的数字孪生（Digital Twin，DT）概念来自于美国航空航天局（NASA），它是指"一个综合的多物理、多尺度、概率模拟的载运器或系统，使用最好的物理模型、传感器更新（数据）和载运器历史等，能够镜像映射它所对应的实际载运器的活动。这是超现实的，可以考虑一个或多个重要和相互依存的载运器系统"。后来 DT 的概念引入了生命周期观点并推广到其他通用的"产品"，为航空航天载运器以外其他领域应用这一概念开辟了道路。广义的数字孪生是指有生命或无生命的物理实体的数字复制品，通过物理世界和虚拟世界的连接，数据可以无缝传输，从而允许虚拟实体与物理实体同时存在。

从智能制造的角度，数字孪生可定义为：充分利用物理模型、实时动态数据感知更新、静态历史数据等，集成多学科、多物理量、多尺度、多概率的仿真过程，在虚拟空间中完成相对应的实体装备或生产过程的全生命周期映射。

数字孪生概念是在虚拟制造、数字样机（包括几何样机、功能样机、性能样机）等技术基础上发展而来，但与虚拟样机、数字样机的概念有着明显的区别。虚拟制造或数字样机建立在真实物理产品数字化表达的基础上，但所描述的是产品设计者对这一产品的理想定义，用于指导产品的制造、功能性能分析（理想状态下的）。实际上，真实产品由于多种影响因素，不能与数字化模型保持完全一致，基于理想数字化模型上的仿真分析，其有效性受到了明显的限制。而数字孪生将物理世界的真实参数，重新反馈到数字世界，从而可以完成仿真验证和动态调整。以飞行器为例，其数字孪生可以包含机身、推进系统、能量存储系统、生命保障系统、航电系统以及热保护系统等。数字孪生也用来指代工厂的厂房及生产线建造之前的数字化模型，可在虚拟的赛博空间中对工厂进行仿真和模拟，并将真实参数传给实际的工厂建设。而厂房和生产线建成之后，在日常运维中二者将继续进行信息交互。

3.7.2　数字孪生的使能技术

1. 传感感知技术

数字孪生建模和运行需要真实物理对象的静态和动态数据，这些数据是从通过各种传感器和感知技术获取的,如激光测量、图像感知和识别、度量转换、精密/微纳测量等技术,对力/力矩、位移/速度/加速度、压力/流量、振动/噪声、电流/电压、温度/湿度等各种物理量的实时感知和测量,关于传感感知技术的基础和相关内容在 3.1 节中已有述及。

2. 数字孪生建模技术

数字孪生建模是以数字化模型的形式描述物理实体,使之能够进行数字化处理、仿真、分析和管理。在智能制造领域中,数字孪生模型为产品设计(CAD)、分析(CAE)、数控加工(CNC)、质量管理(CAQ)、生产管理(PM)、预测优化和监测控制等过程提供数字化模型表达方法。从建模角度来讲,数字孪生建模技术主要包括几何建模、物理建模、行为建模和规则建模等。建模方法包括:实体建模法、有限元建模法、状态空间法、动态耦合法、基于 XML 的建模法和本体论(Ontology)方法等。

3. 数据管理技术

数字孪生是一种以数据驱动的数字化模型,能够在虚拟空间里映射实际的物理对象,感知其变化环境和运行条件,做出响应并适应其变化。这些驱动数据既包括历史的、非实时的静态数据,也包括现场的、实时的动态数据,因此,数据采集、数据传输、数据存储、数据处理、数据融合和数据可视化等数据管理技术是数字孪生必不可少的基础使能技术,大数据、云计算、边缘计算等也将为其提供关键技术支撑。

4. 数字孪生服务技术

在智能制造系统中,数字孪生作为实体对象的数字化虚拟模型,可以为制造过程提供多学科领域的各种服务,既可以在设备、生产单元、生产线、车间和企业等不同层次提供相应的服务,也可以在设计、分析、优化、仿真、预测、管理、监测、控制等不同领域,提供应用服务,用户可以通过计算机终端、移动设备终端等来访问这些服务。

5. 通信连接技术

通信连接技术实现物理空间里的实体对象与虚拟空间里的数字化映射模型对象之间的数据共享交互和双向动态传输,一方面,实体对象的基本数据、运行参数、工作状态等需要传送给虚拟模型,用于分析、仿真、诊断、监测等;另一方面,在虚拟空间里利用数字孪生模型进行预测、优化、控制等形成的决策或指令,需要反馈给物理对象,通过控制器、执行器操控实体对象以实现最优运行。常用的通信连接技术包括:各种工业现场总线、Internet、EtherCAT、无线移动通信网络、i-Internet/i-IoT、MTConnect、OPC-UA 等,未来的 5G 技术将成为支撑数字孪生应用的关键技术。

3.7.3 数字孪生应用实例

【应用案例】 数字孪生已在工业领域(如航空航天、机械制造等)开始应用,图 3-48 所示为洛克希德·马丁公司的装配车间数字孪生示例,它通过模型和数据,将现实世界中的流程和移动资产定量化并进行衡量,建立一个实时镜像现实生产环境的数字孪生,将现实数据映射到数字模型上,实时监测三维空间中的交互,能够处理高精度超宽带(Ultra Wide Band, UWB)无线通信、全球定位系统(Globel Positioning System, GPS)、射频识别(Radio Frequency Identification, RFID)、蓝牙和视景系统。

【应用案例】 数控机床数字孪生用于 5 轴加工轨迹仿真与补偿

北京航空航天大学提出一个数控机床数字孪生(Machine Tool Digital Twin, MT-DT)概

图 3-48 飞机装配数字孪生应用解决方案示例

念模型（图 3-49a），MT-DT 中的三个主要要素有：

① 全息仿真模型——采用几何模型（运动学模型）、物理样机（动力学模型）、切削过程机理模型（工艺模型）、零件表面生成模型等。

② 动态数据驱动——动态数据包括：数控程序指令、运动轴-位置/速度/加速度/电流、主轴-转速/转矩/功率、机床-电流/电压/能耗/振动/噪声/温度、工件加工区-图像/视频等。

③ 通用互联接口——在传感器接口、数据采集和处理中采用了 MTConnect、OPC UA、EtherCAT 等通用的通信连接接口技术，5G 作为未来的具有大流量、低时延、高可靠和安全等优势的通用互联技术也将应用于 MT-DT 的数据通信。

基于 MT-DT，可进行 3 轴/5 轴数控机床加工过程的加工大数据采集处理、加工轨迹仿真和加工表面生成、误差分析和补偿、切削力预测控制等，图 3-49b 所示为 MT-DT 应用于 5 轴联动数控加工轨迹仿真和误差分析补偿。

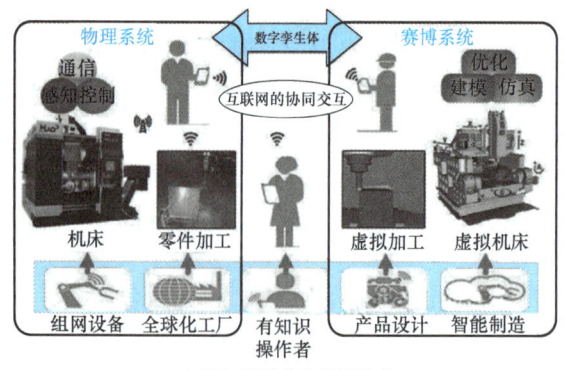

a) MT-DT 的概念模型构成　　　　b) MT-DT 加工轨迹仿真和误差分析补偿

图 3-49 数控机床数字孪生及其应用［来源：Pi Shiwei 等（2019）］

思考题和习题

3-1 试举例说明力传感器和加速度传感器在生活或工业中应用场景和基本工作原理。

3-2 试述 5G 移动通信 mMTC、uRLLC、eMBB 三大特点，举例说明上述特点在智能制造中适用的应用场景。

3-3 试分析云计算、边缘计算各自的特点及其相互关系。

3-4 试通过查阅参考文献，举例说明人工智能、机器学习和深度学习技术在智能制造中的应用。

3-5 实现 VR、AR 和 MR 的关键技术有哪些？

3-6 试举例说明数字孪生在智能制造中的应用。

3-7 半导体应变片用于测量应变的实验测量数据见表 3-12，根据不同的精度要求，对其标定有如下两种情况：

① 在一般精度要求条件下，电阻变化率与应变的关系可用一元线性模型描述，即

$$\frac{\Delta R}{R} = a_0 \varepsilon + b_0$$

要求：试采用最小二乘拟合方法计算参数 a_0 和 b_0，确定一元线性拟合模型并求出回归标准差。

② 在高精度要求条件下，若将电阻变化率与应变的关系用二次多项式模型描述，即

$$\frac{\Delta R}{R} = a_1 \varepsilon + a_2 \varepsilon^2 + b_1$$

要求：试采用最小二乘拟合方法计算参数 a_1、a_2 和 b_1，确定二次多项式拟合模型并求出回归标准差。

表 3-12 实验测量数据

No.	应变 ε	电阻变化率 $\Delta R/R$	No.	应变 ε	电阻变化率 $\Delta R/R$
1	0	0.0095	9	0.004	0.5411
2	0.0005	0.0682	10	0.0045	0.6149
3	0.001	0.1322	11	0.005	0.6807
4	0.0015	0.1952	12	0.0055	0.7628
5	0.002	0.2541	13	0.006	0.8355
6	0.0025	0.3248	14	0.0065	0.917
7	0.003	0.3926	15	0.007	1.0054
8	0.0035	0.4667			

重建黄鹤楼手绘设计图

第 4 章

智能工厂和智能生产

【导读】 本章阐述了从数字化工厂到智能化工厂的发展过程,总结了智能工厂的基本特征,从工厂自动化的标准化层级结构出发,介绍了智能工厂的架构、赛博物理融合生产系统的构成,特别是从技术集成和应用功能实现的角度,讨论了在智能工厂中的横向、纵向和端到端的三大集成的技术实现,以及在智能生产系统中动态感知、实时分析、自主决策和精准执行四项功能应用技术,介绍了多个智能工厂、智能生产具体场景和智能制造过程实现过程的实例。

4.1 从数字化工厂到智能工厂

4.1.1 数字化制造系统

数字化制造系统是一种以制造信息集成与信息流自动化为特征、利用数字化装备自动完成各种制造活动的系统。数字化制造系统涉及的范围很广,一方面,包括以数控机床为典型代表的数字化加工装备、分布式计算机网络控制系统、物料存储与输送系统、数字化检测与监控系统等物化的基础装备;另一方面,也包括CAD/CAM/CAPP/CAE等各种计算机辅助工业软件系统(CAX)及其在设计制造过程的广泛应用;此外,还包括MES/PDM/MRP II/PLM等管理系统的集成与应用。

数字化制造采用基于计算机的集成系统(包括仿真、三维可视化、分析和协同工具等)同时创建产品设计和制造过程的定义,它是从面向制造的设计(DFM)、计算机集成制造(CIM)、柔性制造和精益制造等早期的先进制造技术不断演进而来,以满足对产品和工艺设计、制造过程执行/管控等进行协同的需求,图4-1给出了从初期的2D绘图CAD,向3D实体模型的CAD/CAM、产品数字化定义、数字化样机与协同设计、协同PLM和云互联数字化业务等发展演进的历程。

数字化制造是实现产品全生命周期管理(PLM)的基础,是PLM与车间应用和设备集成的一个关键环节,它使设计和制造之间能够以数字方式方便地交换产品相关信息,最终使制造企业能够缩短制造周期,提高产品质量和产量,并减少生产成本。

第 4 章 智能工厂和智能生产

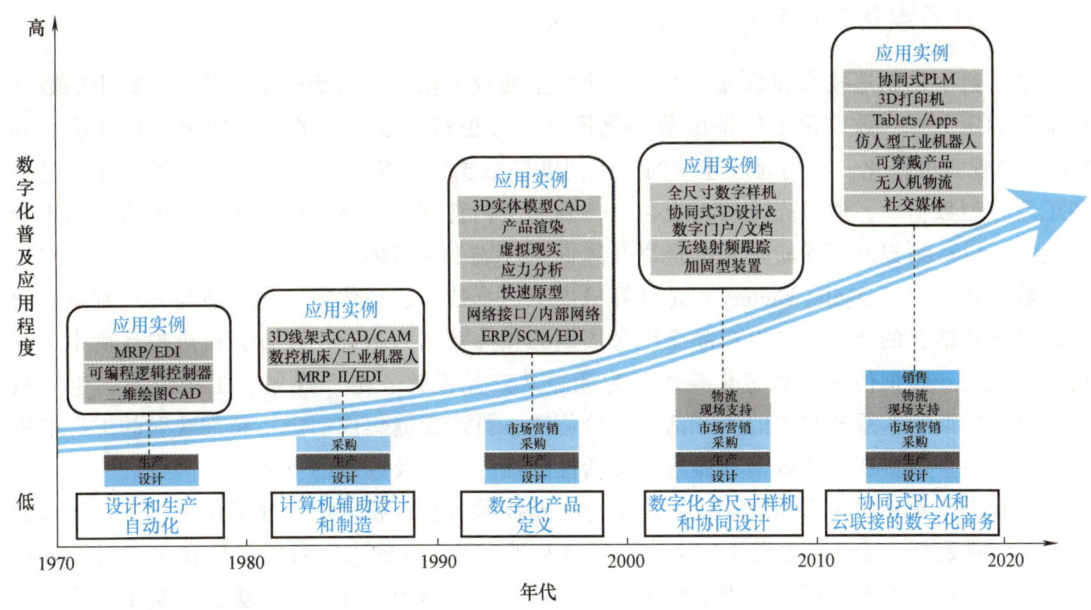

图 4-1 数字化制造的演进过程

一个产品开发和生产过程的数字化集成系统的实例如图 4-2 所示，实例中包括了 PLM 产品全生命周期管理、TIA 整体自动化、集成驱动系统、MES 制造执行、数据驱动的服务和产品全生命周期服务等各个关键数字化环节的集成。

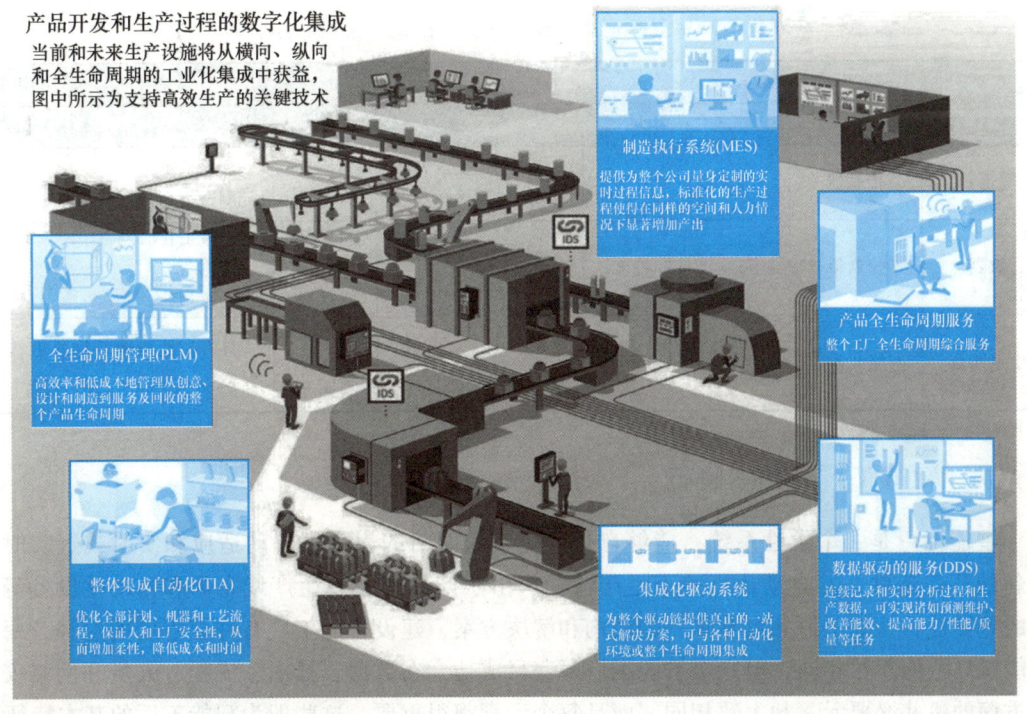

图 4-2 产品开发和生产过程的数字化集成 [来源：Siemens]

4.1.2 从数字化工厂到智能工厂的发展

基于数字化制造技术和系统,可以构建完全的数字化工厂。德国工程师协会给出的数字化工厂的定义是:数字化工厂是由数字化模型、方法和工具构成的综合网络,包含仿真和3D/虚拟现实可视化,它们通过连续的、不间断的数据管理集成在一起,集成了产品、过程和工厂模型数据库,通过先进的可视化、仿真和文档管理,提高生产过程管控能力、动态响应能力,以达到提高产品质量和产量以及降低生产成本的目的。

数字化工厂(Digital Factory)是计算机虚拟仿真技术、现代数字化制造与先进制造运营管理理念相结合的产物,它以产品全生命周期的相关数据为基础,在计算机虚拟环境中,利用三维建模、虚拟仿真等数字化技术,为涵盖从产品设计、生产规划、工程组态、生产执行、直至后期运营服务在内的生产活动全价值链,打造无缝集成、虚实精准映射的工厂解决方案,助力企业实现生产效率、质量、灵活性的提升,以及成本的下降。

随着工业 4.0 的提出和新一代智能制造支撑技术的发展和应用,数字化工厂进一步向智能工厂演进发展。表 4-1 为现代数字化工厂与基于工业 4.0 的未来智能工厂在关键属性和技术的对比,可以看出,相对于当前数字化工厂(即工业 3.0 的工厂),基于工业 4.0 的未来智能工厂将出现下列新的变化:

1) 元(部)件采用自感知/自预测特性传感器,可进行性能衰减监测和剩余可用寿命预报。
2) 设备控制器具有自感知/自预测/自诊断能力,可以预知工作时间和防止失效。
3) 生产系统具有自配置/自维护/自组织特性的网络系统,可以通过具有弹性可恢复(Resilient)能力的控制系统获得极高的生产率。

表 4-1 数字化工厂与工业 4.0 未来智能工厂比较 [来源:Jay Lee (2015)]

对象	数据来源	数字化工厂		智能化工厂	
		属性	技术	属性	技术
零部件	传感器	准确度	智能传感器失效检测	自感知 自预测	衰退监测 剩余寿命预测
机器	控制器	可生产性和性能	基于状态的监测和诊断	自感知 自预测 自比较	正常工作时间预测 失效预防
生产系统	网络化系统	生产率和综合能效	精准运营 减少劳动 降低浪费	自配置 自维护 自组织	具有韧性控制系统的生产率保证

4.1.3 智能工厂的基本特征

智能工厂是一个柔性系统,能够自行优化整个网络的表现,自动适应和实时或近实时学习新的环境条件,并自动运行整个生产流程。由于产品对象、生产线布局和自动化设备等方面的差异性,智能工厂并没有唯一的结构和解决方案,建设智能工厂有许多不同的途径,每个智能工厂可能不尽相同,但一个智能工厂要获得成功,在数据、技术、流程、人员和网络安全等方面的一些必要元素却大致相同,而且每个元素都很重要,这些即为智能工厂的基本特征。

智能工厂的基本特征可以从多方面来表述,图 4-3 所示是从三个层面表述智能工厂的基本特征，一是在建设目标层面，智能工厂具有敏捷化、高生产率、高质量产出、可持续性和舒适人性化等特征；二是在技术层面，智能工厂具有全面数字化、制造柔性化、工厂互联化、高度人机协同和过程智能化（实现智能管控）五大特征；三是在集成层面，智能工厂应具备产品生命周期端到端集成、工厂结构纵向集成和供应链横向集成三大特征，这一层面与工业 4.0 的三大集成理念是一致的。

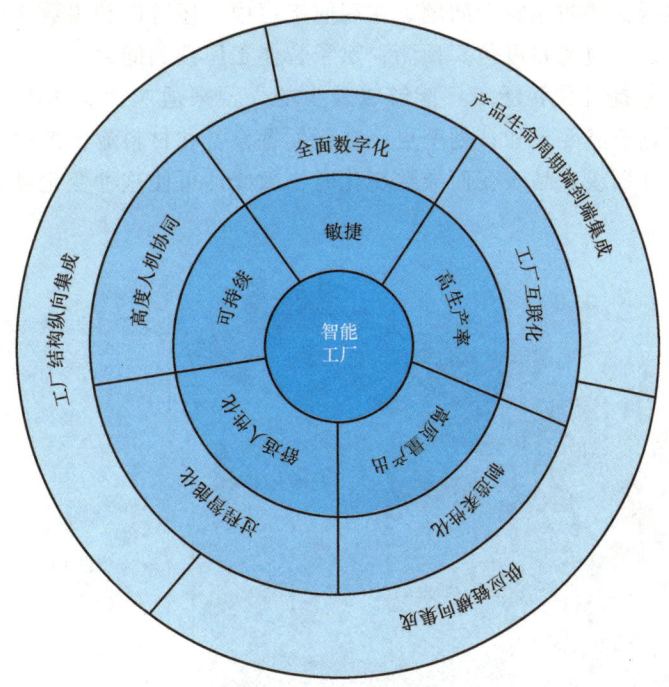

图 4-3　智能工厂特征的三个层面　[来源：卢秉恒等（2018）]

从工厂生产活动方面来审视，智能工厂的主要特征可以集中概括为五个方面：互联化、最优化、透明化、前瞻性和敏捷性，如图 4-4 所示。

（1）互联化　互联是智能工厂最重要的特征，也是智能工厂的基础。智能工厂中的互联主要涉及三个方面，一是工厂与供应商和客户相关的实时协作数据的互联互通，以保证工厂与外部的协同；二是通过传统数据和遍布各项资产的传感数据，确保数据持续更新，实现基本生产流程与物料之间、"人-机-物"之间的及时互联互通，以生成实时决策所需的各项数据；三是通过融合来自运营系统、业务系统以及供应商和客户的数据，实现各环节数据的反馈，从而全面掌握供应链上下游流程，全面提高供应网络的整体效率。

（2）最优化　通过对工厂各层级的数字孪生建模、仿真，智能工厂实现优化运行，即可以最低限度的人机交互、最小化的生产成本、最佳的生产效率，实现高度可靠且可以预测的运行。基于互联，智能工厂具备自动化工作流程，可同步了解所有资产和生产过程的状况，可追踪制造系统与执行进度计划并加以优化，从而使能源消耗更加合理，有效提高产量、运行效率以及产品质量，并降低成本、避免浪费。

（3）透明化　智能工厂的各种数据应具有透明和可视化特性，从生产流程以及半成品、成品获取的数据，分析处理后转换为实施洞察（Actionable Insights），即具备可行性且有价值的信息，从而协助智能工厂中人工或自主决策流程。透明化的数据和网络还将增强对各种设施、装备状况的认识，并通过基于角色的视图、实时报警和提示，以及实时追踪与监控等手段，确保企业决策更加精准。

（4）前瞻性 在智能工厂中员工和系统可预见将出现的问题和挑战，并提前予以应对，而非静待问题发生再做响应，如识别异常状况、重新存储补充库存、识别和预防质量问题、监控安全和维护问题。智能工厂具有基于历史和实时数据预测未来结果的能力，从而改善运行时间、产量和质量，并防止安全问题。在智能工厂中，还可以利用数字孪生等过程，使有关的操作数字化，建立模型并可仿真预测，赋予智能工厂预测能力。

（5）敏捷性 敏捷性使智能工厂能够以最少的干预来适应计划和产品的变化。先进的智能工厂也可以根据产品要求和计划变更，自行配置设备和材料流，然后实时查看这些变更的影响。此外，当计划或产品改变而导致变化时，敏捷性可使这种变化最小化，并通过灵活调度而提高生产率。

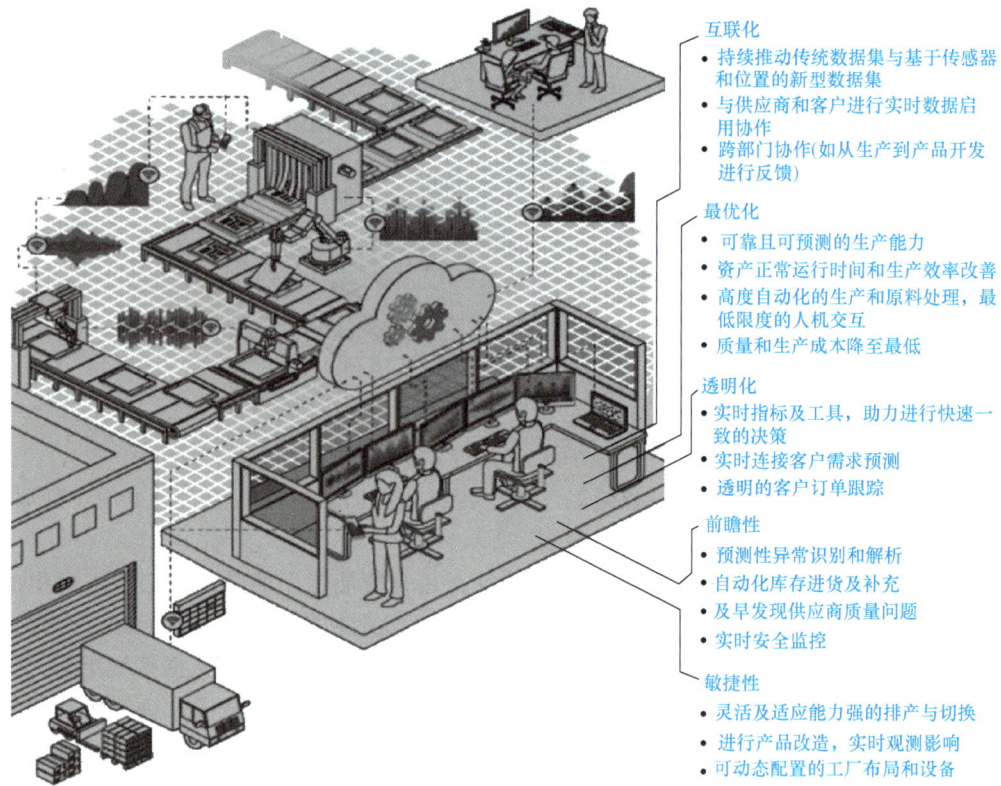

图 4-4 智能工厂的主要特性 [来源：德勤咨询]

4.2 智能工厂的核心与构成

4.2.1 数字化工厂

1. 数字化工厂的概念

数字化工厂是智能工厂的基础，数字化工厂主要涉及产品设计、生产规划与生产执行三大环节。

（1）基于三维建模的产品设计　三维数字化建模技术为产品开发设计提供了数字化方法和软件工具。在产品研发设计环节利用三维建模和虚拟仿真，可以大大缩短物理实体样机制造、试验测试和反复修改的过程，有效减少这一过程时间，以及资源和经费的使用成本。此外，三维数字化模型涵盖着产品所有的几何设计信息与非几何制造信息，给产品全生命周期管理（PLM）、产品数据管理（PDM）和协同产品定义管理（cPDM）提供了统一的数据来源，为数字化设计制造提供了基础，产品的三维数字化模型将伴随产品的完整生命周期，是产品协同研制开发、设计制造一体化的重要保证。

（2）工艺仿真使能的生产规划　基于产品三维数字化建模，产品设计环节数据可在PDM/cPDM中同步和共享，在生产规划环节，利用工厂和工艺建模及虚拟仿真技术，可以对工厂的生产线布局、设备配置、生产制造工艺过程、物流路径等进行仿真和规划，例如：生产线布局优化与确认、零件流静态分析与动态仿真、装配过程平衡、物流过程仿真、机器人运动仿真、零件加工仿真、人力资源仿真、人机工效仿真等。

（3）实时数据联通的生产执行　数字化生产过程的执行，依赖于制造执行系统（MES）与其他系统之间信息和数据的互联互通，MES与ERP、PDM/cPDM以及物理设备之间集成，才能有效保证所有相关产品属性和制造过程信息从始至终保持同步，并实现实时更新。

2. 数字化工厂的构成

（1）数字化工厂构成模型　图4-5所示为一个数字化工厂构成框图，其核心是基于数据分享的协同制造平台，而产品全生命周期管理（PLM）、制造执行系统（MES）和工业自动化集成系统（Industriual Automation Integration，IAI）三大系统是主要组成部分。PLM提供CAD/CAE/CAM等计算机辅助软件工具，以支持用户进行数字化的产品设计、工程分析和工艺规划；MES提供了高度灵活、标准导向和可扩展的MES解决方案（例如Simatic IT），它是建立在架构和组件方法的基础上，有架构、生产建模、组件（包括产品定义管理、生产订单、物料管理、工厂的性能分析、报告的管理和调度、软件集成服务、信息管理和产品规范管理等）、库（包括混合制造库、离散制造库和跨行业库）。IAI遵循统一的数据管理、统一的标准和统一的接口原则，提供集成工程组态、工业数据管理、工业通信、工业信息安全和安全集成等功能，可实现数字化工厂里所有自动化组件的高效交互协作。

协同制造平台和PLM、MES、IAI可将生产者与用户、供应商共同组成"数字工厂"，从而实现产品从研发设计到售后服务的全生命周期数字化管理，其中包括生产执行过程中自动化设备与制造执行系统的数据实时互通和共享。

（2）数字化工厂的功能模块　数字化工厂的6大功能模块构成如图4-6所示，6大功能模块是：

1）数字化设计/工艺：包括数字化产品定义、3D设计与分析、数字化工艺规划、虚拟制造与虚拟工厂等。

2）数字化运营：包括数字化供应链、企业资源规划、数字化销售等。

3）数字化车间：包括制造执行系统、高级计划排程、制造车间物联网等。

4）数字化加工/装配/检测：包括数字化加工技术、数字化装配协调技术、数字化检测技术等。

5）数字化装备：包括数控机床、工业机器人、数字化工装、自动化生产线、自动化仓

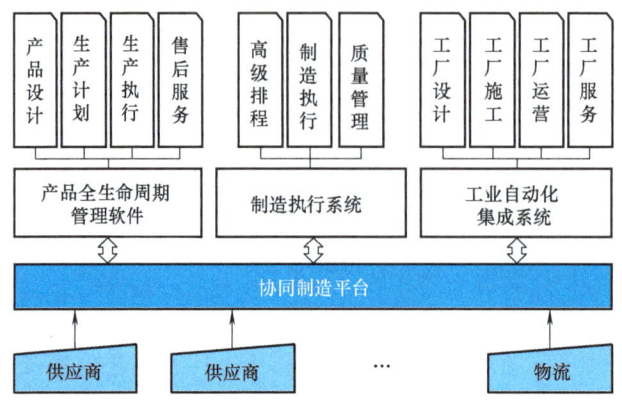

图 4-5 一个基于协同制造平台的数字工厂构成

储物流等。

6）数字化服务：包括数字化质量档案、维修/维护/大修、远程诊断服务等。

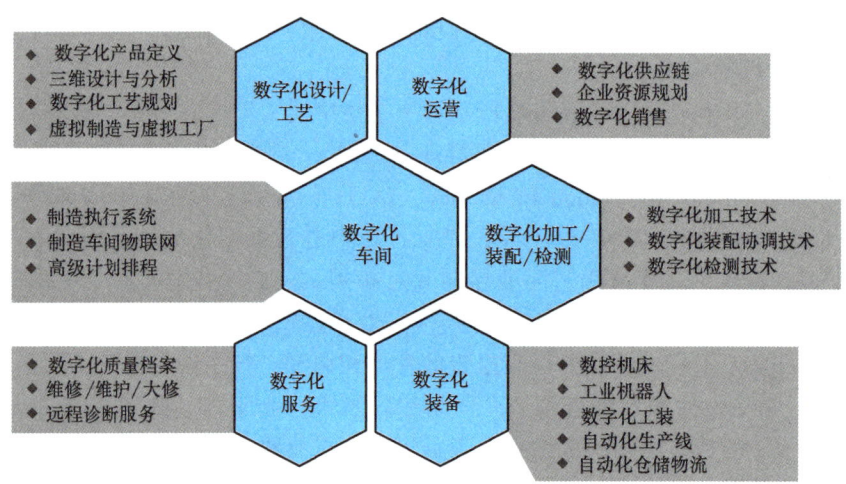

图 4-6 数字工厂的功能模块 ［来源：卢秉恒等（2018）］

4.2.2 CPS 和 CPPS

1. CPS

CPS 是工业 4.0 的核心，其概念最早是由美国航空航天局（NASA）1992 年提出，2006 年美国科学基金会（NSF）进一步给出其确切定义——CPS 是由计算（computational）和物理组件（physical components）无缝集成所构造的并依赖于这种无缝集成的工程化系统。在 CPS 中，物理组件是由"计算"控制，并可互相协作和监控；计算被深深嵌入每一个物理成分，甚至可能进入材料，这个计算的核心是一个嵌入式系统，通常需要实时响应，并且一般是分布式的。

综合各种不同定义，我们给出一个广义的 CPS 定义：CPS 是在计算、通信和控制技术相互融合与深度协作基础上构建的一种赛博（Cyber）空间和物理环境融合的复杂系统，它通过机器之间的通信和人机之间的交互，使赛博空间里的虚拟计算及仿真与实体空间里的真实物理进程进行动态交互，并根据物理对象的需要可在赛博空间以实时、远程、安全、可靠、智能化和协作的方式，操控物理空间里的实体对象。

CPS 的 "3C" 概念模型如图 4-7 所示，即 CPS 由 "3C"——计算（Computation）、通信（Communication）和控制（Control）构成，包含了泛在环境感知、嵌入式计算、网络通信和网络控制等系统工程，使物理系统具有计算、通信、精确控制、远程协作和自治等功能。CPS 可应用于很多领域，如航空航天、汽车、化工、能源、医疗、制造、运输、娱乐和消费电器等。在德国工业 4.0 中，CPS 被定位为核心技术。CPS 应用于制造系统则是将物理空间的元件、材料、机器、工厂、产品等的信息通过传感器网络感知，传递给赛博空间，可进行数据存储、数据分析和决策，并将优化决策通过控制网络，反馈给物理对象和过程，进行控制。

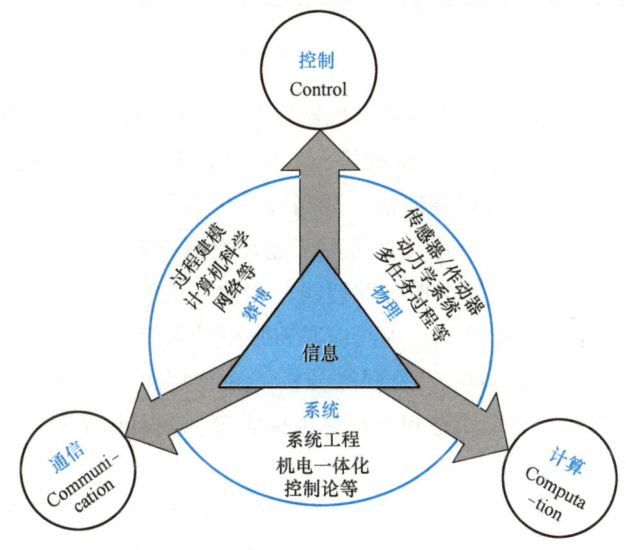

图 4-7　CPS 的概念模型示意图

对 CPS 的概念实际上包含实体虚拟化和虚拟实体化两个方面，实体虚拟化就是在赛博空间建立物理空间实体的映射，即在虚拟信息系统中建立物理空间实体的映射对象——数字孪生，它以工业互联或物联的方式进行数据通信、信息交互，可以仿真、重现物理实体的真实工作状况和动态过程。虚拟实体化就是用赛博空间的模型仿真、优化计算结果去指挥、操作或控制物理空间的实体对象，使物理对象或过程能够自适应、自组织地运行。

2. CPPS

面向生产应用过程构建的 CPS 就是 CPPS。CPPS 由自主、协同、相互依存和互联的子系统组成，它们遍布生产的各个层级——从工艺到机器、再到生产和物流网络。作为 CPPS，需要满足各层级鲁棒性、自组织性、自维护性、自修复性、安全性、远程诊断、实时控制、自主导航、透明性、可预见性、效率和模型正确性等要求。

以 CPS 为核心的 5 层级智慧工厂结构和相关技术如图 4-8 所示，其五个层级可以由 "5C"——Connection（互联）、Conversion（转换）、Cyber（赛博）、Cognition（认知）和

Configuration（配置）表示。

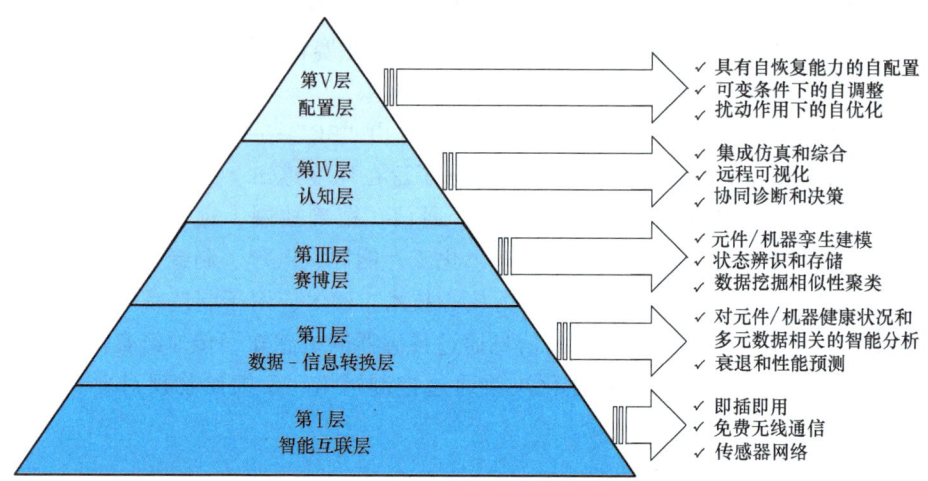

图 4-8　CPS 的 5C 应用结构和相关技术

层级 1——互联层：互联用于获取来自机器及其组件的准确可靠数据。数据源包括基于物联网的机器控制器、附加传感器、质量检测、维护日志和企业管理系统（如 ERP、MES 和 CMM）。无缝和无线的数据管理和通信、适当选择传感器、数据流是这一层级的重要考虑因素。该层级上，基于条件的监控系统通常用于监视机器状态。

层级 2——转换层：转换属于本地机器智能，在此层级数据被处理并转换为有意义的信息（例如机器退化信息）。信号处理、特征提取和常用的预测与健康管理算法（如自组织映射、Logistic 回归、支持向量机等）以及预测分析等在该层级上进行集成，输出包括但不限于与机器健康相关的特性、健康状态和运行规则标志等，其目标是对用于组件和机器级别的自我感知进行使能（enabling）。

层级 3——赛博层：所有信息在赛博层级汇集并进行处理，对等比较、信息共享、协同建模，以及机器使用记录和健康状态记录等都被用于分析处理。这些分析给机器提供自比较能力，其中单个机器的性能可以在机群里进行比较和评价，另一方面，机器性能之间的相似性和过去资产的历史信息可以测量用于预测机器的未来性能。历史数据也可用于关联多重特征的界面效应，CPS 方法通常用于评估不同周期或体系中的机器健康状况，以及同等机器的进一步比较。

层级 4——认知层：该层级生成所监测系统的完整知识，提供与系统中的不同组件具有关联效果的推理信息，适当的知识组织与呈现将支持进行做出适当的决策。例如，Info-Graphics 应用程序可用于机器与用户友好的移动设备（如智能手机）的集成。

层级 5——配置层：该层级从赛博空间向物理空间形成反馈，可以通过"人在环路（Human-in-the Loop）"或监督控制的活动使机器进行自配置、自适应和自维护。该阶段可以作为一种具有"韧性（Resilience）"的控制系统，为认知层级提供正确的和预防性的决策。

图 4-9 所示为进行 CPPS 设计的方法架构，该架构给出了运营设计框架、建模框架和知

识框架,可以看到,CPPS 设计是以运营过程任务计划、产品设计、工艺设计为中心,以建模为工具,以知识处理为决策依据,对 CPPS 进行综合设计和评估,经过反馈和迭代,最终输出综合的解决方案集合。

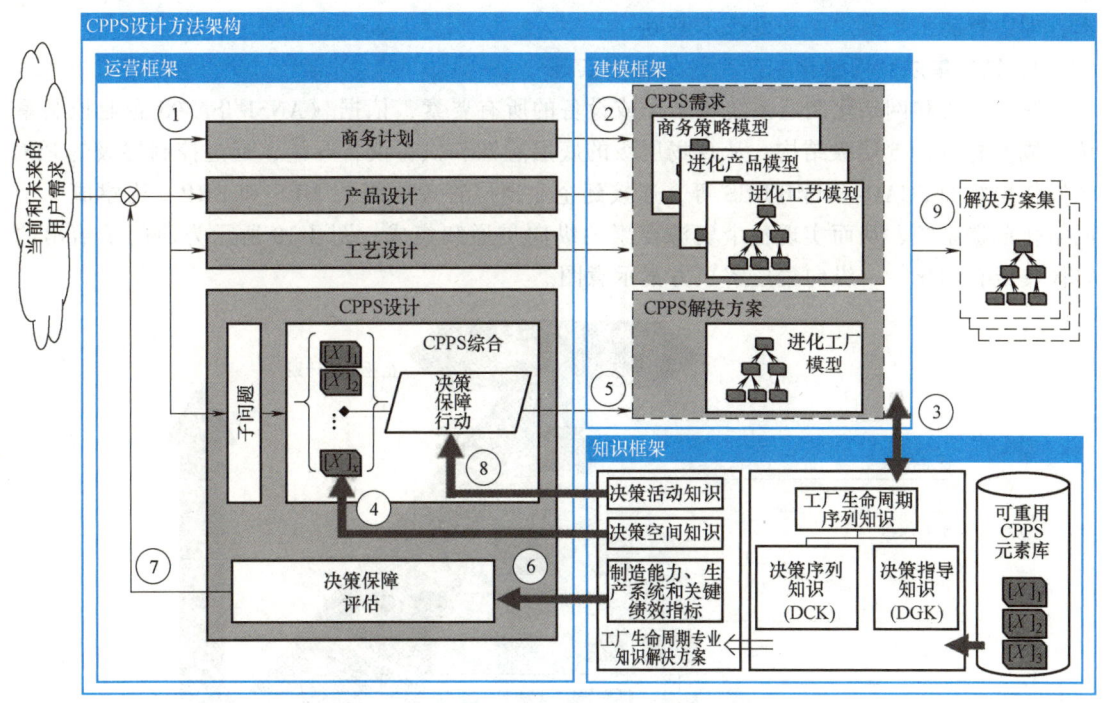

图 4-9　CPPS 设计方法架构　[来源:E. Francalanza(2017)]

3. 未来 CPPS 研究领域所面临的挑战

1)环境自适应和(至少部分)自主系统——将发展全面、持续的感知和分析技术,用于识别、分析和解释对象/系统/参与用户的计划及意图,为应用领域建立模型,以及在了解自己的情况、地位和行动选择方面的自我意识的方法。

2)协同生产系统——需要取得新的理论成果,开发有效算法,如一致性搜寻、协作学习、分布式检测、自适应补偿等算法。

3)动力系统的辨识与预测——需要扩展现有的辨识和预测方法,以及在对动力系统和扰动过程的假设条件下可以应用的新方法。

4)鲁棒调度——在进度执行过程中,可有效处理生产过程中的各种扰动,使智能生产系统在不确定和时变的环境中具有鲁棒性。

5)物理系统和虚拟系统的融合——需要开发出支持虚拟子系统和物理子系统融合的新结构和新方法,如:参考体系结构和模型、生产系统的虚拟模块和实体模块的同步及交互、具有环境自适应和高效利用资源的车间控制算法。

6)"人-机"融合——在人与机器、人与机器人、机器与机器、机器与机器人等多种混合场景下的制造,需要开发出软、硬件结合的"人-机"融合的协同操作算法、平台和系统,并确保生产过程中的人、机安全。

4.2.3 工业 4.0 三大集成的技术实现

第 2 章介绍的工业 4.0 时代智能制造的特征中包括三大集成：纵向集成和网络化制造系统、价值网络的横向集成、贯穿全价值链的端到端工程。三大集成作为工业 4.0 的使能技术，即为智能工厂奠定了关键技术基础。

1. 纵向集成和网络化制造系统的技术实现

纵向集成和网络化制造系统将工厂或设备的所有要素，依据《ANSI/ISA-95 企业控制系统集成》标准的 5 层级结构，从现场层级的底层感知和执行设备开始，通过控制层级的 PLC 和操作层级的 SCADA/HMI/DCS 等，连接到企业顶层管理层级的 MES 和 ERP，构建成一个网络化制造系统，从而实现各个资源要素的纵向贯通和集成，图 4-10 所示为西门子给出的整体集成自动化——纵向集成解决方案示意图。

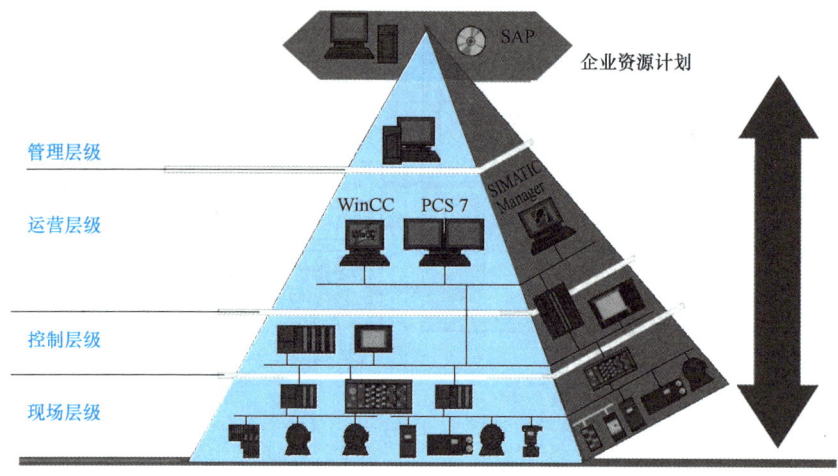

图 4-10 西门子的整体集成自动化——纵向集成 ［来源：Siemens］

纵向集成和网络化制造系统各个层级的主要技术要素如下：

（1）现场层级（Field Level） 现场层级对应于 ISA-95 的 Level 0，它定义了实际的物理生产过程及其感知、操作的工艺和设备，如离散制造系统中的数控机床、机器人、AGV、在线检测装置等，连续制造系统中的传感器、过程仪表、电动机、阀门等。这些现场层级的自动化/数字化/智能化设备，可以通过标准化的现场工业总线（如 Profinet、CANOpen、Ethernet、SERCOS 等）实现对生产工艺过程的自动控制，同时具备通用网络化接口功能（例如：OPC UA、MTConnect、MQTT、UDP/TCP 等），可与控制层级建立双向通信和数据交换。图 4-11 所示是具有多种不同网络接口的物理设备（机床、机器人等）通过 OPC UA 与上层系统实现网络化连接的实例，这些物理设备的网络接口既可以是 Ethernet、MTConnect、OPC-UA 等当前主流接口，也可以是早期机床的 RS-232-C、并行 I/O 口或设备自带的其他接口（如 Robot Interface），它们统一由 OPC UA 接入，一方面通过专用的总线（如 NC-Link、MT-Link$i$）接入运营管理系统，用于运行操作管理和制造执行系统，另一方面可以传送给数据库并再传给上位主机系统/用户系统处理，用于更高层级的数据信息集成及应用。

随着新一代信息通信技术的快速发展和应用，边缘计算、工业物联网、云计算和大数据等技术，将给底层物理设备数据采集、处理和联网，并实现纵向集成，提供新的技术途径。

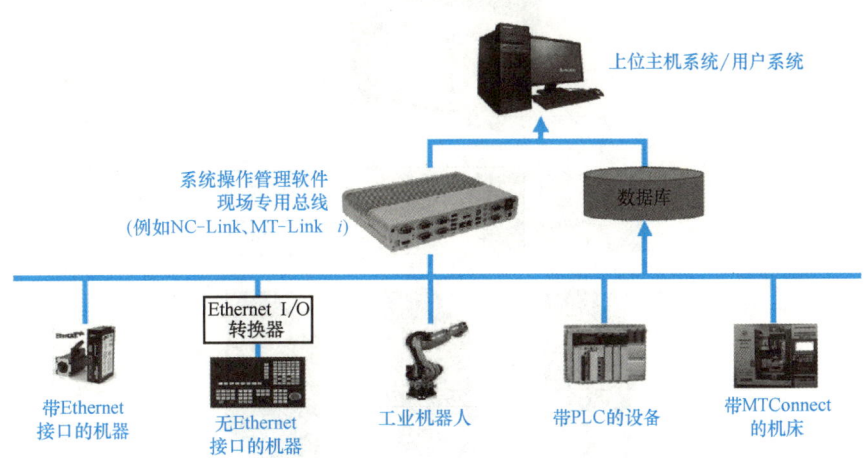

图 4-11 物理设备通过 OPC UA/MTConnect 与上层系统联接实例

（2）控制层级（Control Level） 控制层级对应 ISA-95 的 Level 1，它定义了感知和操纵物理过程所涉及的活动，主要实现对车间底层各种现场设备运行的自动化控制，一般采用可编程序逻辑控制器（Programmable Logic Controller，PLC）或分布式控制系统（Distributed Control System，DCS）实现控制功能。

PLC 是一种专用于工业控制的计算机，采用一类可编程序的存储器，用于其内部存储程序，执行逻辑运算、顺序控制、定时、计数与算术操作等面向用户的指令，并通过数字或模拟式输入/输出控制各种类型的机械设备或生产过程。20 世纪 60 年代末期出现了最早的 PLC，其目标是取代传统的继电器控制装置，当前先进的 PLC 符合国际电工委员会的 IEC 61131-3 可编程工业自动化系统编程语言标准，发展出了大型机和超小型机，开发了多种特殊功能单元、人机界面单元、通信单元等，现代的 PLC 已不仅仅限于取代继电式的逻辑控制，还可适应于各种现代工业设备和制造系统（如数控机床、机器人、柔性制造单元、柔性生产线等）控制的需要。图 4-12 所示为一个基于 IEC 61131-3 标准 PLC 的机床数控系统架构。

DCS 是一种用于被控过程或对象的具有分布式自治控制器控制的多个回路、不需要中央操作员监督控制的计算机控制系统。DCS 具有高可靠性、开放性、灵活性、易用性和协调性的特点。如图 4-13 所示，DCS 在结构上一般分三层：过程控制层、生产监控层和集中管理层。过程控制层通常由分散的现场控制站、数据采集站等实现现场数据采集和控制，并通过现场数据通信网络（Digital Field Network）（例如：PROFINET、EtherNET、Foundation Fieldbus、Modbus、DeviceNet 等），传送到生产监控层计算机；生产监控层对分散采集的现场数据进行集中操作管理，如各种优化计算、统计报表、故障诊断、显示报警等；集中管理层则主要处理企业级的资源/资产等管理业务。

（3）运营层级（Operation Level） 操作层级对应于 ISA-95 的 Level 2，它定义了监视和控制物理过程的活动，其任务是实现对生产过程进行监测（Monitoring）、监控（Supervisory Control）和自动控制（Automatic Control）。按照控制对象的特点，控制层级可分为离散控制、连续控制、批量控制三种类型，以及由这三种控制类型相互结合形成的混合控制，操

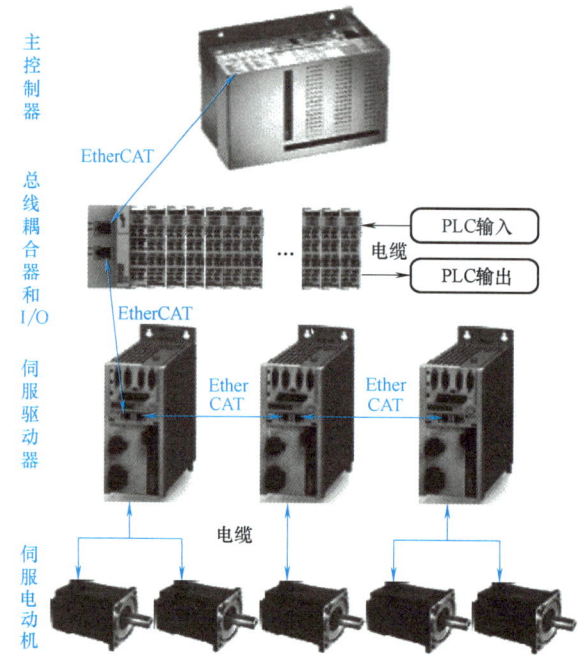

图 4-12 一个基于 PLC 的机床数控系统架构 [来源：刘焕（2017）]

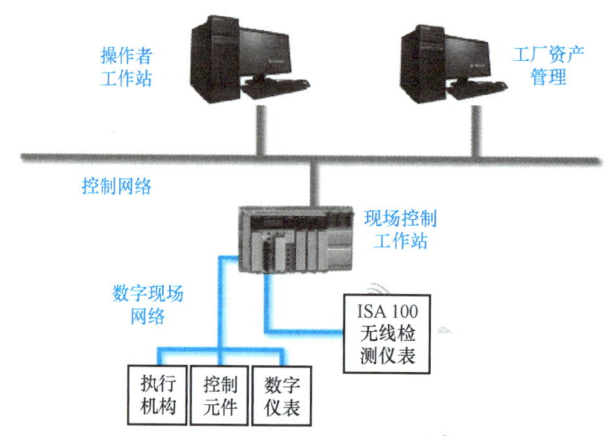

图 4-13 DCS 的三层结构示例

层级主要采用监督控制和数据采集（Supervisory Control And Data Acquisition，SCADA）系统和人机接口（Human Machine Interface，HMI）等实现各种功能。

SCADA 是一种以计算机、网络数据通信和图形用户界面（GUI）为基础的生产过程控制与调度自动化系统。SCADA 系统中一般还包括其他外围设备，例如连接到被控过程对象或机械设备接口的 PLC 和 PID 控制器，它可以对现场的运行设备和过程进行监督管理和控制。图 4-14 所示为一个 SCADA 实例系统的功能结构示意图，其底层是各种具有 Profinet 网络通信接口模块的自动化设备和仪器（如多功能电量表、断路器、电动机管理模块、电动机起动器、电动阀门等），通过 PROFIBUS 现场工业总线连接到控制器，接入具有丰富人机界面（HMI）的监督控制和数据采集系统。

（4）管理层级（Management Level） 管理层级对应于 ISA-95 的 Level 3 和 Level 4，它定

第 4 章 智能工厂和智能生产

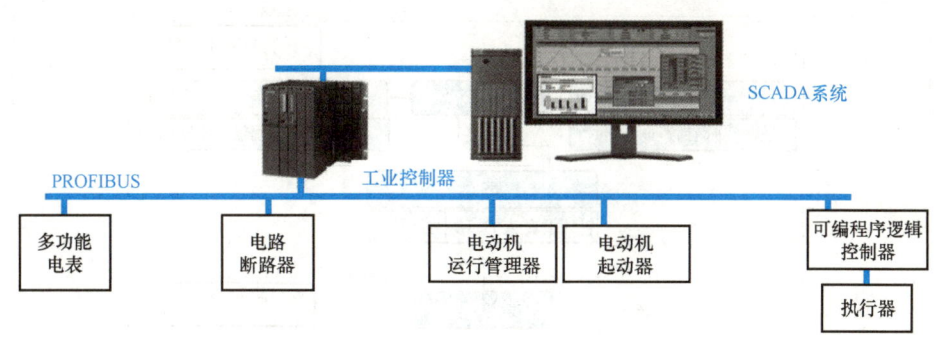

图 4-14 一个 SCADA 实例的功能结构示意图

义了生产所需最终产品的工作流（Work Flow）活动、管理制造过程所需的与业务相关的活动等。一方面，以制造执行系统（Manufacturing Executive System，MES）为核心，实现制造运营管理（Manufacturing Operations Management，MOM），以满足对制造过程的质量、安全性、可靠性、效率和规范性等要求；另一方面，更高层的企业资源计划（Enterprise Resource Planning，ERP）则是应用信息技术实现对整个企业资源和活动的一体化管理，包括生产规划、物料管理、财务会计、销售分销等，以实现企业资源配置最优化和经营活动的高效化。

MES 是位于上层计划管理系统与底层工业控制系统之间面向车间层的管理信息系统，能通过信息传递对从订单下达到产品完成的整个生产过程进行优化管理。MES 为操作人员、管理人员提供计划的执行、跟踪及所有资源（人、设备、物料、客户需求等）的当前状态，从而可对工厂发生的实时事件及时做出反应、报告，并用当前的准确数据进行指导和处理。在智能工厂中，MES 通过双向的直接网络通信，对企业内部的纵向集成起着承上启下的关键作用，也为整个产品供应链提供有关产品和生产的关键任务信息，有效地指导工厂的生产运营过程，从而减少企业内部无附加值的活动，提高工厂及时交付能力，改善物流，增加生产回报率。

ERP 是一种主要面向制造行业进行物质资源、资金资源和信息资源集成一体化管理的企业信息管理系统。ERP 的功能是通过具有物资资源管理（物流）、人力资源管理（人流）、财务资源管理（资金流）、信息资源管理（信息流）等集成一体化的 ERP 管理软件来实现。

图 4-15 所示为以 MES 为核心，实现与 SCADA 和 ERP 系统功能模块的集成。

2. 端到端集成的技术实现

贯穿全价值链的端到端工程指实现从价值链上游的生产系统规划到最终产品消费，整个价值链的、端到端的数字化工业设计开发。

在 RAMI4.0 参考模型的生命周期和价值流维度上，产品生命周期划分为样机开发（Type）和产品生产（Instance）两个大阶段，对这两个大阶段进一步展开即是产品生命周期，它可以分为需求分析、产品设计、生产制造、产品销售、服役维护和回收处理等六个阶段（图 4-16）。实现端到端集成的技术核心是产品全生命周期管理（PLM）数字化技术，即从需求分析出发，经过产品设计（概念设计、详细设计）、生产制造，到产品销售、服役维护和回收处理的整个产品生命过程中，在网络环境支持下，以产品数字化和产品数据集成技术为基础实现管理与协同，关键技术包括：

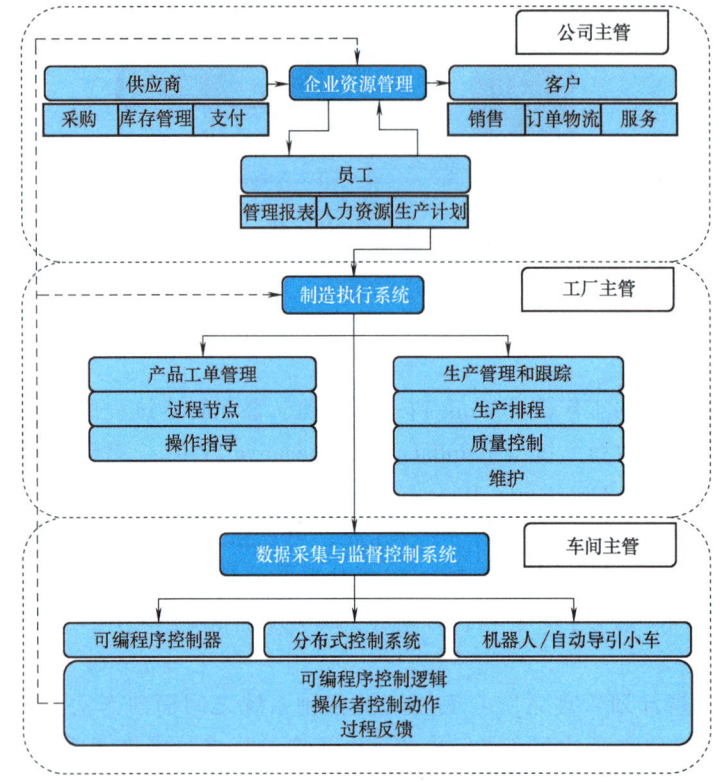

图 4-15　MES 与 SCADA、ERP 的集成

（1）产品全生命周期数字化建模技术　PLM 需要定义和管理产品全生命周期中不同阶段的产品数据、设计/制造/服务的过程及其涉及的资源，还包括数据之间的关系，数字化建模技术为产品全生命周期建立一个统一的、开放的产品信息模型，确保对产品定义、过程和资源等描述的一致性。数字化建模技术包括：产品几何建模方法、产品制造信息表示方法、产品模型数据交换标准等，一般采用计算机辅助建模工具软件进行产品数字化建模，如各种 CAD、CAM、CAE 工具软件。

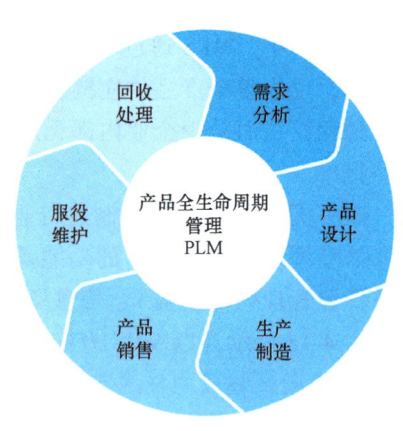

图 4-16　产品全生命周期管理

（2）产品数据管理技术　产品数据管理（Product Data Management，PDM）技术是管理产品全生命周期中与产品相关信息和所有与产品相关过程的技术。PDM 以产品为管理核心，以数据、过程、资源为管理信息的三大要素，主要功能包括：数据和文档管理（Data and Document Management）、过程和工作流管理（Process or Workflow Management）、产品结构与配置管理（Product Structure and Configuration Management）、设计检索与零部件分类库管理（Design Retrieval and Libraries Management）、项目管理（Project Management）等。生产系统中产品数据管理的实现是以 PDM 软件系统为基础，利用计算机系统在逻辑上将 CAx 集成，建立虚拟产品模型（未来将是建立产品数字孪生模

型),形成完整的产品描述、生产过程描述和生产过程控制数据,控制产品的设计和制造过程,并延伸到产品服役使用和报废回收过程。

(3) 产品信息集成技术 为了使实际生产系统中各种异构应用系统之间能够共享信息,并对异构应用系统产生的数据进行统一管理,必须将外部应用系统封装到 PLM 系统之中,并可在 PLM 环境下运行。PLM 的产品信息集成多采用基于 WEB 的分布式计算作为平台技术支撑,实现 PLM/CAD 集成、PLM/DRP (Distribution Resource Planning) 集成和 PLM/CAx 集成等。

【应用案例】 一个 PLM 系统构成实例。

一个产品全生命周期管理 (PLM) 系统的功能结构框图如图 4-17 所示,该系统将人员和流程跨职能孤岛连接起来,并具有用于创新的数字线程。它可以方便地控制产品数据和流程 [包括 3D 设计、电子产品、嵌入式软件、文档和物料清单 (BOM)],可在更多领域和部门中利用产品信息,例如制造、质量、成本、法规、服务和供应链等,从而方便地适应业务变化、管理产品开发过程。

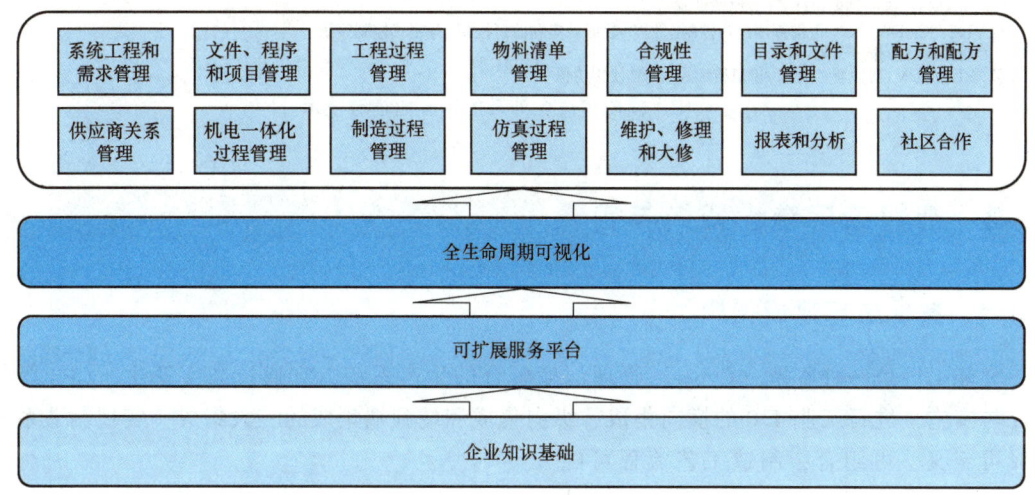

图 4-17 一个产品全生命周期管理系统功能构成框图

3. 横向集成的技术实现

价值网络的横向集成是指跨越企业边界的一体化网络,以分享产品设计、数字模型以及工艺细节。横向集成可能发生在一个企业的内部,也可能发生在企业外部,因此它要求能在异构环境中实现业务流程工作流和规则的协同、关键数据(如产品结构数据)转换、双向的互操作等。

以离散制造领域为例,产品设计开发、制造和售后服务等涉及一系列的跨专业领域的技术,如 CAx、PDM、QME (Qulity Management Engineering) 等,其核心是对产品开发、制造过程和售后服务中的数据和过程的管理(图 4-18),这些可以通过 PLM 和 MES 等应用程序来实现集成。通过 PLM 和 MES 系统的集成,从产品设计、制造到售后等各个环节使用同一数据源且彼此紧密耦合,从而简化了复杂的工作流程,提高了制造流程中的集成和协作程度。如果需要与外部合作伙伴(例如客户、供应商、工程合作伙伴或维护承包商)共享数据,则需要采用诸如 ISO STEP (Standard for the Exchange of Product Data)、JT (Jupiter Tessellation)、SysML (Systems Modeling Language) 之类的通用标准,以实现应用程序之间共享主数据。

云架构和数字孪生将为跨多个企业间的横向集成提供新的技术，它可以把实时现场数据与结构化产品设计或制造计划数据集成在一起。采用数字孪生的概念和技术，将设计、制造和服务等业务以数字孪生形式集成，将会是极有应用前景的新型集成方式。

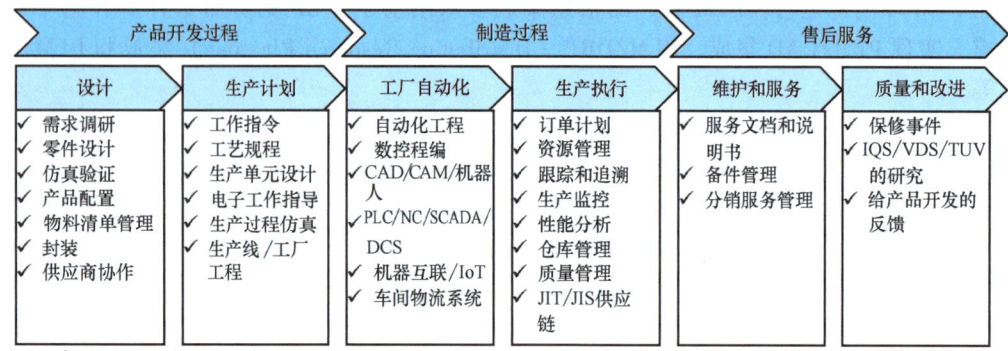

CAD/CAM：计算机辅助设计/计算机辅助制造
PLC/NC/SCADA/DCS：可编程序逻辑控制/数控/数据采集和监督控制/分布式控制系统
JIT/JIS：准时制/按序排列
IQS/VDS/TUV：初始质量研究/价值传递系统/总使用价值

图4-18 横向集成中涉及的跨专业领域技术

4.3 智能工厂建设架构与实现

4.3.1 智能工厂建设架构

智能工厂是一种赛博（Cyber）物理深度融合的生产系统，它通过数字孪生、CPS等的设计与实施，进行工业4.0的横向集成、纵向集成和端到端集成的三大集成，实现制造系统构成可定义、可组合，制造工艺流程可配置、可验证，从而在个性化生产任务驱动下，可自主重构生产过程和场景，构建出高效、节能、绿色、环保、舒适的个性化工厂，降低生产系统组织难度，提高制造效率及产品质量。智能工厂的基本架构可通过图4-19所示的功能维、结构维和范式维等三个维度进行描述。

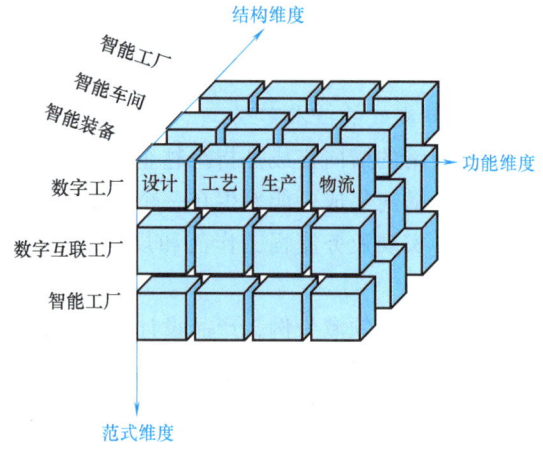

图4-19 智能工厂基本架构的三个维度描述

1. 功能维

该维度描述产品从虚拟设计到物理实现的过程。功能维与工业4.0的三大集成中的端到端的集成相关联。

（1）智能化设计 通过大数据分析手段准确获取产品需求与设计定位，通过创成设计方法进行产品概念设计，通过虚拟仿真和优化，实现产品性能最优化，并通过并行、协同策略实现设计制造信息的有效反馈和共享。智能化设计保证了设计出适合市场需求的精良产品，快速完成产品开发上市过程。

（2）智能化工艺　智能化工艺包括工厂生产过程建模和虚拟仿真、生产工艺仿真分析与优化、基于知识和规则的工艺创成、基于数字孪生的工艺过程感知、预测与控制等。智能化工艺保证了生产过程的可靠性和产品质量的一致性，降低了制造成本。

（3）智能化生产　通过智能化运营和管控手段，实现生产资源最优化配置、生产任务和物流实时优化调度、生产过程精细化管理和智慧科学管理决策。智能制造保证了设备的优化利用，从而提升了对市场的响应能力，摊薄了在每件产品上的设备折旧。智能化生产保证了敏捷生产，做到 JIT（Just In Time），保证了生产线的足够柔性，使企业能快速响应市场的变化，有效提高实际竞争力。

（4）智能化物流　通过物联网技术，实现物料的主动识别和物流全程可视化跟踪；通过智能仓储物流设施，实现物料自动配送与配套防错；通过智能协同优化技术，实现生产物流与计划的精准同步。另外，工具流等其他辅助流有时比物料流更为复杂，如金属加工企业中，一个复杂零件的加工过程就可能需要几十甚至上百把刀具。智能物流保证生产制造"JIT"，从而降低在制品的成本消耗。

2. 结构维

该维度描述从智能制造装备、智能车间到智能工厂的进阶，结构维实质上与工业 4.0 的三大集成中的纵向集成是一致的。

（1）智能制造装备　智能制造装备作为最基本的制造单元，能对装备自身状态、加工对象、制造过程和环境实现自感知，能对感知获得的有关信息和数据进行自分析，根据产品设计要求与现场实时动态信息进行自决策，依据动态优化的决策指令完成自执行，通过"感知—分析—决策—执行—反馈"的制造过程大闭环，保证装备性能及其适应能力，实现优质、高效及安全可靠的制造过程。例如，在离散制造中的机械制造领域常用的智能制造装备有数控机床、工业机器人、3D 打印装备和增减材复合加工装备等（图 4-20）。

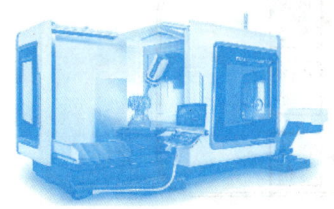 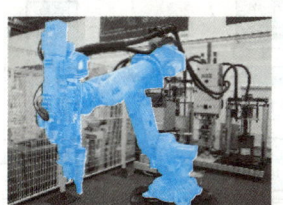 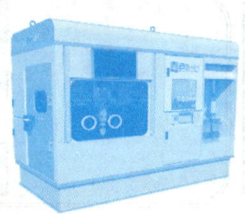 

a）多轴联动数控机床　　b）工业机器人　　c）3D打印装备　　d）增减材复合加工装备

图 4-20　常用的智能制造装备

（2）智能车间（生产线）　智能车间（生产线）一般由多台（条）智能装备（产线）构成，除了基本的加工/装配活动外，还涉及计划调度、物流配送、质量控制、生产跟踪、设备维护等业务活动。智能生产管控能力体现为形成"优化计划—智能感知—动态调度—协调控制"的大闭环生产流程，提升生产线的可配置性、自主化和适应性，从而对异常变化具有快速响应能力。

一个面向航空制造的智能生产线架构如图 4-21 所示，生产线的设备、加工、工艺、检测等状态和参数，通过生产线上的状态感知传感器采集并进入制造数据库，用于支持对生产线的数据分析和工艺设计，智能管控系统的优化决策通过作业指令和控制命令下达到生产线上的设备，完成精准执行并实时反馈执行情况，自动物料库和保障服务模块为生产线提供物料供应、能源、通信、设备维护等服务。

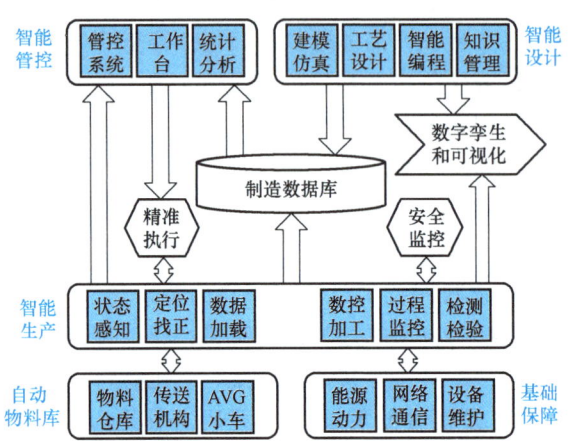

图 4-21 一个智能生产线架构示意图

（3）智能工厂 从结构维的角度，制造工厂除了生产活动外，还包括产品设计与工艺、工厂运营等业务活动，如图 4-22 所示。智能工厂是以打通企业生产经营全部流程为着眼点，实现从产品设计到销售，从设备控制到企业资源管理所有环节的信息快速交换、传递、存储、处理和无缝智能化集成。

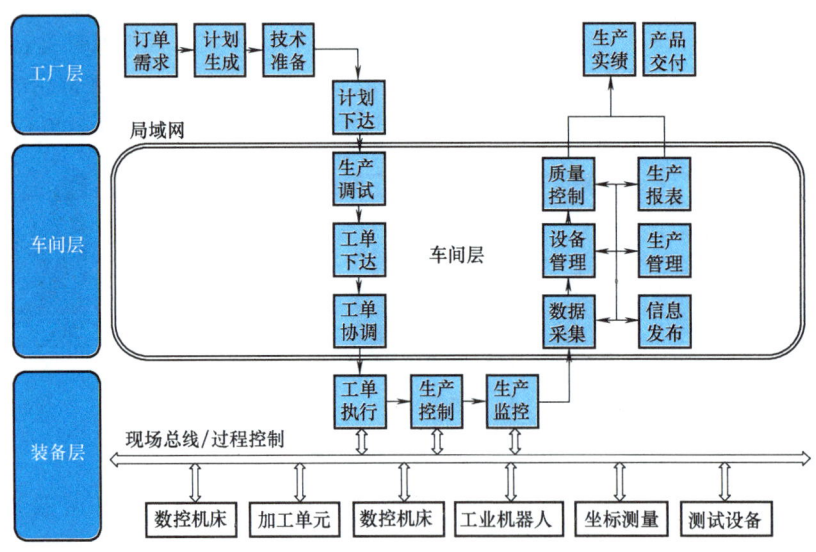

图 4-22 制造工厂内部的业务活动

图 4-23 所示为三菱电机 e-F@ctory 的智能工厂示意图，它是面向制造业推出的"三明治"结构整体解决方案，底层为硬件、顶层为软件，中间层"夹心"为人机界面，其中硬件层主要是动力分配输送系统、生产设备系统等，中间层由工厂自动化信息通信产品群组成，软件层主要是企业级的信息系统，如 ERP、MES 等，整个工厂通过工业以太网（Ethernet）贯穿整个"三明治"。

第 4 章 智能工厂和智能生产

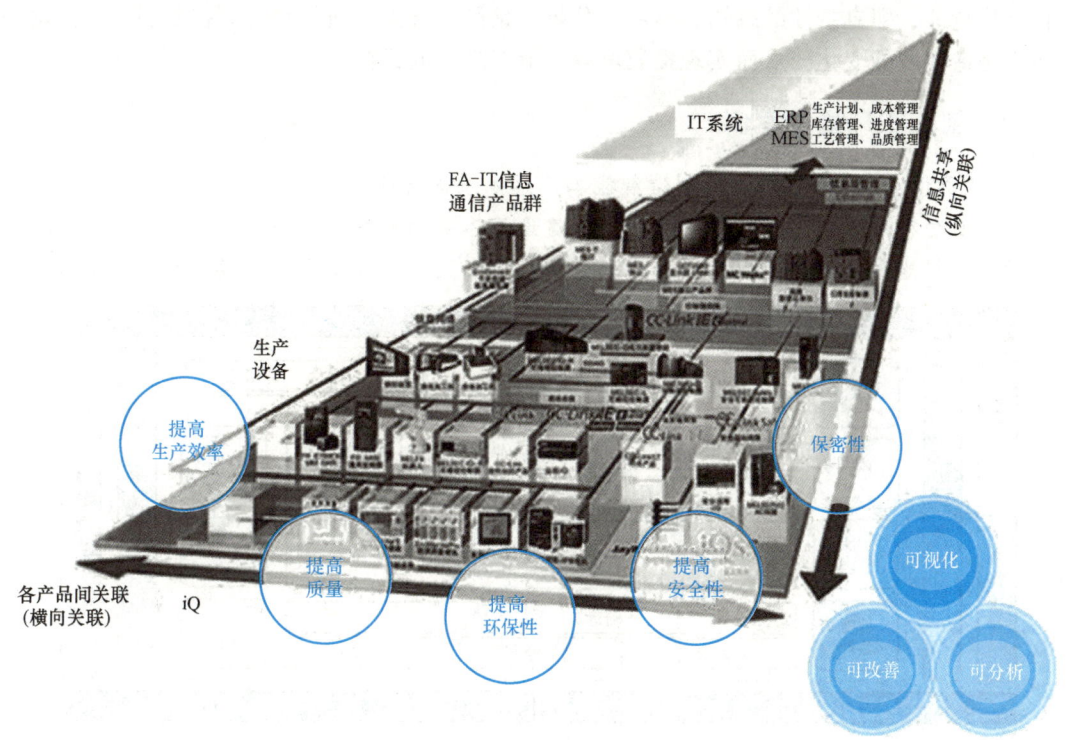

图 4-23 三菱电机 e-F@ctory 的示意图 ［来源：三菱电机］

3. 范式维

该维度描述从数字工厂、数字互联工厂到智能工厂的演变范式（Paradigm）。

数字化、网络化、智能化技术是实现制造业创新发展、转型升级的三项关键技术，对应到制造工厂层面，体现为从数字工厂、数字互联工厂到智能工厂的演变。数字化是实现自动化制造和网络化互联，最终实现智能制造的基础。网络化是使原来的数字化孤岛连为一体，并提供制造系统在工厂范围内，乃至全社会范围内实施智能化和全局优化的支撑环境。智能化则充分利用这一环境，用人工智能取代了人对生产制造的干预，加快了响应速度，提高了准确性和科学性，使制造系统高效、稳定、安全地运行。

（1）数字工厂　数字工厂是工业化与信息化融合的应用体现，它借助于信息化和数字化技术，通过集成、仿真、分析、控制等手段，为制造工厂的生产全过程提供全面管控的整体解决方案。它不限于虚拟工厂，更重要的是实际工厂的集成，包括产品工程、工厂设计与优化、车间装备建设及生产运作控制等。

（2）数字互联工厂　数字互联工厂是指将物联网（IoT）技术全面应用于工厂运作的各个环节，实现工厂内部人、机、料、法、环、测的泛在感知和万物互联，互联的范围甚至可以延伸到供应链和客户环节。通过工厂互联化，一方面可以缩短时空距离，为制造过程中"人-人""人-机""机-机"之间的信息共享和协同工作奠定基础，另一方面还可以获得制造过程更为全面的状态数据，使得数据驱动的决策支持与优化成为可能。

（3）智能工厂　从范式维的角度看，智能工厂是制造工厂层面的信息化与工业化的深度融合，是数字化工厂、网络化互联工厂和自动化工厂的延伸和发展，通过将人工智能技术应用于产品设计、工艺、生产等过程，使得制造工厂在其关键环节或过程中能够体现出一定的智能化特征，即自主性的感知、学习、分析、预测、决策、通信与协调控制能力，能动态地适应制造环境的变化，从而实现提质增效、节能降本的目标。

4.3.2 智能工厂建设案例

【应用案例】 移动终端离散制造智能工厂总体架构设计。

一个面向移动终端离散制造的智能工厂建设总体架构如图 4-24 所示，它包括智能决策、智能设计、智能管理、智能生产、智能服务等主要模块，以及基于上述模块的系统集成。

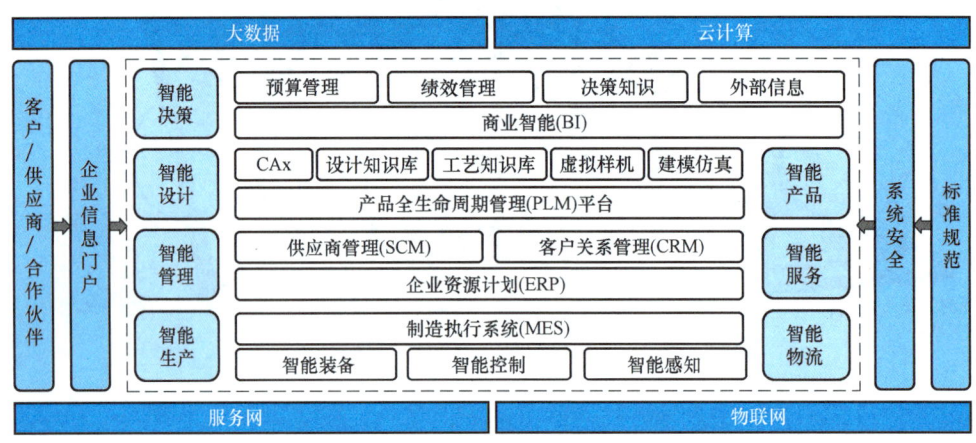

图 4-24　移动终端离散制造智能工厂总体架构［来源：赵宏军（2017）］

智能决策功能模块——决策是企业经营的重要活动，企业信息化是决策优化的基础，借助于数据、模型和分析手段及智能系统，企业决策将从经验决策走向依靠数据和证据的科学决策、智能决策。商业智能（Business Intelligence，BI）系统是一种用于企业数据汇集、数据分析和辅助决策的智能化决策支撑工具，在智能决策中，BI 系统从数据源提取各个业务系统（如 ERP、MES、OA、CRM、SCM 等）的数据，经过 ETL（数据的抽取、转换、装载）将数据装载到数据仓库中，然后根据需要构建不同的分析主题（如全面预算、绩效管理、知识库、外部信息等），最后将分析结果在展现层以多种形式进行展示或推送，以支持智能决策。

智能设计和智能产品功能模块——智能设计以 CAD、CAM、CAE、CAPP 等各种商业化计算机辅助软件系统（统称为 CAx 系统）作为软件工具，采用产品全生命周期管理（Product Lifecycle Management，PLM）平台对设计数据和信息进行统一管理。其中，基于模型的定义（Model Based Definition，MBD）、面向制造的设计（Design For Manufacturing，DFM）、基于设计知识库、工艺知识库等专家系统的产品配置管理（Product Configuration Management，PCM）等方法和工具软件等，是实现智能设计的有效手段。

智能管理功能模块——智能管理不仅包含了传统的管理内容，更强调了经营管理的智能化、集成化及快速响应。从传统的经营管理向智能经营管理转变，首先需要深化 ERP、SRM、CRM 等运营系统的应用，通过组织优化、计划模式调整等手段，提升业务信息化管理水平；其次，需要通过 ERP、SRM、CRM、HR、PLM、企业信息门户等运营管理系统的集成，实现各业务之间协同、信息及时共享，从而使整个企业价值链各个节点都可对业务变化做出快速响应。

智能生产功能模块——利用智能装备和信息化手段进一步提升智能生产水平,实现生产的可视化、柔性化和精益化。例如采用智能排程、物料精准配送,降低生产等待和浪费;采集生产进度、人员效率、物料消耗、设备动态、质量等生产过程数据,实现生产过程可视化管理。进一步提高生产线柔性,以满足多种型号产品生产的需要;建立自动化立体仓库、AGV 自动配送体系,有效提高物料分拣和配送的效率。

智能服务功能模块——利用物联网技术整合移动终端数据采集、服务热线、在线顾问等,建立智能化售后服务平台。服务平台对报修信息进行故障分析与确认,就近派工和备件调度,现场维修并汇报完工情况;通过数据采集和知识库的应用,进行预测分析,改"故障-修复"为"预测+预防"的服务方法,改善用户产品体验。

系统集成——移动终端智能制造系统集成了设计管理系统(如 PLM、CAPP、EDA、CAT、CAM 等)、经营管理与物流管理系统(如 ERP、CRM、SRM、OA 等)、车间制造执行系统(MES)、自动化控制管理系统(如 DNC、FMS、PLC、自动化立体库等)等多层级的系统软件和硬件,现场控制管理系统使用现场总线技术,通过环形工业以太网将感知层物理属性信息采集转化后集成到互联网上;车间制造执行、设计管理、经营管理与物流管理等系统通过对现场感知数据的分析计算,形成决策信息,通过制造执行和控制系统发布控制指令,实现对底层物理设备"感""联""知""控"的闭环管理。

【应用案例】 3C 零件数控加工的智能化工厂。

一个面向 3C 零件加工的智能工厂实现和应用的实际案例如图 4-25 所示,其底层是围绕数控机床智能化加工的各种智能设备,主要包括:数控钻攻中心、工业机器人、通用自动夹具、自动检测设备、RGV/AGV 自动小车、刀具、通用料盘和 Andon/看板/车间终端等;智能感知层通过控制器、PLC、RFID 和传感器等采集加工过程信息和数据;3D 虚拟车间建模与仿真、3D 工艺设计(CAPP)、智能排程(APS)和制造执行系统(MES)等软件系统构成了智能执行层;以云数据中心、决策分析平台、生产控制中心和移动终端等构成了智能决策层。

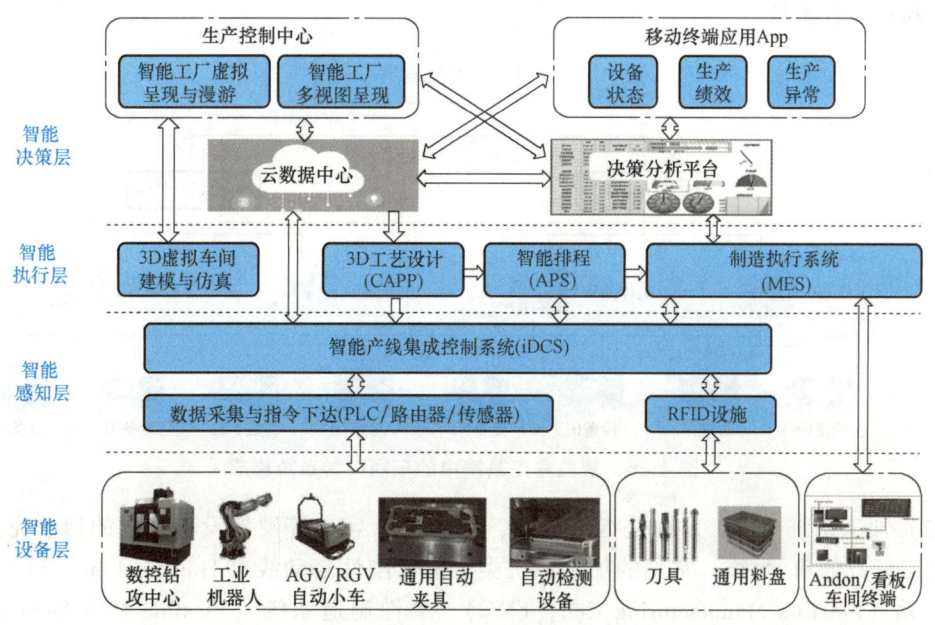

图 4-25 面向 3C 零件的智能工厂实例

4.4 智能生产

4.4.1 智能生产系统

1. 智能生产系统的构成

智能生产系统以车间级的制造自动化系统（Manufacturing Automation System，MAS）为基础，根据产品工程技术信息（材料、结构、工艺和装配等设计要求）、车间层加工执行的指令，结合车间物流管理、工艺管理、设备管理、刀具管理等系统，优化制造活动和生产过程，完成对零件制造过程的作业调度及加工。

智能生产系统主要由车间控制系统、加工系统、物料运输与存储系统、刀具准备与配送系统、检测和监控系统等五个部分组成。

（1）车间控制系统 车间控制系统由车间层、单元层、工作站层和设备层以及车间涉及的生产和管理人员等组成（图4-26）。车间层的核心是车间控制器，实现计划、调度和监控等功能，其主要任务是根据企业下达的生产计划进行车间作业分解和作业调度，并监控和反馈车间的生产状态和数据等信息。单元层的虚拟单元即单元控制器，兼有计划和调度功能，完成任务的实时分解、调度、资源需求分析，向下一层的工作站分配任务及监控任务执行情况，并向上一层的车间控制器反馈执行情况和单元状态。工作站层负责具体指挥和协调车间中某个设备单元或小组的生产活动，如加工工作站、毛坯工作站、刀具工作站、夹具工作站、测量工作站和物料存储工作站等，向它们下达工作指令，完成加工准备、物料/刀具配送、加工过程监控、加工检验等任务。设备层包括机床、加工中心、工业机器人、坐标测量机、AGV等设备及其控制器，其功能是实时执行操作/运行命令或程序，完成实际运送、装卸、加工、检验等工作任务，并通过各种传感感知装置反馈位置、速度、尺寸、表面质量等参数和任务状态信息。

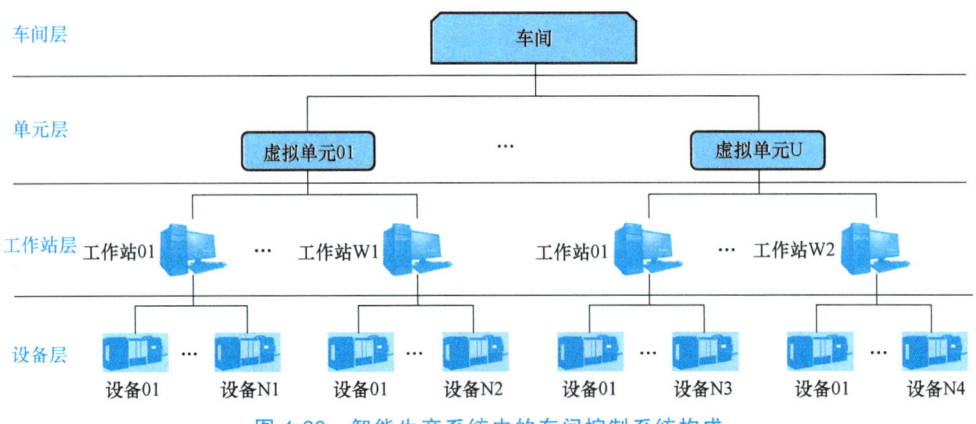

图4-26 智能生产系统中的车间控制系统构成

（2）加工系统 加工系统是指由机床、机器人、AGV等硬件设备构成的用于完成具体零件加工任务的单元/线。常见的加工系统类型有：刚性自动线（Transfer Line，TL）、柔性制造单元（Flexible Manufacturing Cell，FMC）、柔性制造系统（Flexible Manufacturing System，FMS）、柔性制造线（Flexible Manufacturing Line，FML）、柔性装配线（Flexible Assembly Line，FAL）和脉动生产线（Pulse Production Line，PPL）等。

刚性自动线（TL）是一种由预定顺序的自动化机器组成的制造系统，这些机器通过自动化的物料处理系统（如工件自动输送系统）相连接，主要针对某一种或某一组零件的加工工艺而设计和构建，是适合实现高效率大批量生产的加工系统，但由于其刚性结构导致难以适应产品品种变化。

柔性制造单元（FMC）一般由1~3台数控机床、工件自动输送更换系统、刀具存储/配送/更换系统、设备控制器和单元控制器等组成。FMC具有独立自动加工的能力，可适应不同零件的多品种小批量加工需求。图4-27所示为一个由1台工业机器人和3台数控车床组成的轴类零件柔性制造单元示例。

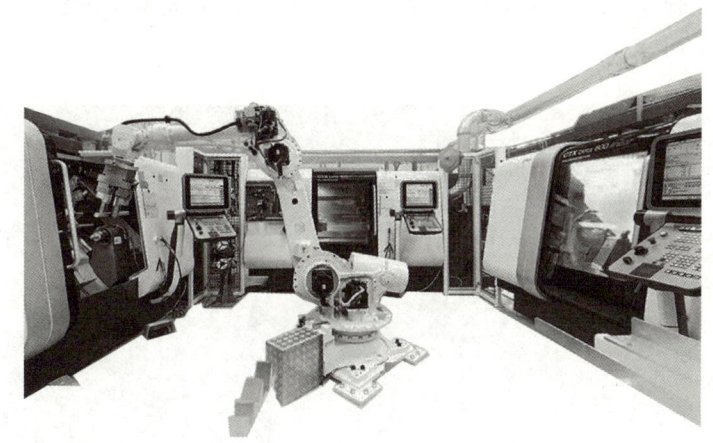

图 4-27　柔性制造单元示例

柔性制造系统（FMS）是一个由计算机控制的具有高度自动化集成技术的加工系统，包括数控机床、工件储运系统、刀具/工具储运系统、自动化测量/测试设备等，并在加工自动化的基础上实现物料流和信息流的自动化。FMS可根据制造任务和生产状态变化即时调整，具有柔性好、工艺适应性强、方便调整和维护、可混合加工不同零件等特点，适合多品种中小批量零件生产。

柔性制造线（FML）由自动化加工设备、工件储运系统和控制系统等组成，兼具FMS柔性和TL高生产率的特点。图4-28所示为一个由多台数控机床、AGV和可交换托盘系统构成的柔性制造线。

图 4-28　柔性制造线

柔性装配线（FAL）通常由装配站、物料输送装置和控制系统等组成，装配站可以是可编程序的装配机器人、自动装配装置（如自动钻铆机）和人工装配工位，物料输送装置由传送机构组成，根据装配工艺规程，物料输送装置将不同的零件或半成品输送到所需的装配站，进行自动化/半自动化装配作业。

脉动生产线（PPL）是按给定生产节拍将产品对象移动到固定站位的脉冲式生产模式，目前多用于大型复杂产品（如飞机、航空发动机）的批量化生产（装配）。它是从连续的汽车生产线衍生而来，但与之不同的是脉动装配生产线可以设定缓冲时间，对生产节拍要求不高，当某个生产环节出现问题时，整个生产线可以不移动，或留给下一个站位去解决，当产品的装配工作全部完成时，生产线就脉动一次。一条 PPL 由 4 部分组成：脉动主体、物流供给系统、可视化管理系统、技术支持系统。图 4-29 所示为大型飞机装配 PPL 的现场场景与站位平面布置示例。

a) 大型民用客机PPL现场场景

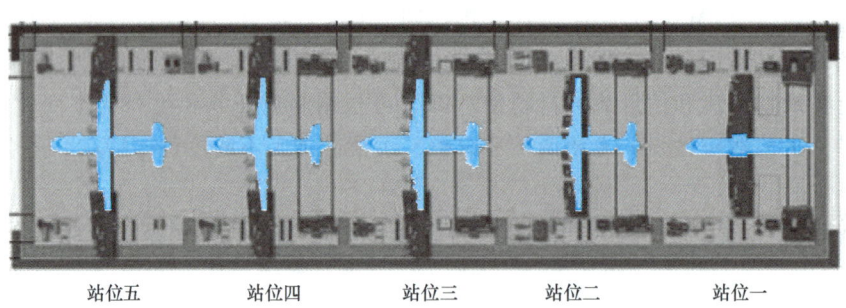

b) 一个PPL的站位平面布置图示例

图 4-29　飞机装配脉动生产线示例

（3）物料运输与存储系统　物料运输与存储系统负责生产过程中各种物料（如工件、刀具、夹具、切屑等）的运送与流动以及将工件毛坯或半成品及时准确送达指定的加工位置，并将加工完成的成品送入仓库或装卸站，以保证自动化生产过程正常运行。物料运输与存储系统包括运输设备和存储设备，常用的工件输送设备有：传送带、运输小车、工业机器人、托盘及托盘交换装置等；常用的物料存储系统有：工件进出站、托盘站、自动化立体仓库等。

（4）刀具准备与配送系统　刀具准备与配送系统负责为加工设备及时提供各种刀具并

可在机床间进行刀具交换,具有刀具运送、管理、检测、预调和监控等功能,一般包括:刀具组装台、刀具预调仪、刀具进出站、中央刀具库、机床刀库、刀具配送装置和刀具交换机构、计算机管理系统等。

(5) 检测和监控系统　检测和监控系统的功能是保证智能生产系统正常可靠地运行及满足加工质量要求。检测和监控的对象包括:加工设备及加工过程、工件输送设备、刀具配送系统、工件加工质量、环境及安全参数等。传统的检验检测装置有各种量具量仪(如卡尺、千分尺、指示表等)和自动化测量装置(如三坐标测量机)。随着智能检测技术和产品的发展,各种智能化传感器和感知技术、智能仪器仪表、边缘计算和加工大数据分析技术等开始应用,将有效监控生产系统的可靠运行,保证产品质量,并为智能生产系统提供各种数据反馈。

2. 智能生产系统模型及接口

(1) 生产系统功能模型　采用集成化计算机辅助制造定义方法(ICAM DEFinition method, IDEF)中的功能建模 IDEF0,对生产系统建立的功能模型如图 4-30 所示,该模型描述了生产系统的如下功能:车间层管理与调度控制(如生产计划、调度指令等)、工作站层生产管理与调度控制(如产品质量信息、调度单等)、加工系统(如刀具管理、物料管理、数控程序管理等)、生产过程监测与故障诊断等,同时模型还清晰地描述了各个功能模块的输入、输出,以及各功能模块之间的相互关系。

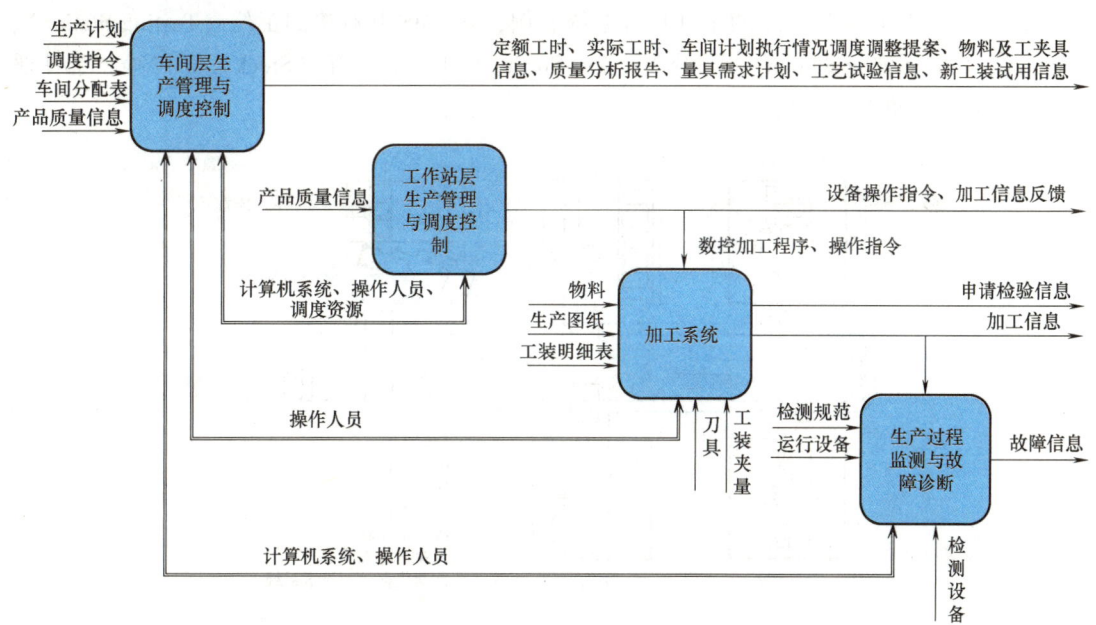

图 4-30　生产系统的功能模型 [来源:刘敏、严隽薇 (2019)]

(2) 生产系统的物料流　生产系统物料流是指在生产过程中作为实体流的原材料、预制件、零件、组件、集成对象和最终产品的运输流转过程。

外购的原材料、燃料、外购件等物料接收后,经过仓库(Warehouse)储存和运输(Transport)后投入生产中,经过下料、发料,运送到各加工站点和存储站点,以在制品(Work in Process, WIP)的形态,从一个生产单位(Production)流入另一个生产单位,按照规定的工艺过程进行加工、储存，借助运输装置（托盘、输送带/链、小车、AGV 等），在某个站点内流转，又从某个站点流出，始终体现着物料的实物形态流转过程。图 4-31 所示为企业在仓库管理系统和制造执行系统中集成的物流，外购的材料、燃料和外购件入库后，根据生产需求，通过在制品、生产、在制品、运输等不同的站位运输流转，最后的产品（制成品）再运送到仓库，进行装运和发货。生产物流和生产工艺流程同步，是从原材料购入开始直到制成品发货为止的全过程的物流活动，原材料、半成品等按照工艺流程在各个加工点之间不断地移动、转移，形成了生产物流过程。

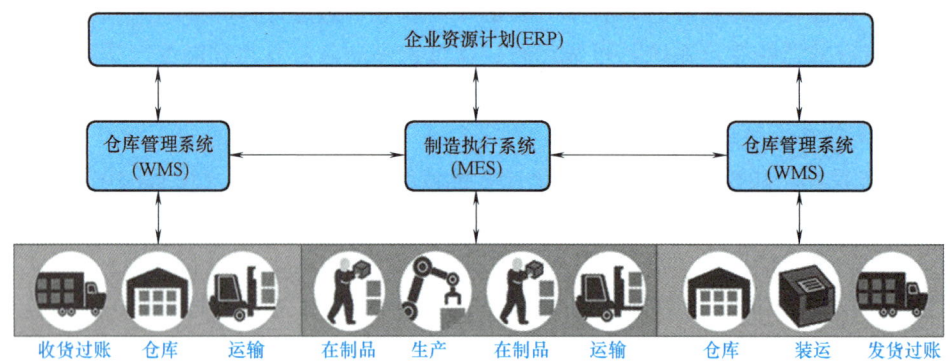

图 4-31　生产系统集成化物料流示意图 ［来源：VIASTORE］

图 4-32 给出了一个 FMS 的工件物流系统实例，该 FMS 共有检测工位（Testing Station）、加工工位（Processing Station）、预分类（Pre-Sorting）工位、库存（Stock）工位等，工件通过传送带和托盘进行自动输送。

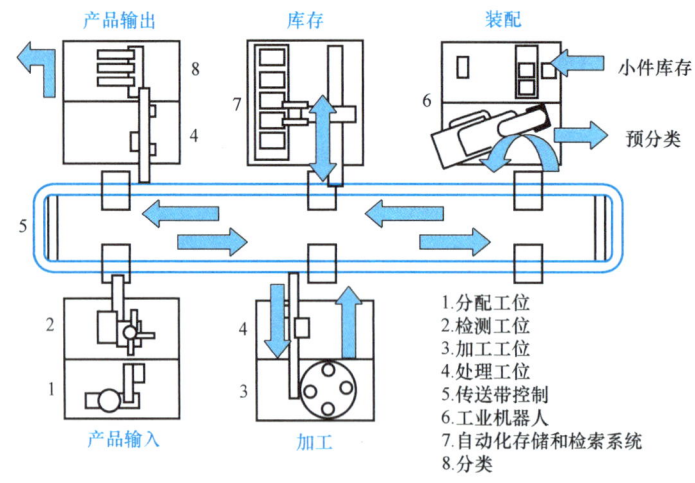

图 4-32　一个 FMS 的工件物流系统布局

（3）智能生产系统的信息流及接口　生产系统中的数据和信息流是支持制造自动化的技术基础，也是建立生产系统模型和数字孪生，构建 CPPS，实现智能制造的关键。

智能生产系统的信息可分为静态信息和动态信息、输入信息和输出信息、实时信息和非实时信息等，信息类型有数据、文字、图形等。图 4-33 给出了以车间层制造自动化系统为核心的智能生产系统中的各类信息的输入输出流向及接口。

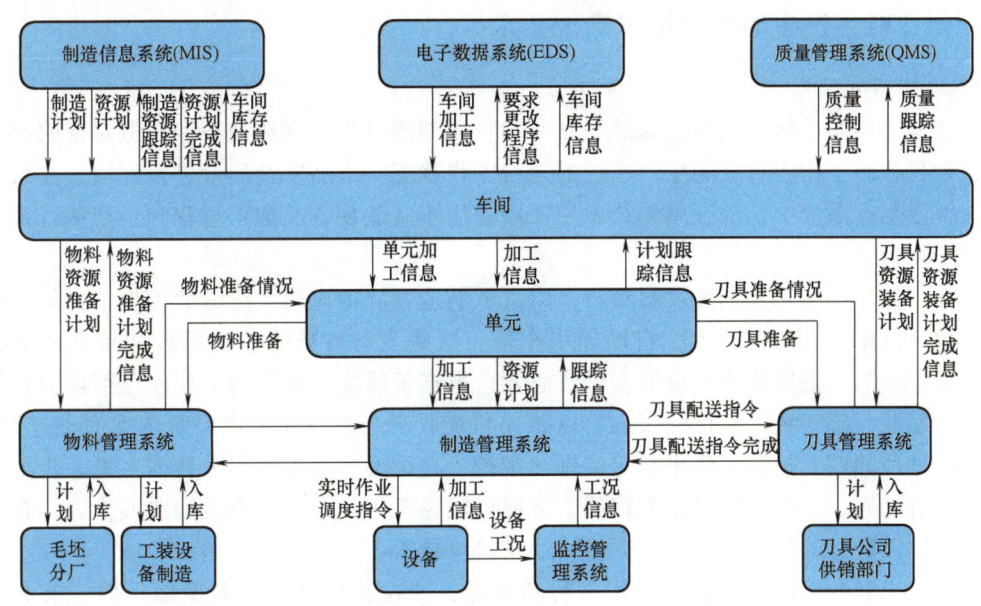

图 4-33　生产系统的信息接口　[来源：刘敏、严隽薇（2019）]

工业互联网将提供有线、无线等通信技术，为智能生产系统中的设备之间、设备与控制系统之间、设备与人之间实现互联互通。图 4-34 所示为一个车间生产控制系统的网络拓扑结构图，它通过工业以太网、工业现场总线、光纤宽带实时环形网和互联网，连接了生产设备、控制单元、操作员/工程师工作站、MES/ERP/PLM 等，可实现生产系统中各种数据信息的传递和报送。

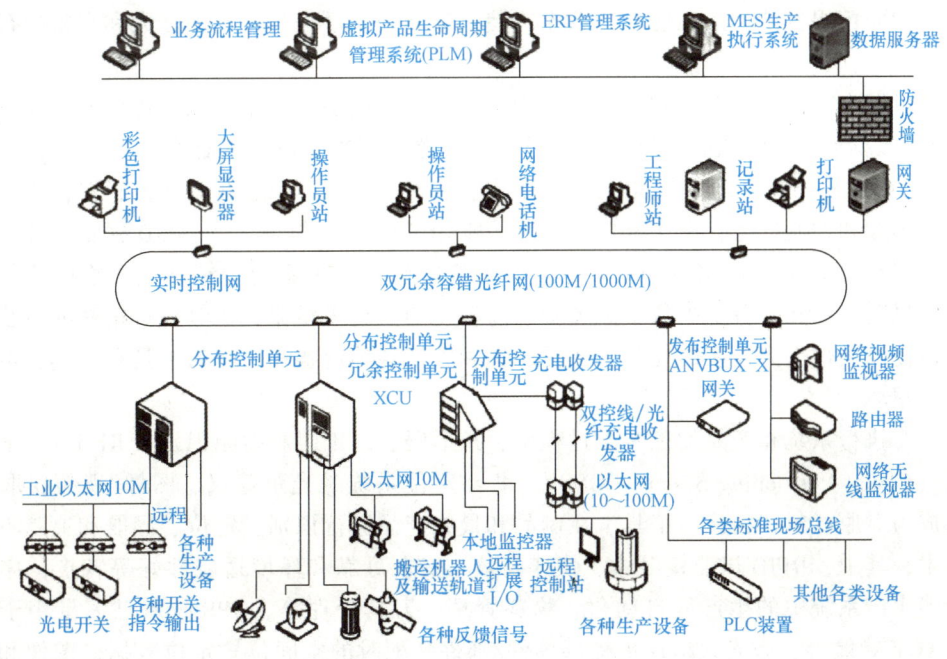

图 4-34　一个车间生产控制系统的网络接口　[来源：葛英飞（2019）]

4.4.2 智能生产中的功能集成实现技术

1. 动态感知技术

在智能生产中，状态感知的目的是感知和获取制造过程、制造装备和制造对象的有关变量、参数和状态，用于对智能生产系统的运行工作状态、产品制造质量进行评估、监测和控制。在智能生产系统中，动态感知技术主要涉及用于制造装备及加工过程和生产执行系统的传感感知技术。

制造装备传感感知技术涉及面很广，以离散制造领域中应用广泛的数控加工为例，最常见的有数控机床、工业机器人、自动导引车等，这些装备本身的控制系统都带有基本的位置、速度、电流、温度等物理量的测量传感器，根据智能生产系统的需要，还可以加装其他更多的传感器、感知装置和检测仪表，以感知和获取制造装备和生产系统的实时动态数据，用于运行过程的监测控制、健康状况的预测维护，并可形成加工过程大数据，进一步用于产品质量分析评判、生产系统运营管理等。下面以数控机床和工业机器人为典型代表，介绍制造装备及加工过程的传感感知和数据传输通信接口技术。

数控机床和数控加工过程可采用多种传感器，如位移传感器、光栅编码器、电流传感器、温度传感器、加速度计、测力传感器、声音传感器（麦克风）、3D 光学图像（双目视觉）传感器、视频摄像头等（图 4-35a），它们可全部或部分配置在数控机床的相应部位，在加工过程中，感知机床状态和加工过程中的各个物理量，如机床结构的振动/温升/位移（变形）、主轴的电流/功耗/转速/振动/温升/位移（变形）、进给伺服系统的运动位置/速度/加速度和温升/振动/变形、刀具的磨损/破损、加工过程的颤振/碰撞等，经过数据处理、分析决策和监测控制，从而实现运动轴联动控制、主轴监测、伺服监测、刀具监测、碰撞监测和误差的反馈控制或补偿等功能（图 4-35b），也可为在智能制造系统中加工大数据的获取、处理和应用提供基础的现场动态数据，使机床和加工过程具备更加强大和丰富的智能化功能。

工业机器人在制造自动化和智能生产中将扮演日益重要的作用，除了传统的工业机器人上安装有直线/角位置传感器、超声（接近）传感器、环境光强传感器等（图 4-36a）之外，"自律型"或"自治型"工业机器人上，开始应用 3D 视觉、力觉/触觉等传感器，用以实现类似人的感知和控制任务，图 4-36b 所示为一种 EPSON 工业机器人，其 3D 视觉系统采用了安装在头部和臂部的多个 CCD 视频传感器，使之能够在三维空间中精确检测物体的位置和形态；该机器人还在手臂上配备了高灵敏、高精度的力觉传感器，能够执行精密的组装、运输和其他需要类似人力控制的任务，如抓、握和夹持各种形状和尺寸的工具和夹具，可避免物体遭到损坏。

在生产执行系统和产品加工装配过程中，条形码、二维码和射频识别（RFID）、全球定位系统（Global Positioning System，GPS）、北斗定位系统激光跟踪仪、图像/视频获取等技术，已成为对原材料、物流、工具、在制品和最终产品进行识别、定位、导航和追踪不可缺少的技术，其中，RFID 以非接触式、快速高效、安全可靠和环境适应性好等特点，广泛应用于智能生产系统中的生产线自动化、物料管理、刀具管理等。GPS 技术已大量用于物流定位、AGV 导航等，激光跟踪仪可提供零件/部件装配时的空间位置定位数据，图像和视频则更广泛地应用于生产过程中产品识别、设备监控等。

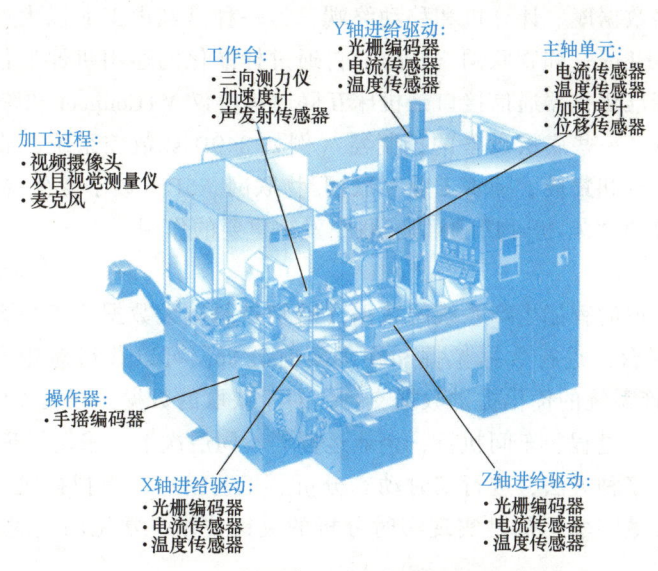

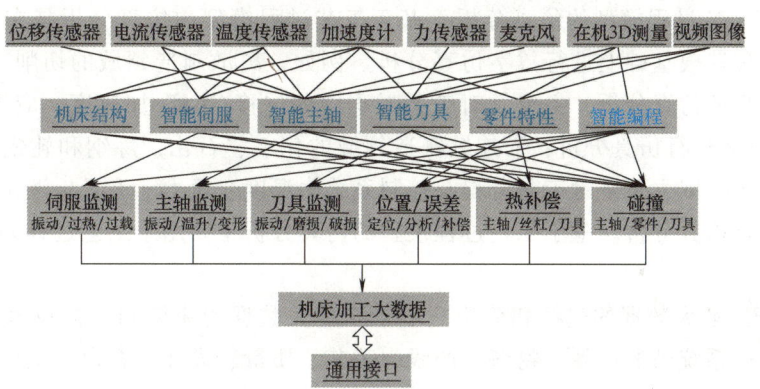

图 4-35 数控机床上可配置的各种传感器及应用

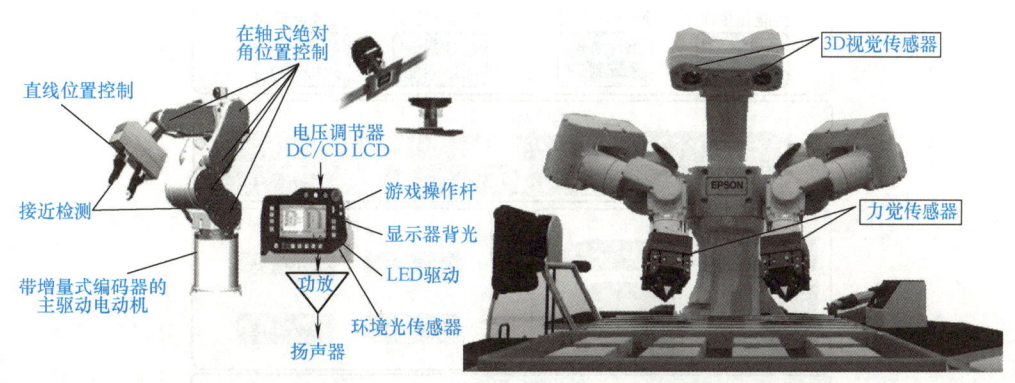

图 4-36 工业机器人应用中的传感器

在制造装备和生产过程中,从底层自动化设备上的各种传感器、感知装置和控制器上获取的数据,有两种途径进行集成,一种是直接通过标准化的通用机器通信接口及协议,传送给生产系统的网络数据库、计算机和移动终端；另一种是经由工业以太网（EtherNET）、现场工业总线（Field Bus）和物联网（IoT），再通过标准化的通用机器通信接口及协议上传。当前两个常用的标准化机器通信接口是机床互联通信协议 MTConnect 和跨平台工控软件接口标准协议 OPC UA，一些底层设备的控制器（例如 840D sl 数控系统）带有 OPC UA 接口，可直接进行数据传输和集成。随着工业互联网/物联网、5G、数字孪生等技术的发展，它们将在智能生产系统的"人-机-物"通信互联中发挥重要的作用。

2. 实时分析技术

对动态感知获取的智能生产系统的数据（特别是制造大数据或工业大数据），采用工业软件或分析工具平台，进行数据挖掘和在线实时分析，可以获得对生产系统的洞察（Insight），为智能生产系统的优化提供数据支持。对于获取的数据，根据不同的具体目标要求，可在设备运行、生产过程、车间执行、企业运营等不同层次上，采用机理建模分析、数据挖掘、大数据分析等多种方法，进行实时动态分析。工艺模型、虚拟样机/虚拟产线、仿真软件、大数据分析、数字孪生等是实现实时分析的关键技术，常见的实时分析技术涉及如下方面：

（1）基于工艺过程模型的仿真分析　基于工艺过程模型的仿真分析是在不同生产工艺过程的物理过程建模基础上进行数字仿真分析。例如，离散制造领域的切削、焊接、成形、装配等工艺过程的仿真分析，主要是对工艺过程中的位移/速度/加速度、应力/应变/变形、温度场/应力场等进行仿真分析；而连续制造领域的化工、石化、炼钢和轧钢、制药等流程工业的仿真分析，则主要是对工艺流程及控制系统中温度、压力、流量、液位、成分和物性等过程变量进行仿真分析。基于工艺过程模型的仿真分析主要用于工艺过程和装备的优化运行和状态监控。

（2）基于工业大数据的建模和分析　基于工业大数据的建模和分析技术框架如图 4-37 所示，来自生产系统中的产品、物料、产线、工艺、质量、设计、客户、供应链和市场等数据，经过数据采集与交换、数据预处理与存储，在数据工程层进行清洗、探查、集成和可视

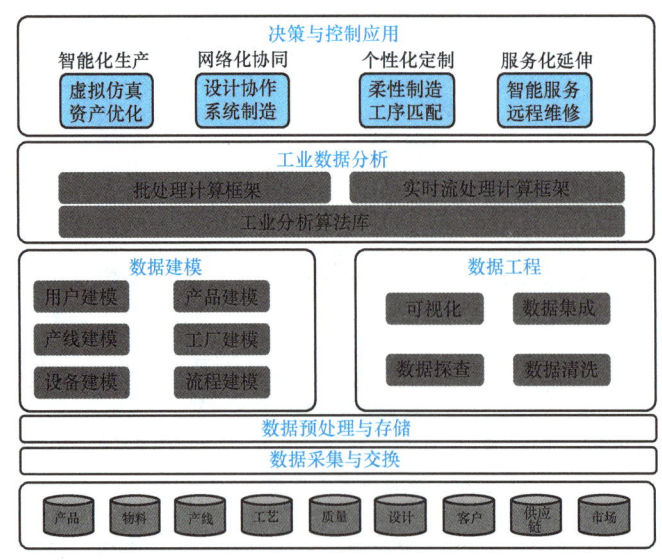

图 4-37　工业大数据分析技术框架 ［来源：工业互联网产业联盟（2017）］

化，在数据建模层完成对底层数据模型的工业语义封装，构建用户、产品、设备、产线、工厂、流程等对象的统一数据模型，在工业数据分析层，可调取工业大数据分析的各种算法，如时间序列分析、回归、分析、聚类、深度学习等，进行在线实时任务分析、离线批量处理等，用于支持决策与控制应用，如产品质量评估控制、产线资源优化配置等。

（3）面向企业运营管理的建模分析　图 4-37 中工业数据分析同样也面向企业运营管理，如供应链建模分析、市场数据分析、生产过程仿真、资源/资产管理及优化、网络化协同、设计制造集成、个性化定制、远程维修、智能服务等。建模和分析的技术方法主要依靠企业资源计划集成业务管理软件（ERP），ERP 软件具有覆盖全面综合业务流程、模块化、中央数据库、跨应用程序的一致界面等特点，常用的功能模块包括：财务管理、人力资源管理、订单管理、销售管理或客户关系管理、制造资源计划、库存管理、生产管理、供应链管理理等。

【应用案例】　一个基于 MTConnect 协议的数控机床及加工过程的数据采集与分析系统。

数控机床及加工过程的数据采集与分析系统总体架构如图 4-38a 所示。数控机床和加工过程的数据分别来自于控制器和外置传感器等不同来源，包括：控制器（即数控系统）实时数据、传感器数据和状态数据等三类共计 41 个变量数据（图 4-38b），通过 MTConnect 适配器将不同来源和不同传输接口的数据整合成 MTConnect 标准的数据格式（图 4-38c），MTConnect 代理是连接采集传输设备和客户端应用程序的核心，其主要的作用是通过对完整的设备的描述并以可扩展标记语言（eXtensible Markup Language，XML）的形式来表示其信息模型，在信息模型中数据类型分为采样（Sample）类型、事件（Event）类型和状态（Condition）三种类型。采集到的位移/速度/加速度、切削力、振动、电流/电压/功耗、温度等动态数据，在数据挖掘分析中，结合切削过程的模型，采用回归、BP 人工神经网络、支持向量机等方法，可进行切削过程状态、颤振、加工质量等的监测和预报，并在多种终端上进行可视化显示（图 4-38d、e）。

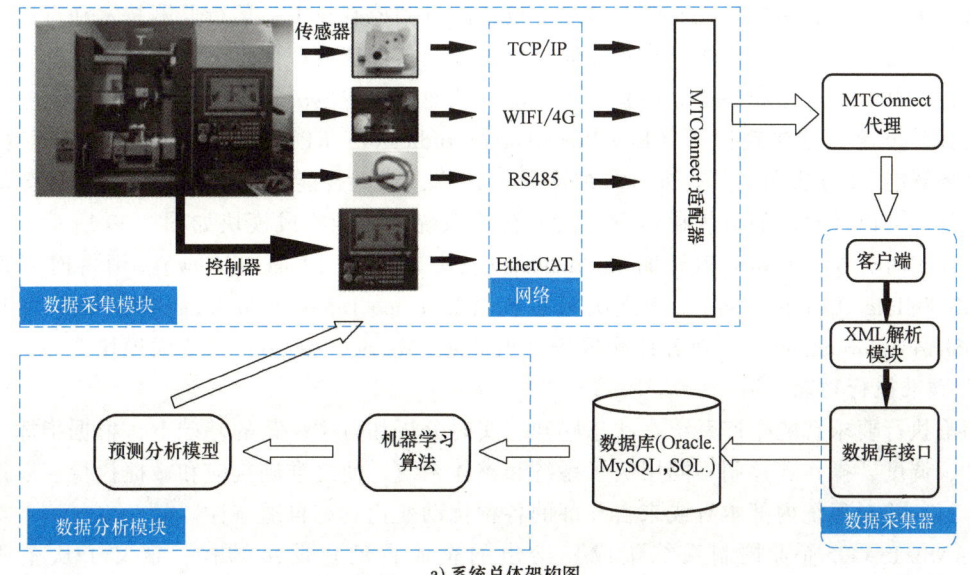

a) 系统总体架构图

图 4-38　数控加工过程数据感知获取和预测分析实例［来源：肖遥（2019）、郑晓虎（2018）］

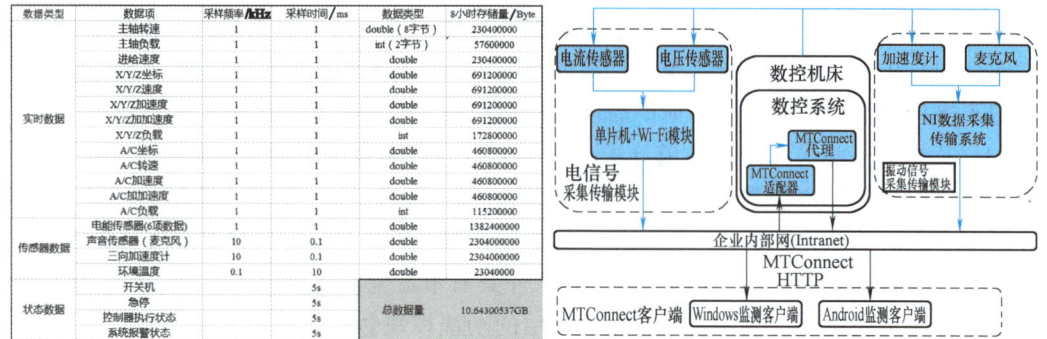

b) 采集数据变量及数据量　　　　　c) MTConnect数据通信与传输框图

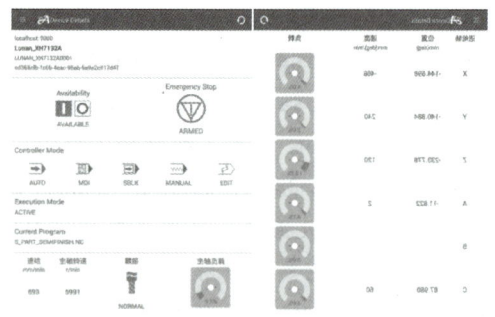

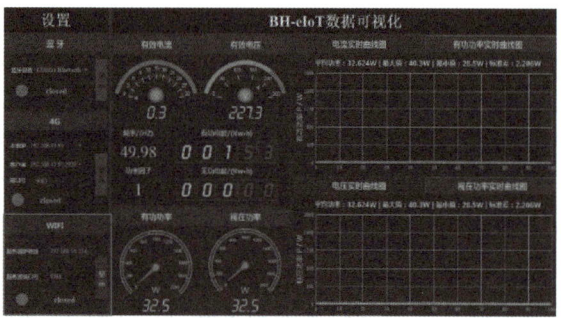

d) 移动终端加工状态可视化界面　　　　　e) 动态数据分析可视化界面

图 4-38　数控加工过程数据感知获取和预测分析实例［来源：肖遥（2019）、郑晓虎（2018）］（续）

3. 自主决策功能

自主决策要求针对智能生产系统及其不同层级子系统，按照设定的目标和规则，根据状态感知数据及其分析结果，自主做出判断和选择，并具有自学习和提升进化的能力。

自主决策一方面在底层主要涉及自动化设备的自动控制技术、运行监测技术和自适应控制技术等，另一方面更主要的是涉及如何由机器智能来处理或替代过去主要依靠人的智力完成的分析、判断、选择和决定等经验决策功能，从而实现智能决策，即基于大量的企业运营数据，针对企业关键绩效指标（Key Performance Indicator，KPI）的分解及其与目标对比，采用商务智能 BI 方法和工具，进行多维度分析预测，建立智能决策支持系统，实现智能生产系统各部分以及整体的最优化运营。商业智能系统的功能构成模块如图 4-39 所示，它包括：快速实时分析（Quick Real Time Analysis）、快速回溯（Fast Review）、销售时机识别（Identify Selling Opportunities）、增强决策过程（Enhance Decision Making）、便捷信息共享（Easy Share Information）和业务评测报告（Business Metrics Report）等 6 大模块。

4. 精准执行功能

精准执行要求智能生产系统在状态感知、实时分析和自主决策的基础上，根据指挥、控制指令，调度、操作和控制不同层级子系统和整体系统，使之准确响应和敏捷执行，以最优状态运行，并对系统内部本身或来自外部的各种扰动变化具有自适应性。

《ANSI/ISA-95 企业控制系统集成》给出的企业自动化层级结构，定义了从企业层（Level 4）、MOM 层（Level 3）、SCADA 层（Level 2）、控制层（Level 1）和现场层（Level 0），如图 4-10 所示。从企业自动化层级视角，ISA-95 模型中的各层级也对应了智能生产系统过程中的任务和执行的功能，图 4-40 所示为在图 4-10 的基础上，给出了从管理、运营、控制到现场各个层级对应的工作任务、执行系统和执行周期。可以看出，智能生产系统精准执行功能的实现，主要依赖于企业纵向集成的构建、完善和正常运行。

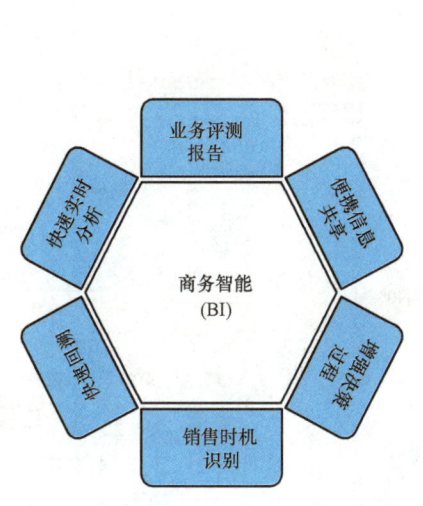

图 4-39 商业智能系统的功能构成模块
（来源：Kreyon Systems Ltd.）

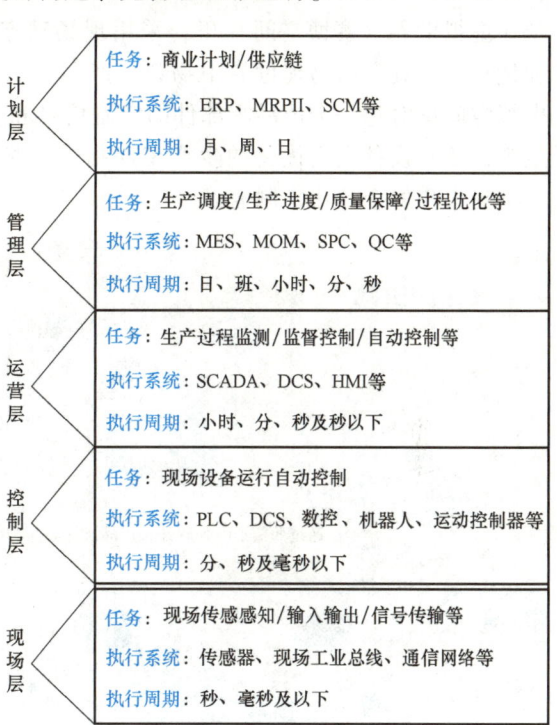

图 4-40 ISA-95 企业控制系统各层级对应的执行功能

4.4.3 智能生产的场景及实现

1. 智能生产实现途径及场景

基于 CPS/CPPS 概念，德国西门子公司以"通向工业 4.0 之路"描绘了未来"智能工厂"和"智能生产"的场景，如图 4-41 所示。面向工业 4.0 的智能生产过程呈现三大特点：一是建立基于制造运营管理（Manufacturing Operating Management，MOM）系统的生产网络，生产价值链中的供应商通过生产网络可以获得和交换生产信息，供应商提供的全部零部件可以通过智能物流系统，在正确的时间以正确的顺序到达生产线；二是实现虚拟与现实世界完美融合的数字孪生，生产过程的每一个步骤都将在虚拟环境（即赛博系统）中进行设计、仿真和优化，从而为真实世界里的物件（包括物料、产品、设备、生产过程、工厂等）建立一个高度真实仿真的"数字孪生"；三是赛博物理融合系统，即 CPS/CPPS，这是工业 4.0 的核心。在未来的智能工厂中，产品信息将被输入到产品零件本身，它们能根据自身生产需求，直接与生产系统和设备沟通，给出下一道生产工序指令，指挥设备进行自组织生产，这种自主生产模式能够满足每一个用户的个性化"定制"需求。

智能生产过程从发出订单开始，经产品设计、生产规划与工程，直至生产执行等部分构成整个生产价值链（生产网络），产品信息都被输入到产品零部件本身，生产系统和设备也具有智能感知功能，供应商可以通过工业互联网获得和交换生产价值链中的实时生产信息，在制造运行管理系统控制下，将生产过程所需的零部件在正确的时间以正确的顺序送达生产线，即通过智能物流提供即时准确的工业服务。同时，"数字孪生"将整个生产过程中的每一步在虚拟世界（赛博空间）里，采用现场动态数据驱动的模型和仿真软件进行设计、仿真和优化，为真实的物理世界中物料、产品、工厂等建立一个高度真实仿真的"孪生体"，在虚拟空间里对每一个产品零部件的定制信息和生产过程进行仿真决策，给物理世界里的实际生产系统和设备发出优化的生产工序指令，指挥和控制设备进行自主式自组织的生产执行，满足用户的个性化定制需求。

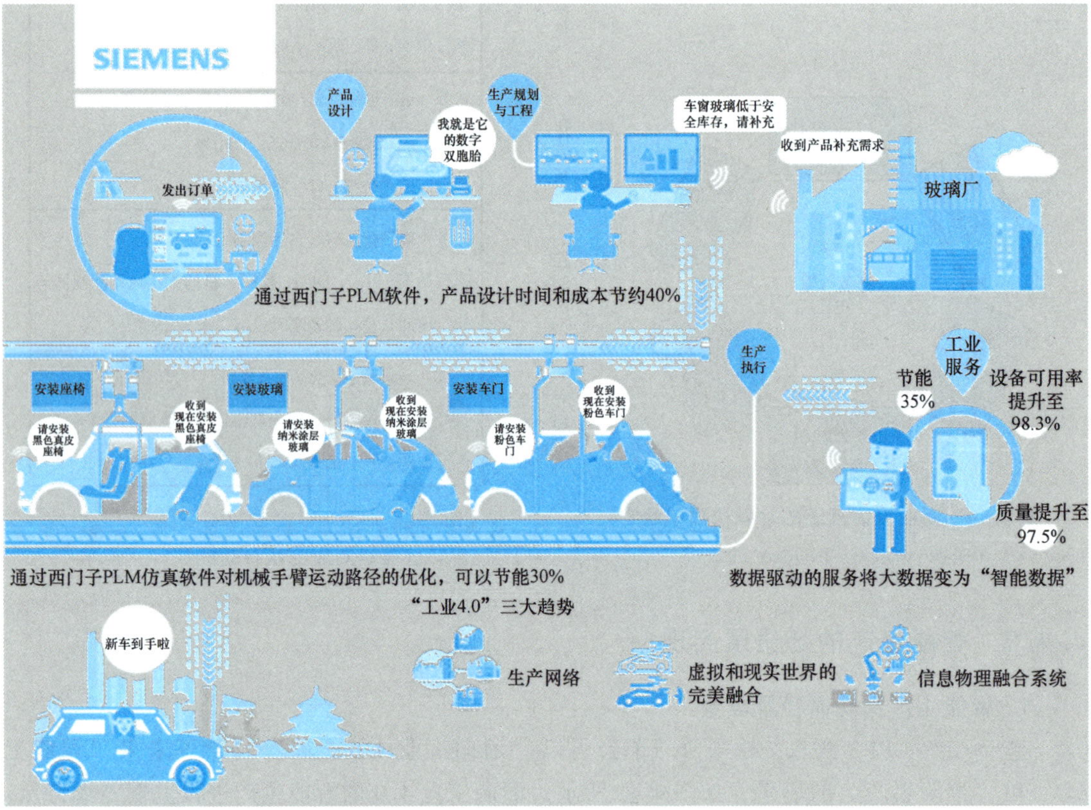

图 4-41　未来智能生产实现途径及场景（来源：西门子）

2. 智能生产的实际案例

【应用案例】 一个航空结构件智能生产系统实例。

某飞机制造企业的航空结构件智能生产系统实例如图 4-42 所示，图中分别给出了航空结构件加工数字化车间的基本构成、数控加工过程智能化监控平台和车间智能生产管控中心构成等。

加工数字化车间是智能生产系统的基础，包括零件工艺规划、生产计划、资源管理、统计分析、作业执行与调度、现场工况采集和生产实时数据库等功能模块（图 4-42a），实现了工艺信息、计划信息、物流信息以及车间经营信息的共享与集成，为进一步实施智能制造奠定了基础。

面向飞机结构件数控加工过程的智能监控平台，由感控节点层、网络通信层、资源服务

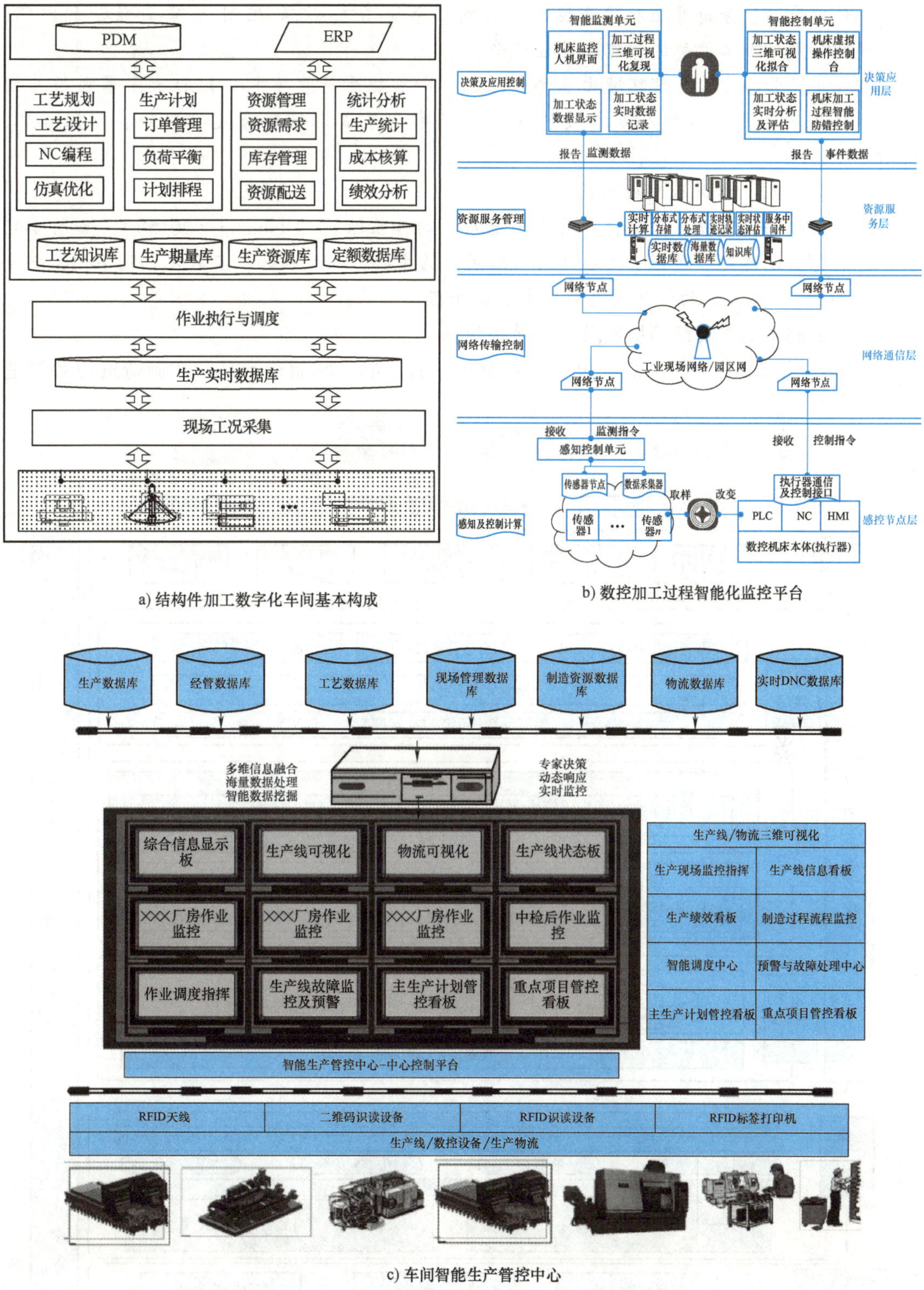

a) 结构件加工数字化车间基本构成

b) 数控加工过程智能化监控平台

c) 车间智能生产管控中心

图 4-42　航空结构件智能生产系统实例 [来源：刘强、丁德宇等（2017）]

层、决策应用层等构成（图4-42b），实现对数控机床加工过程中传感器和控制器信息感知采集、传输存储、分析处理和预测监控，形成"感知-分析-决策-控制-反馈-评估"的闭环，有效提高了数控加工过程的智能化监控水平。

智能生产管控中心物理环境由3部分组成，即智能生产管控中心LCD大屏幕监控与指挥平台、生产过程物流数据采集硬件环境和数字化集成运行服务支撑环境，如图4-42c所示。

【应用案例】 智慧云制造系统

李伯虎院士团队提出了一种智慧云制造系统的体系结构［Bohu Li（2015）］，如图4-43所示。智慧云制造是一种基于泛在网络，以用户为中心，人机融合，互联化、服务化、个性化（定制化）、柔性化的智慧制造新模式和新手段。

智慧云制造的主要结构层次及功能模块包括：

1）智慧资源/智慧能力层：包括制造资源、制造能力和制造产品，在制造资源和制造

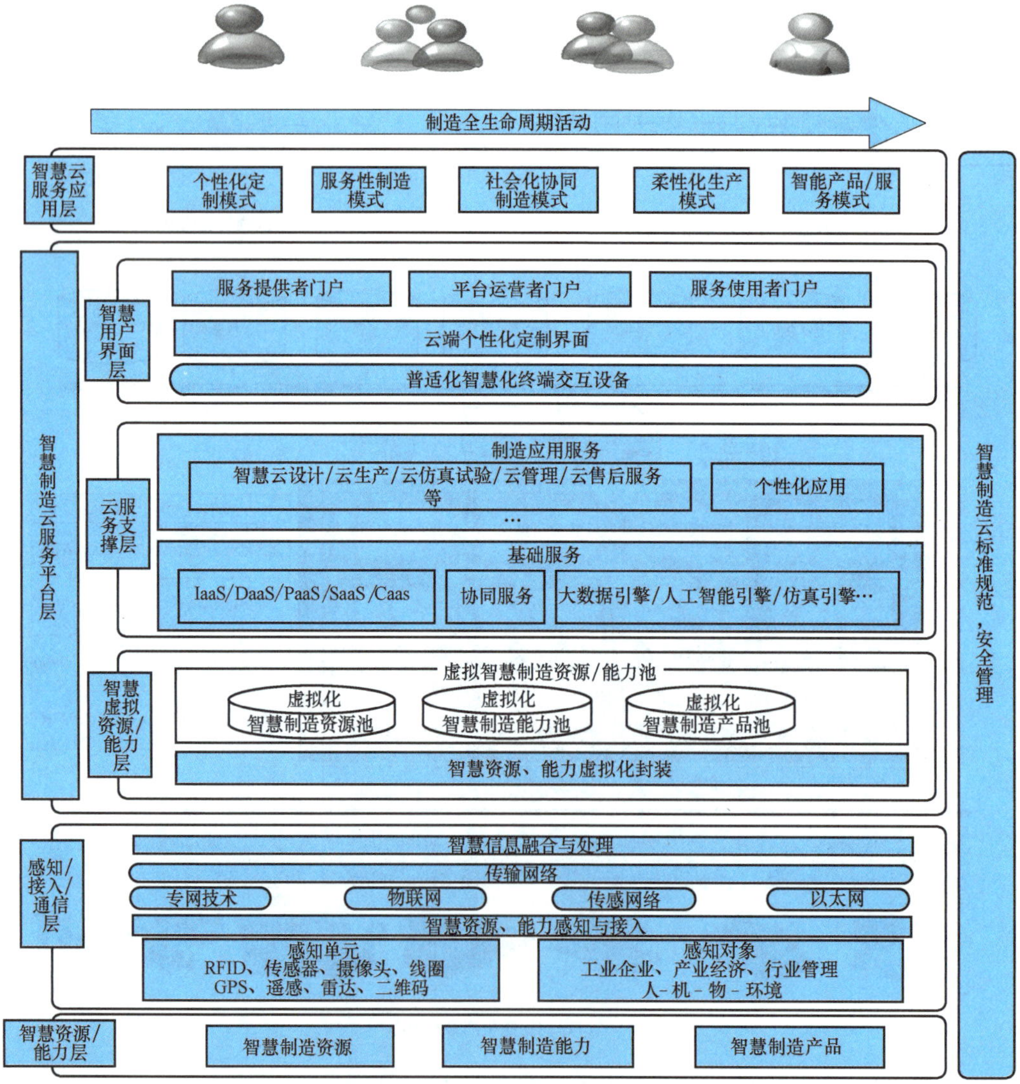

图4-43 智慧云制造系统体系结构［来源：Bohu Li（2015）］

能力中的各种制造装备（如机床、机器人）和软硬件系统（如智能库管理系统）具有自主/半自主感知、决策与执行能力。

2）智慧感知/接入/通信层：主要支持各类智慧资源/能力的感知与接入（如 RFID、传感器等）、网络传输（如 CANopen、Ethernet、IoT 等）以及智慧信息融合与处理。

3）智慧虚拟资源/能力层：对智慧制造资源/能力/产品进行虚拟化封装与规范化描述，将物理对象映射成逻辑的虚拟对象，形成虚拟化智慧制造资源/能力/产品池。

4）云服务支撑层：包括各种基础服务和制造应用服务，提供 IaaS、PaaS、SaaS、CaaS、大数据引擎、AI 引擎等基础服务，以及智慧云设计/仿真/采购/生产/试验/营销/服务/管理等制造应用支撑服务。

5）智慧用户界面层：针对服务提供者、平台运营者以及服务使用者三类用户，支持各类智慧化终端交互设备，并提供云端个性化定制界面。

6）智慧云服务应用层：支持制造全系统及全生命周期活动中各种服务应用模式，如个性化定制、服务性制造、社会化协同、柔性化生产和智能产品/服务等模式。

基于智慧云制造系统体系结构，可以在制造单元、制造车间、制造企业和制造行业等不同层次实施，图 4-44 分别给出了智慧车间和智慧工厂的构成示意图。

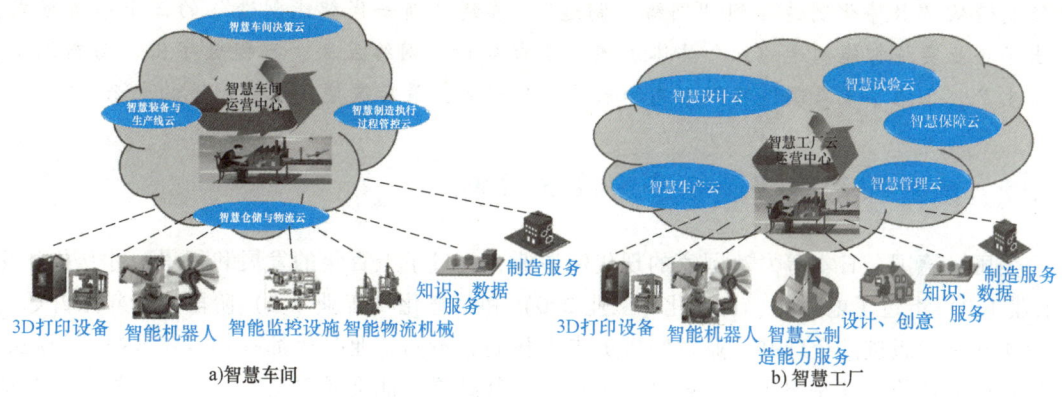

图 4-44　基于智慧云制造体系结构的智慧车间和智慧工厂　[来源：李伯虎等（2016）]

思考题和习题

4-1　试简述智能工厂的主要特征。

4-2　试阐述在智能工厂中实现工业 4.0 的"横向集成""纵向集成""端到端集成"关键技术。

4-3　试阐述在智能生产中如何实现"动态感知""实时分析""自主决策""精准执行"的关键技术，并举例说明。

4-4　如何理解 CPS 和 CPPS 是智能制造中的核心？

敬始慎终——
王大珩

人民的数学家——
华罗庚

第 5 章

智能制造演进范式与发展路径

【导读】 本章详细阐述了推进和实施智能制造的"三要三不要"基本原则及其具体内容，介绍了企业智能化发展的"计算机化、连接、可视、透明、预测、自适应"六个阶段，智能制造从"数字化制造"到"网络化制造"，再到"新一代智能制造"的三个演进范式，提出了企业实施智能制造的五个具体步骤：需求分析、网络互联、可视数字化、动态优化、智能生产，介绍了未来制造的新形态和未来工厂模式，最后展望了智能制造的未来。

5.1 推进和实施智能制造的基本原则

美国、德国、日本等发达国家的现代制造业，经过了上百年的发展和积累，才从机械化（工业1.0）走过了电力化、自动化（工业2.0）和信息化（工业3.0）阶段，近年来开始向工业4.0时代迈进。全球制造业发展历史告诉我们，不同工业时代都有其需要解决的问题和自身发展的规律，若是想走捷径或是跨越过去，其结果可能会是事倍功半。在分析总结制造技术发展和我国制造业特点基础上，自2015年以来，本书作者提出了推进和实施智能制造的"三要三不要"原则，在业界得到广泛认同，达成了共识。该原则表述为："一要标准规范先行；二要支撑基础强化；三要对CPS理解全面"和"不要在落后的工艺基础上搞自动化；不要在落后的管理基础上搞信息化；不要在不具备数字化网络化基础时搞智能化"。

5.1.1 智能制造的"三要"原则

1. 标准规范要先行

先进标准是指导智能制造顶层设计、引领智能制造发展方向的重要手段，必须前瞻部署、着力先行。如第2章所述，工业发达国家在制订未来制造发展战略的同时，相关的国际组织也制订颁布了多个关于智能制造方面的参考架构模型，为智能制造发展先行制订相应的标准规范，用以指导和规范智能制造的顶层设计、体系构建和具体实施。国际电工委员会IEC/TC 65"工业过程测量、控制和自动化技术委员会"于2016年10月公布了技术规范文件 IEC/PAS 63088《智能制造——工业4.0参考架构模型（RAMI4.0）》，在工业4.0中的资产、组件、组件的管理壳（Administrative Shell）等方面，给出了统一的系统架构国际标准，是第一个针对智能制造的国际标准前导性文件,将对各国智能制造发展产生重要指导作用;美国国家标准化技术研究所(NIST)发布了《智能制造生态系统》,美国工业互联网联盟(IIC)发布了《工业互联网参考架构》(后修订为《工业物联网 卷1:参考架构》);日本发布了《工业价值链参考架构》。此外,法国发布了《智能制造标准路线图框架》,ISO 物联网工作组发布了《物联网概念模型》。

国内有关研究所和标委会在上级部门的指导下,于 2015 年 12 月制订了《国家智能制造标准体系建设指南(2015 年版)》,经过修订后又颁布了《国家智能制造标准体系建设指南(2018 年版)》,提出了智能制造标准化参考模型和智能制造标准化体系框架。

(1)智能制造标准化参考模型 智能制造标准化参考模型以生命周期、系统层级和智能特征三个维度,描述了智能制造的各个阶段、层级、特征及其相互之间的联系,如图 5-1 所示。

1)维度 1:生命周期——指从产品原型研发开始到产品回收再制造的各个阶段,包括设计、生产、物流、销售、服务等一系列相互联系的价值创造活动。生命周期的各项活动可进行迭代优化,具有可持续性发展等特点,不同行业的生命周期构成不尽相同。

① 设计是指根据企业的所有约束条件以及所选择的技术,对需求进行构造、仿真、验证、优化等研发活动的过程。

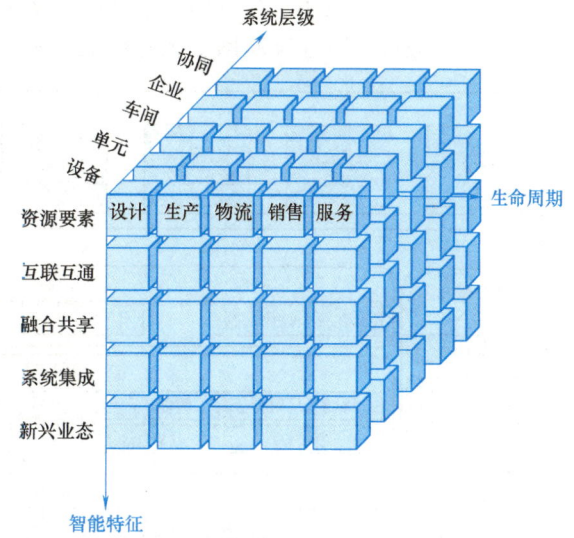

图 5-1 智能制造系统架构模型

② 生产是指通过劳动创造所需要的物质资料的过程。
③ 物流是指物品从供应地向接收地的实体流动过程。
④ 销售是指产品或商品等从企业转移到客户手中的经营活动。
⑤ 服务是指提供者与客户接触中产生的一系列活动的过程及其结果。

2)维度 2:系统层级——指与企业生产活动相关的组织结构的层级划分,包括设备层、单元层、车间层、企业层和协同层。

① 设备层是指企业利用传感器、仪器仪表、机器、装置等,实现实际物理流程并感知和操控物理流程的层级。
② 单元层是指用于工厂内处理信息、实现监测和控制物理流程的层级。
③ 车间层是实现面向工厂或车间的生产管理的层级。
④ 企业层是实现面向企业经营管理的层级。
⑤ 协同层是企业实现其内部和外部信息互联和共享过程的层级。

3)维度 3:智能特征——指基于新一代信息通信技术使制造活动具有自感知、自学习、自决策、自执行、自适应等一个或多个功能的层级划分,包括资源要素、互联互通、融合共享、系统集成和新兴业态等 5 层智能化要求。

① 资源要素是指企业生产时所需要使用的资源或工具及其数字化模型所在的层级。

② 互联互通是指通过有线、无线等通信技术，实现装备之间、装备与控制系统之间，企业之间相互连接及信息交换功能的层级。

③ 融合共享是指在互联互通的基础上，利用云计算、大数据等新一代信息通信技术，在保障信息安全的前提下，实现信息协同共享的层级。

④ 系统集成是指企业实现智能装备到智能生产单元、智能生产线、数字化车间、智能工厂，乃至智能制造系统集成过程的层级。

⑤ 新兴业态是企业为形成新型产业形态进行企业间价值链整合的层级。

（2）智能制造标准化体系框架　图 5-2 所示的智能制造标准化体系框架确定了基础共性、关键技术和行业应用三个方面，并概括了 7 个具体内容，即：基础共性、智能装备、智能工厂、智能服务、工业互联网、智能赋能技术、行业应用。

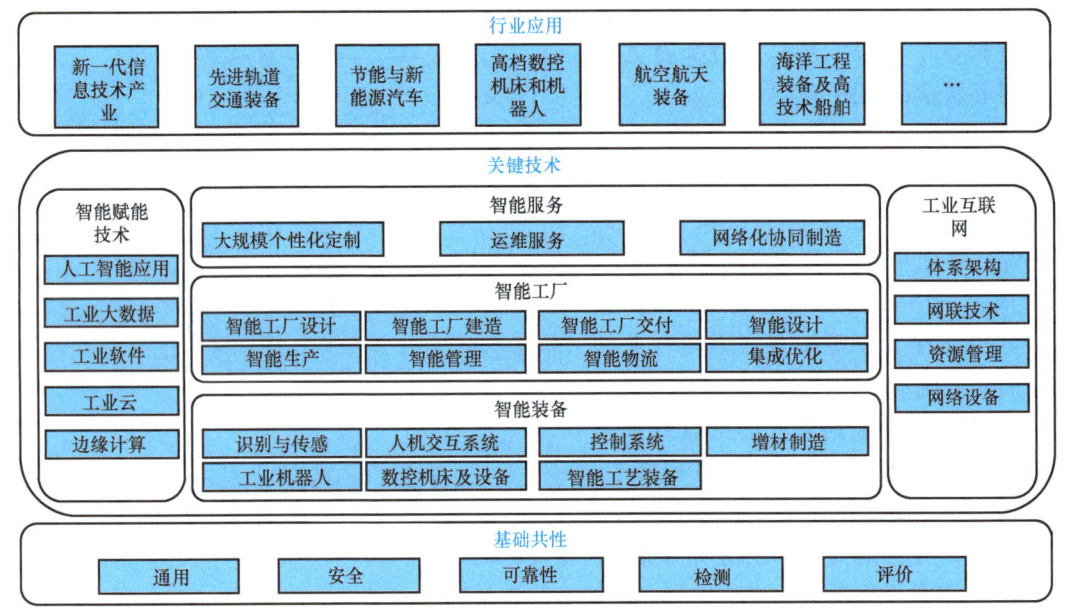

图 5-2　智能制造标准化体系框架

1）基础共性：包括通用、安全、可靠性、检测、评价等基础共性技术及标准。

2）关键技术：包括智能赋能技术、智能装备、智能工厂、智能服务、工业互联网等。

3）行业应用：包括了面向制造业的国民经济重点领域，如新一代信息技术、先进轨道交通装备、高档数控机床和机器人、航空航天装备、海洋工程装备及高技术船舶、节能与新能源汽车等。

智能制造标准化体系框架规划了智能制造技术标准布局和工作，有关部门和标准化机构按照此框架已制定和颁布了一批智能制造标准规范，我国制造业将以先进标准引领、倒逼"中国制造"智能转型和向中高端升级。

2. 支撑基础要强化

我国在智能制造支撑基础方面，虽然已取得长足的进步，但仍面临关键技术不足、核心软件缺失、支撑基础薄弱、安全保障缺乏等问题，推进和实施智能制造必须加强基础性支撑技术和关键技术的研究开发，加强智能制造基础能力建设，自主研制智能化重点关键技术装备，自主开发智能制造核心支撑软件，建立高效可靠的工业互联网基础和信息安全系统，

"软硬并重"发展,为智能制造发展提供坚实的支撑基础。

(1) 从标准体系的视角出发　智能制造的支撑基础,可以有不同的分类和表述,在图5-2所示的智能制造标准化体系框架中,从标准体系的视角,按照基础共性和关键技术两类进行了概括,除了基础共性方面涉及的通用、安全、可靠性、检测、评价等技术以外,在关键技术方面有:

1) 智能赋能技术:人工智能、工业大数据、工业软件、工业云、边缘计算等技术。

2) 智能装备:识别与传感、人机交互系统、控制系统、增材制造、工业机器人、数控机床及装备、智能工艺装备等技术。

3) 智能工厂:智能工厂设计、智能工厂建造、智能工厂交付、智能设计、智能生产、智能管理、智能物流、集成优化等技术。

4) 智能服务:大规模个性化定制、运维服务、网络协同制造等技术。

5) 工业互联网:体系架构、网联、资源管理、网络设备、物联网等技术。

以上所列的支撑基础技术在第 2 章"智能制造技术基础"和第 3 章"新一代智能制造支撑技术"中有较详细的叙述,此处不再赘述。

(2) 从前沿热点技术视角出发　图 5-3 从前沿热点技术的视角,给出了当前重点关注的智能制造 9 个前沿关键技术及其内涵。

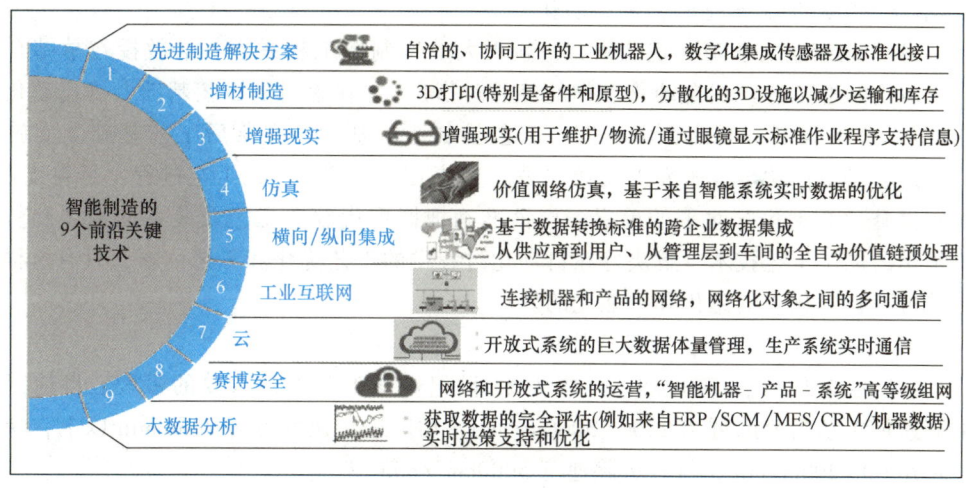

图 5-3　智能制造的 9 个前沿关键技术

3. CPS 理解要全面

CPS 是工业 4.0 和智能制造的核心,在推进和实施智能制造过程中,必须全面理解 CPS 的意义和实质。

对 CPS 的全面理解,首先要理解"Cyber Physical System"中"Cyber"一词。1948 年控制论创始人维纳源于希腊语词汇创造了"Cybernetics"一词,其影响世界的代表性著作《Cybernetics》,中文译为《控制论》,其后 Cyber 又被用来代表"3C"(Control、Communication、Computing),实质上表示的是一种实现控制的机制(或机构),它具有系统感知、运算、通信、决策、控制等机制和能力,可实现对系统中物质、能量和信息的控制。而 CPS 是一个包含了计算、网络和物理实体的复杂系统,在计算、通信和控制技术(3C)的有机融合与深度协作基础上,通过人机交互接口实现虚拟对象和物理进程的交互,实现在赛博空间中以远程、可靠、实时、安全、协作和智能化的方式操控一个物理实体。

其次，从智能制造的角度，CPS 涵盖了小到智能产品、智能制造装备，大到智能制造单元、智能生产线、智能工厂、智能服务的各个方面，涉及了制造系统和制造活动的纵向网络、横向协同和全生命周期的端到端工程。通过从设备、单元、生产线到工厂的各个层级、各种颗粒度的物理对象映射——数字孪生，不仅实现"人-机-物"的连接，而且使各种设备具有计算、通信、控制、协同和自治功能，从而构建出真正的智能制造的 CPS——CPPS。

第三，CPS 是虚拟空间中的数字化建模、仿真、优化等"计算（Computing）"功能及活动与物理空间中实体对象的各种设备、单元、生产线、工艺过程等的"控制（Control）"的深度融合，在赛博（Cyber）和物理这两个空间之间的连接，是经由网络化的"通信（Communication）"来实现的，工业互联网、物联网、新一代移动互联网等通信网络将在其中发挥极其重要的作用。

第四，在智能制造实践中建立和应用 CPS，是一个从低到高、从小到大、从简单到复杂、从局部到全局的循序渐进的发展过程，需要根据行业特点、技术能力、装备水平、工艺水平、投入产出等条件，明确目标、统筹规划、分步实施、量力而行，不能期望一蹴而就。

5.1.2 智能制造的"三不要"原则

1. 不要在落后的工艺基础上搞自动化

1986 年，北京航空学院（现北京航空航天大学）制造工程系李哲浩教授在总结自己几十年从事航空制造工程领域自动化工作的经验时指出："在落后的工艺基础上搞自动化是没有出路的"。这一观点，明确告诉我们：工艺是制造的基础，在落后工艺基础上实施自动化，其结果会是事倍功半。研究工艺新方法，改进工艺技术，优化工艺过程，是在工业 2.0 阶段真正提升"自动化"水平的前提，应该准确把握现代制造工艺及装备的发展趋势，掌握先进适用的加工工艺技术，解决好在自动化过程中的工艺优化和工艺创新，只有这样才能推动制造过程自动化、信息化和智能化的发展。

（1）现代制造工艺及装备的发展趋势

1）高速化和复合化。高速加工已成为 21 世纪机加工艺中最重要的手段。目前国外铝合金的高速加工切削速度可达 2000～5000m/min，切削进给速度可达 20m/min 以上，快速进给速度可达 60～200m/min，材料去除速率 5000cm^3/min 以上。

工艺复合化正在成为制造技术发展的热点。工艺复合化是将不同的加工工艺方法集成在同一台（套）装备上，实现工艺集中，以减少加工工序，缩短辅助时间，提高加工效率和质量，在航空、航天、模具、汽车等生产领域得到成功应用。近年来，金属切削（减材加工）与激光融覆（增材制造）两种加工方式混合的新型增/减材混合加工中心也已问世，有望获得工业应用。

2）精密化和微细化。加工精密化是实现复杂产品精确化、轻量化、智能化要求的必要基础。例如，成形加工技术越来越多地采用精密铸造、精密锻压冲压技术，并向精密成形或近净成形/净成形方向发展，金属材料增材制造的发展为复杂结构零件近净成形/净成形提供了一种新的技术途径；高精度电加工机床、高精度双主轴车削中心、高精度齿轮磨床、超精密光学零件加工机床等精密/超精密加工设备不断涌现；这些工艺装备的研发应用使得产品零件的精度、材料利用率都将得到大幅提高。精密金属切削数控机床已稳定达到微米级定位精度,并在向亚微米级发展。随着微纳制造技术的发展,硅微加工、LIGA[⊖]、准 LIGA 技术等 MEMS 加工技术已得到越来越多的应用,微细电火花、飞秒激光加工、电子束加工等微细特种加工技术已在微小型复杂结构加工方面获得成功应用;利用扫描隧道显微镜和原子力显微镜的纳米加工、聚焦离子束加工、准分子激光直写加工、纳米压印等纳米加工方法,可以通过原子和分子的去除、搬迁和重组,实现纳米级精度和纳米级表层的加工。各种加工方法的加工精度如图 5-4 所示。

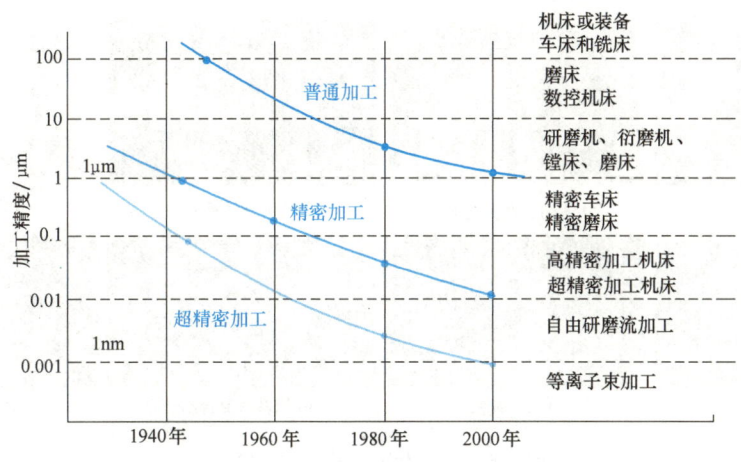

图 5-4　各种加工方法的加工精度

3) 自动化、数字化和智能化。先进集成制造技术正成为制造业不断推出新产品、快速响应市场并赢得竞争的主要手段。例如,在设计制造过程中,CAx(CAD、CAM、CAE、CAPP 等)一体化及其实现与后端的 CNC、CMM 集成;在生产系统管理中,实现 ERP、SRM、CRM、MBOM、MES 等的集成应用;在产品全生命周期过程中,实现 PDM、PLM 的一体化。数字化技术以及先进工艺与装备技术在制造业中应用,同时采用工艺、程序、刀具及切削参数优化和车间数字化管理等技术,可显著提高产品研制生产的效率。伴随着当今社会从工业 3.0 时代走向工业 4.0 时代,现代制造技术进一步向装备智能化、工艺优化方向发展,各种智能化加工装备,如智能机床、机器人、智能物流和增/减材混合加工装备等正在越来越多地应用于各种加工过程和生产线。3D 智能化工艺规划、基于加工过程仿真的工艺优化和虚拟车间/工厂等,正在使得制造工艺和制造流程变得更加高效、优质、节能和可控。优化的加工工艺、智能化的加工装备、赛博(Cyber)物理融合的生产系统和生产过程将极大地改变传统的制造模式和制造形态。

4) 绿色化和安全化　绿色化是现代制造发展的新趋势,包括环境友好的设计与制造、生态工厂、清洁化生产等概念,并且在产品全生命周期中采用各种绿色化技术,是可持续发展战略在制造业中的体现。例如,飞机、汽车、机车、机床等装备的结构轻量化设计制造,金属切削加工过程采用干切削、微量润滑切削、低温切削等技术,以减少车间的油雾污染和废液排放,电子产品绿色清洗、无铅组装等技术的推广应用。一些特殊用途产品,如危险化工、火炸药等产品生产过程的安全技术,利用先进制造工艺及自动化装备技术,推动安全生

⊖　LIGA 是德文 Lithographie(光刻)、Galvanoyormung(电铸)和 Abformung(注塑)的缩写,指一种基于 X 射线光刻技术的 MEMS 加工技术。

产技术的发展，在实现生产的自动化、柔性化、高效化的同时，提高生产过程的本质安全水平。

（2）先进加工工艺技术　先进加工工艺涉及的专业范围宽、关键技术多、应用面广并且处于不断发展过程中，本章仅简要介绍高性能数控加工、超精密加工、机器人化加工、无模成形加工、高能束流加工、增材制造、增减材复合制造和材料结构一体化制造等几项代表性先进工艺技术（图5-5）。

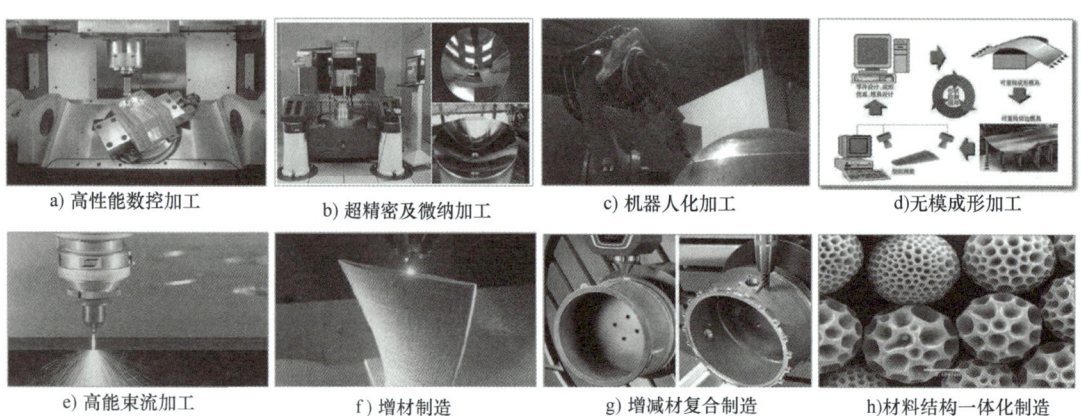

图5-5　一些代表性先进加工工艺

1）高性能数控加工技术。高性能数控加工技术综合了机床设计与制造、自动控制与测量、电动机与驱动、计算机软硬件、切削加工原理、切削刀具及工艺等多学科的原理、方法和技术，具有加工精度高、生产效率高、零件适应性强、生产柔性好、自动化程度高等特点，在制造业中广泛应用，是实现计算机集成制造、数字化制造和未来智能制造的基础。5轴联动CNC机床可实现对五面体零件和复杂空间曲线及曲面的高效率、高精度加工，是飞机整体结构件、航空发动机复杂零件、模具等各种复杂零件切削加工的高端制造装备。

2）超精密加工技术。超精密加工是指几何精度在亚微米量级以下、表面粗糙度值小于25nm的制造技术。超精密加工技术是先进制造的核心技术之一，是制造工程与科学发展的前沿，是实现现代装备精确化、轻量化、智能化的关键基础。超精密加工包括超精密切削加工、超精密磨削加工、超精密抛光加工和超精密特种加工（如电子束、离子束加工）等四个分支，并且已广泛用于航空航天、军工、天文、精密光学仪器、电子等领域。例如：超精密切削加工通常是采用金刚石等超硬材料作为刀具进行微量切削加工的技术，加工表面粗糙度Ra可达到几十纳米，常用于非铁金属材料的球面、非球面和平面等光学零件的加工。

3）机器人化加工技术。机器人是一种能够半自主或全自主工作的智能机器，应用于生产过程的机器人称为工业机器人。工业机器人早期在制造业的典型应用有：焊接、喷涂、组装、搬运、上下料、包装、码垛、产品检测和测试等，随着工业需求和机器人技术的发展，工业机器人已应用在钻孔、铆接、打磨、抛光、切割、铣削等机械加工过程。当前工业机器人广泛应用于汽车和电子行业，在军工制造、航空航天制造、食品工业、医药设备、金属制品、橡胶塑料等领域也在加快推广应用。

4）先进无模成形技术。无模成形技术是近年来快速发展起来的一种先进智能化成形制造技术，它是借助于计算机技术，利用多点成形或增量成形方法，实现金属板料的无模具塑性成形。无模成形技术主要有：喷丸成形、数字化渐进成形、无模多点成形、激光无模成形等。数字化伺服、柔性数控技术、工艺参数库和工艺知识库等关键技术大大提升了成形装备和成形工艺过程的自动化、数字化水平，智能化成形装备、成形过程数字化和智能化控制、智能化柔性成形生产线、成形过程机器人应用和全面信息化管理将加快实现成形技术向智能化的发展。

5）高能束流加工技术。高能束流加工是一种利用高能量密度束流对零件进行加工的方法，它利用光量子、电子、等离子等为能量载体，将光、电、磁等能量或能量组合直接作用在被加工零件上，实现对零件的减材、增材加工，或对零件进行变形或改性。高能束流加工过程中主要不依靠机械能的作用，因此作用在"工件、刀具、机床"工艺系统上的作用力小，产生的加工变形和加工应力小；另一方面，高能束流加工过程整体发热少、热变形小。高能束流加工技术主要有号称"三束加工"的激光加工、离子束加工、电子束加工等。

6）增材制造技术。增材制造（Additive Manufacturing，AM）技术是一种基于"分层制造，逐层叠加"的离散分层制造原理发展而来的先进制造技术，常用的方法有：光固化（Stereo Lithography Apparatus，SLA）成形、分层实体制造（Laminated Object Manufacturing，LOM）、选区激光烧结（Selective Laser Singtering，SLS）成形、熔融沉积成形（Fused Deposition Modeling，FDM）、金属零件激光熔融沉积成形（Laser Direct Melting Deposition，LDMD）、激光选区熔化（Selective Laser Melting，SLM）成形、电子束选区熔化（Electron Beam Melting，EBM）成形、电子束熔丝沉积成形（Electron Beam Freeform，EBF）。近年来金属材料直接成形的增材制造技术发展迅速，它是在真空室内或惰性气体保护的环境中，采用高能束流（激光束、电子束或电弧等）将填送到加热区的金属丝材或铺送的金属粉料逐层熔化、凝固堆积，形成无模具的快速成形零件或零件毛坯。此外，近年来采用生物3D打印技术（Bio-3D Printing）来制造生物组织呈现快速增长的趋势。

7）增减材复合制造技术。增减材复合制造是一种应用增材制造与高性能数控加工在同一台机床上复合完成零件制造的制造工艺。它可在同一个工作台上，采用"增材"方法制作出毛坯，再对毛坯进行数控切削"减材"加工，"增材"和"减材"加工可以交替进行，直到加工出最终零件。增减材复合制造可以用于高效率加工复杂结构的零件。

8）材料结构一体化制造技术。针对服役环境要求苛刻的一些高性能构件，由于材料与结构匹配的性能要求高、制造过程控形控性难的特点，采用机械、电磁、激光等多能场复合、增材/减材/等材等多加工工艺复合的制造方法，实现材料组织与多尺度结构的形（状）性（能）协调、构件性能的精确控制。材料结构一体化设计制造技术是一种仍在研究探索之中的先进制造工艺技术。

2. 不要在落后的管理基础上搞信息化

制造业信息化是工业3.0时代的主题内容，它是将信息技术、自动化技术、现代管理技术与制造技术相结合，实现产品设计制造和企业管理的信息化、生产过程的自动化、制造装备的数控化以及制造服务的网络化，有效改善制造企业的经营、管理、产品开发和生产等各个环节，提高产品质量、生产效率，降低成本，追求更好的"T、Q、C、S、E［其中：T表示时间（Time），Q表示质量（Quality），C表示成本（Cost），S表示服务（Service），E表示环境友善性（Environment）］"目标模型，从而增强企业的创新能力，全面提升制造业竞争力。

从 20 世纪 80 年代以来，数字化和信息化的不断推进但又有得有失，这是因为数字化、信息化已不是单纯的技术问题，而是一场与管理、机制和观念密不可分的变革。在工业 3.0 阶段，是必须在先进制造和现代管理的理念及基础上实现信息化的问题，这涉及先进制造的模式和现代企业管理理念及技术。

（1）先进制造模式及技术

1）成组技术（Group Technology，GT）。成组技术的基本原理是识别和发掘生产活动中有关事务的相似性，利用相似性将表面上没有规律的问题归类成组，寻求解决同类问题的相对统一的最优方案，以获得所期望的经济效益。成组技术应用在制造领域，就是采用零件分类编码系统、分类成组方法等技术，按照产品及其制造过程中的相似性，对产品中的相似零件和多种零件间的相似工艺进行分类以形成零件族，把同一零件族中零件分散的小生产量汇集成较大的成组生产量，从而使小批量生产能获得接近于大批量生产的经济效益。

成组技术是提高多品种、小批量生产的经济效益的一种有效方法，也是解决企业旧的生产和管理模式造成的矛盾的有效途径。同时，成组技术还为产品设计的创新提供了很好的技术思路和方法支持，分类成组、分类编码、分类检索等技术，为设计过程数字化和工艺过程柔性自动化提供了支持。

2）并行工程（Concurrent Engineering，CE）。并行工程是对产品及其相关过程（包括制造过程和支持过程）进行并行、集成化处理的一种系统方法和综合技术，它要求产品开发人员从设计开始就考虑产品全生产周期（从概念形成到产品报废）的所有因素，包括质量、成本、进度和用户要求，以及与产品有关的各工艺过程质量及服务质量。作为一种集成、并行地设计产品及相关各种过程（包括制造过程和支持过程）的系统方法，并行工程包含了管理技术、信息技术、自动化技术和系统工程等先进技术，代表了一种崭新的产品开发理念。并行工程包括"四性"：并行性、约束性、协调性和一致性。

传统的产品开发一般采用串行的设计方法，即"市场调研→概念设计→详细设计→工艺设计→加工制造→试验验证→产品销售"的串行环节，由于采用串行开发的模式，设计与制造过程分离，导致缺乏统一数据管理、产品研发过程易反复、信息反馈滞后、设计改动量大、设计生产周期长、开发成本增加等问题。而采用并行工程模式的产品开发过程，产品设计过程与制造过程并行交互、不再脱节，在产品开发过程中同时考虑产品全生命周期中的所有因素，可提高工作效率，减少返工，降低成本，从而有效缩短开发周期，提高产品质量。

3）精益生产（Lean Production，LP）。精益生产是在日本丰田公司的"准时生产（Just In Time，JIT）"方式基础上形成的一种以最大限度地减少企业生产所占用的资源和降低企业管理和运营成本为主要目标的先进生产方式，它也是一种经营理念和企业文化。精益生产的原则是团队作业，及时制造，不断改进及改善，消灭故障，有效利用资源并消除一切浪费，努力实现零缺陷、零库存。精益生产综合了大批量生产与单件生产方式的优点，既避免了单件生产的高成本，又比大批量生产更具柔性，相对于传统的大批量生产方式，精益生产可以大大减少人力资源、新产品开发周期、在制品和成品库存、工厂占用空间等。

4）敏捷制造（Agile Manufacturing，AM）。敏捷制造是通过信息通信技术，快速配置各种资源（包括技术、管理和人员），以有效和协调的方式响应用户需求，实现制造的敏捷性，从而使企业能够满足快速变化的市场需求。生产技术、人力资源和管理手段是敏捷制造的三个要素，敏捷制造是在具有创新精神的组织和管理结构、先进制造技术（以信息技术和柔性智能技术为主导）、有技术有知识的管理人员的支撑下实现的，从而对迅速改变的市场需求做出快速响应。

敏捷制造通过现代信息通信技术和网络化，建立"虚拟企业"或"动态联盟"，实现协同制造，风险共担，利益共享，由此可降低对每个企业的生产能力要求，甚至一个企业可以只负责产品开发中的一小部分，多个企业可以动态联合、共同协作，从而实现整个社会资源的最优配置，产生更加显著的效益。

5）虚拟制造（Virtual Manufacturing，VM）。虚拟制造的概念是在20世纪90年代基于计算机集成制造（CIMS）和并行工程（CE）发展起来的。虚拟制造是利用仿真与虚拟现实技术，在计算机技术及网络的支持下，在产品设计阶段，借助建模与仿真技术及时地、并行地模拟出产品未来制造过程乃至产品全生命周期的各种活动对产品设计的影响，预测、检测、评价产品性能和产品的可制造性等，使工程师能够根据可能发生的所有问题，在设计阶段就设法进行解决，从而更加有效的、经济的、柔性的组织生产，增强决策与控制水平，保证设计的最优化和产品的一次性制造成功，达到产品的开发周期和成本最小化、产品设计质量的最优化、生产效率的最大化。

6）绿色制造（Green Manufacturing，GM）。绿色制造技术是指在保证产品的功能、质量、成本的前提下，综合考虑环境影响和资源效率的现代制造模式。它使产品从设计、制造、使用到报废整个产品生命周期中不产生环境污染或环境污染最小化，符合环境保护要求，对生态环境无害或危害极少，节约资源和能源，使资源利用率最高，能源消耗最低。

绿色制造需要考虑三大问题：一是制造问题；二是环境影响问题；三是资源优化问题。其中，"制造"涉及产品全生命周期，是"大制造"的概念；环境影响涉及制造活动和产物对环境产生不利影响甚至破坏，希望在产品全生命周期中对环境的影响最小；资源优化涉及资源利用率和能效最佳，并使企业经济效益和社会效益协调优化。绿色制造体现了现代制造科学的"大制造、大过程、学科交叉"的特点，也体现了制造与环境、生态的友好和谐，最终目标是实现人类社会的可持续发展。

7）大规模定制（Mass Customization，MC）。为用户提供个性化定制的产品，全面提高顾客的满意度和企业的服务水平，已经是制造业竞争力的一种新需求。大规模定制是以大规模生产的效益（包括低成本和短交货期）来完成定制产品的生产，从而实现用户的个性化需求和大规模生产方式的有机结合。大规模定制的基本思路是基于产品族零部件和产品结构的相似性、通用性，利用标准化、模块化等方法降低产品的内部多样性，同时增加用户可感知的外部多样性，通过产品和过程重组将产品定制生产转化或部分转化为零部件的批量生产，从而迅速向顾客提供低成本、高质量的定制产品。

大规模定制一般分为按订单销售（Sale-To-Order）、按订单装配（Assemble-to-Order）、按订单制造（Make-to-Order）和按订单设计（Engineer-to-Order）四种类型。在企业信息化基础上的用户需求获取能力、面向MC的敏捷产品开发设计能力、柔性的生产制造能力（如柔性制造系统FMS、网络化制造）和高效的供应链管理等是支持大规模定制生产的基础。

（2）制造企业现代管理理念及模式

1）企业资源计划（Enterprise Resource Planning，ERP）。企业资源计划是指建立在信息技术基础上，以系统化的管理思想，为企业决策层及员工提供决策运行手段的管理平台。

ERP 经历了如下不同发展阶段：管理信息系统（Management Information System，MIS）、材料需求计划（Material Require Planning，MRP）、制造资源计划（Manufacture Resource Planning，MRP II）、企业资源计划（Enterprise Resource Planning，ERP）和新一代 ERP 等阶段。ERP 不仅可支持离散型制造、流程型制造等制造业应用环境，其应用范围还从制造业扩展到了零售业、服务业、银行业、电信业，以及政府机关和学校等事业部门。

ERP 将企业所有资源进行整合集成，简单地说是将企业的物流、资金流和信息流进行全面一体化管理，ERP 系统一般包括以下基本功能：物料管理、生产管理、财务管理、制造资源管理、供应链管理等，此外，还包括质量管理、决策支持管理、办公室自动化管理、项目管理、法规与标准和过程控制等补充功能。

2）供应链管理（Supply Chain Management，SCM）。供应链是指产品生产和流通过程中所涉及的原材料供应商、生产商、分销商、零售商以及最终用户等成员通过与上游、下游成员的连接组成的网络结构，也即是由物料获取、物料加工、并将成品送到用户手中这一过程所涉及的企业和企业部门组成的一个网络。

供应链管理的目的是使整个供应链运作达到最优化，即以最低的成本，使供应链从采购开始到满足最终客户需求的所有过程，包括工作流、实物流、资金流和信息流等，均能高效率地运作，将合适的产品、以合理的价格、及时准确地送达到用户。供应链管理是一种集成的管理思想和方法，即从消费者的角度，通过企业间的协作，改善上游、下游供应链关系，整合和优化供应链中的物流、资金流和信息流，实现供应链的整体最优化。成功的供应链管理能够协调并整合供应链中诸如开发和制造、配送、销售和售后服务等所有活动，最终成为无缝连接的一体化过程。

供应链管理是企业对整个运作流程的有效优化，整合并优化了供应商、制造商、零售商的业务效率，使商品以正确的数量、正确的品质、在正确的地点、以正确的时间、最佳的成本进行生产和销售。

3）产品全生命周期管理（Product Lifecycle Management，PLM）。从管理角度看，产品全生命周期管理是一种理念，即对产品从需求、规划、设计、生产、经销、运行、使用、维修保养、直到回收处置的全生命周期中的信息进行管理的理念。它首先是一种先进的制造理念，支持并行设计、敏捷制造、协同设计和制造及网络化制造等先进制造技术，对企业提高产品质量，提升生产效率，降低生产成本，从而提高综合竞争力，具有重要的作用。

从技术角度看，产品全生命周期管理是一种对所有与产品相关的数据，在其整个生命周期内进行管理的技术。PLM 可以由一系列软件工具构成全面的技术解决方案，即通过信息技术来实现产品生命周期过程中的产品定义、制造和管理，其关键技术包括建模、集成数据环境、工作流管理、系统实现等技术，其范围覆盖从企业内部到企业外部涉及产品生命周期的全部环节，即从产品概念产生，到产品报废和回收的全过程，不仅包括产品本身的定义数据，也包括产品设计、制造和服务的描述。PLM 的功能应能实现对 CAD、CAE、CAPP、CAM、MES、PDM、CRM 等工业软件所产生产品信息数据的管理（如获取、处理、传递和存储等），支持整个产品全生命周期的产品协同设计、制造和管理，对概念设计、产品工程设计、生产准备和制造、售后服务等整个过程实现高效和经济的管理。因此 PLM 是由一批软件工具集和相应的技术提供支撑，并需要在企业信息化的基础上实施和运行。

4）客户关系管理（Customer Relationship Management，CRM）。客户关系管理是一种管

理公司与当前和未来客户的交互的方法。CRM 方法利用相应的信息技术以及互联网技术协调企业与顾客间在销售、营销和服务上的交互，分析有关客户的历史记录数据，向客户提供个性化的交互和服务，以便更好地改善与客户的业务关系，其最终目标是吸引新客户、保留老客户以及将已有客户转为忠实客户，提高企业核心竞争力，扩大市场。

CRM 是选择和管理有价值客户及其关系的一种商业策略，它要求用以客户为中心的商业哲学和企业文化来支持有效的市场营销、销售与服务流程。

从技术角度看，作为解决方案的 CRM 集合了 Internet 和电子商务、多媒体技术、数据仓库和数据挖掘、专家系统和人工智能、呼叫中心等 IT 和 AI 技术。

3. 不要在不具备数字化网络化基础时搞智能化

实现数字化转型可以说是迈向智能制造的前提，2015 年作者提出的实施智能制造"三要三不要"原则中，最重要的一条就是"不要在不具备数字化网络化基础时搞智能化"。工业 4.0、智能制造不可能一蹴而就，而是必须要经过数字化、网络化阶段，进行信息化和工业化的深度融合，要先解决好制造技术、制造过程、制造系统和生产管理中的数字化、网络化等问题，才能奠定迈向智能化的基础。

（1）数字化　数字化是将各种复杂变化的信息转变为可以度量的数字、数据，基于这些数字、数据建立起数字化模型，并引入到电子数字计算机进行处理的过程。数字化技术的发展，使得声音、文字、图像、信号等各种信息都可以数据的形式进行编码、解码，从而可以实现信息采集、转换、计算、存储和传输等过程的标准化和高速化。信息技术的基础是计算机和网络技术，数字化则是计算机和网络技术的基础，因此，数字化引导了人类社会信息化时代的到来，也是信息技术革命的发展动力，它极大地改变了 20 世纪全球人类的生活，是影响人类历史发展的关键技术。

数字化技术与制造技术、管理技术相融合，并应用于产品全生命周期的设计、制造及管理活动，使制造企业、制造系统与生产过程、生产系统不断实现数字化，即产生了数字化制造。

从设计制造技术角度看，制造数字化的发展过程，以 20 世纪 50 年代出现的机床数字控制（NC）为起始，在数字化制造装备和系统方面发展了机床计算机数字控制（CNC）、数控加工中心（MC）、柔性制造系统（FMS）、计算机集成制造系统（CIMS）等；在数字化软件工具方面经历了自动编程工具（APT）、计算机辅助设计（CAD）/计算机辅助制造（CAM）等软件工具的出现及融合、计算机辅助工艺规划（CAPP）、大型 CAD/CAM 一体化三维软件应用。此外，逆向工程（Reverse Engineering，RE）、快速原型（Rapid Prototyping，RP）和直接增材制造（Direct Additive Manufacturing，DAM）等集数字化软件、硬件于一体的技术和系统，也为制造数字化的发展，提供了新的技术来源。

从管理角度看，制造数字化从最初涉及的产品数据管理（PDM）、到产品全生命周期管理（PLM），再发展到企业资源计划（ERP），可以将数字化的软件、硬件资源基于网络化技术进行集成，实现产品全数字化设计与制造，并与 ERP、SCM、CRM 等相结合，形成制造企业信息化的总体构架，建立数字化企业，实现企业内部纵向管控集成和企业外部网络化协同集成，建立从企业的供应决策到企业内部技术、工艺、制造和管理部门，再到用户之间的信息集成，实现企业与外界的信息流、物流和资金流的顺畅传递，从而有效地提高企业的市场响应速度和产品开发速度，确保企业在竞争中取得优势。

从未来发展角度来看，制造业数字化的发展，一方面将进一步朝着虚拟设计、虚拟制造、虚拟企业、动态企业联盟、敏捷制造、网络制造、可重构制造系统等方向发展；另一方面，制造业数字化从工艺装备的数字化、生产过程的数字化和产品及产品管理的数字化，进一步向智能化发展，即基于物联网、大数据、数字孪生、人工智能、云计算等新一代信息技术，进行数据挖掘，支持优化决策，精确执行控制，实现数据价值。

（2）网络化　网络化是指利用通信技术和计算机技术，把分布在不同地点的计算机及其他电子终端设备进行互联，按照一定的网络协议相互通信，以使用户可以共享软件、硬件和数据资源。

先进的网络技术与制造技术相结合，即形成了网络化制造。网络化制造是按照敏捷制造的思想，采用 Internet 技术，建立灵活有效、互惠互利的动态企业联盟，有效地实现研究、设计、生产和销售各种资源的重组，从而提高企业的市场快速响应和竞争能力的制造模式。

在技术上，网络化制造具有信息快速高效传输与交互的时间特征、可组成动态联盟进行资源共享和异地制造的空间特征及实现信息集成/功能集成/过程集成/资源集成/企业间集成等多种集成的集成特征；在功能上，网络化制造具有敏捷响应、资源共享、扁平透明、批量定制、客户参与、虚拟产品、远程诊断、远程监控等特征。

在国家"互联网+"行动推动下，深化发展"互联网+先进制造"将进入工业互联网发展的新阶段，工业互联网、物联网是新一代网络信息技术与现代工业的深度融合，是实现生产制造领域全要素、全产业链、全价值链连接的关键支撑，是工业经济数字化、网络化、智能化的重要基础设施，是互联网从消费领域向生产领域、从虚拟经济向实体经济拓展的核心载体。加快工业互联网发展，对推动制造业与互联网深度融合，建设制造强国、网络强国意义重大。

（3）数字化、网络化支撑智能化　智能制造的大厦必须要以坚实的数字化技术和网络化技术作为基础，如图 5-6 所示，数字化制造技术包括数字化设计/工艺、数字化制造装备、

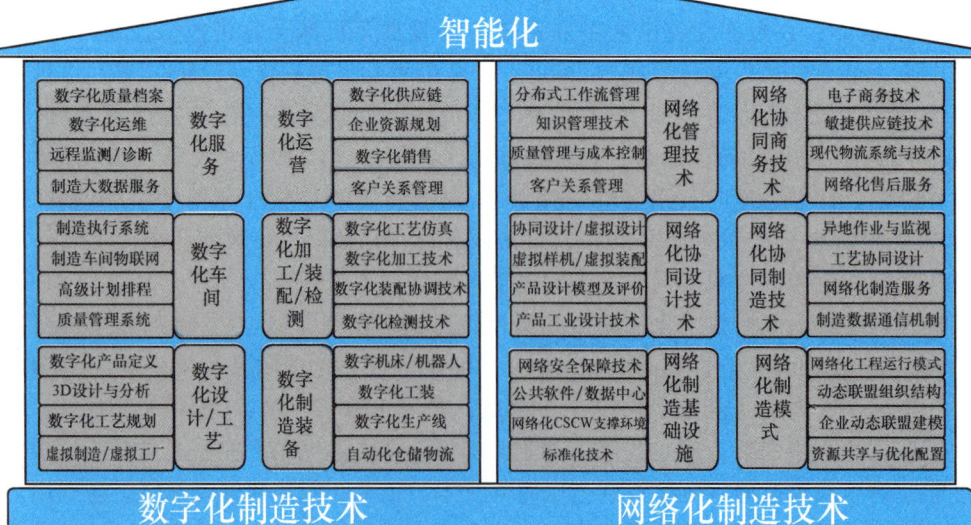

图 5-6　数字化制造和网络化制造支撑智能制造

数字化车间、数字化加工/装配/检测、数字化运营、数字化服务等多个方面。网络化制造技术涉及网络化制造基础设施、网络化制造模式、网络化协同设计、网络化协同制造、网络化管理、网络化协同商务等技术。

5.2 智能制造的发展演进与路径

5.2.1 企业智能化发展阶段

数字化是智能制造的基础，企业利用数据指导生产以及系统自优化的能力，是衡量智能化成熟度的重要方面，德勤（中国）公司借鉴国际普遍认可的工业4.0发展路径，将企业智能化成熟度分为六个阶段：计算机化、连接、可视、透明、预测和自适应，这也可以说是企业智能化的六个发展阶段，如图5-7所示。各个阶段的具体特征及内容如下：

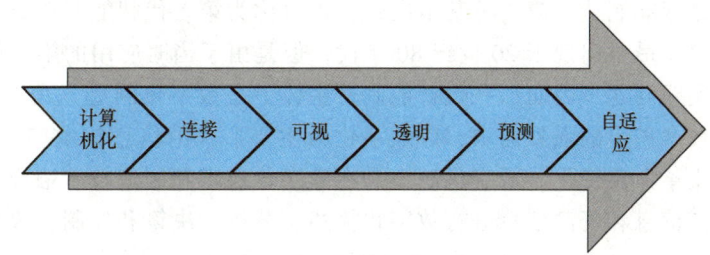

图 5-7 企业智能化发展的阶段

（1）计算机化 企业通过计算机高效处理重复性工作，并实现高精度、低成本制造。但不同的信息技术系统仅在企业内部独立运作，很多设备并不具备数字接口。

（2）连接 以网络将相互关联的环节相连接，以取代原来各自独立的信息单元。操作技术（OT）系统的各部分实现了连通性和互操作性，但是依旧未能达到IT层面和OT层面的完全整合。

（3）可视 了解正在发生什么，通过现场总线和传感器等物联网技术，企业捕获大量的实时数据，建立起企业的"数字孪生"，从而改变以前基于人工经验的决策方式，转为基于数据进行决策。

（4）透明 了解事件发生的原因，并通过根本原因分析，获得对事件本质的认识。

（5）预测 将数字孪生投射到未来，模拟不同的情景对未来发展进行预测，并适时做出决策和采取适当措施。

（6）自适应 预测能力只是自动化行为和决策的基本要求，而持续的自适应则使企业实现自主响应，以便其尽快适应变化的经营环境。

据2018年德勤（中国）公司的调研结果显示，81%的受访企业已完成计算机化阶段，其中41%处于连接阶段，28%处于可视阶段，9%处于透明阶段，而预测和自适应阶段的企业各占2%。由此调研数据可以看到，当前这些企业多数仍处于数字化（计算机化）和网络化（连接）发展阶段，未来的智能化（透明、预测、自适应）发展阶段任重而远。

5.2.2 智能制造演进范式

周济、李培根和周艳红等在中国工程院院刊《Engineering》发表《Toward new generation

intelligent manufacturing》,指出智能制造是一个不断演进发展的大概念,阐述了新一代智能制造发展三个基本范式的观点,即数字化制造、数字化网络化制造、数字化网络化智能化制造(即新一代智能制造),如图5-8所示。

新一代智能制造是新一代人工智能技术与先进制造技术的深度融合,贯穿于产品设计、制造、服务全生命周期的各个环节及相应系统的优化集成,不断提升企业的产品质量、效益、服务水平,减少资源能耗,是新一轮工业革命的核心驱动力,是今后数十年制造业转型升级的主要路径。

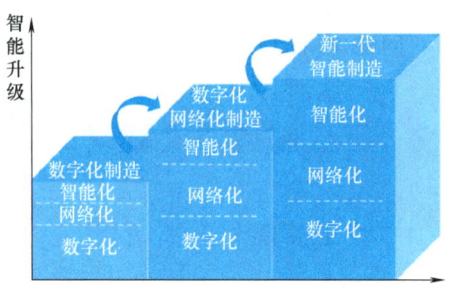

图 5-8　智能制造的三个演进范式

[来源:周济等(2018)]

1. 数字化制造

数字化制造是智能制造的第1种基本范式,也可称为第1代智能制造。

智能制造的概念最早出现于20世纪80年代,但是由于当时应用的第1代人工智能技术还难以解决工程实践问题,因而那一代智能制造主体上是数字化制造。20世纪下半叶以来,随着制造业对于技术进步的强烈需求,以数字化为主要形式的信息技术广泛应用于制造业,推动了制造业发生革命性变化。数字化制造是在数字化技术和制造技术融合的基础上,通过对产品信息、工艺信息和资源信息进行数字化描述、分析、决策和控制,快速生产出满足用户要求的产品。

数字化制造的主要特征表现为:第一,数字技术在产品中得到普遍应用,形成"数字一代"创新产品;第二,广泛应用数字化设计、建模仿真、数字化装备、信息化管理;第三,实现生产过程的集成优化。

需要说明的是,数字化制造是智能制造的基础,其内涵也在不断发展,贯穿于智能制造的三个基本范式和全部发展历程。这里定义的数字化制造是作为第1种基本范式的数字化制造,是一种相对狭义的定义。国际上也有若干关于数字化制造的比较广义的定义和理论。

2. 数字化网络化制造

数字化网络化制造是智能制造的第2种基本范式,也可称为"互联网+制造",或第2代智能制造。

20世纪末互联网技术开始广泛应用,"互联网+"不断推进互联网和制造业融合发展,网络将人、流程、数据和事物连接起来,通过企业内、企业间的协同和各种社会资源的共享与集成,重塑制造业的价值链,推动制造业从数字化制造向数字化网络化制造转变。

数字化网络化制造主要特征表现为:第一,在产品方面,数字技术、网络技术得到普遍应用,产品实现网络连接,设计、研发实现协同与共享。第二,在制造方面,实现横向集成、纵向集成和端到端集成,打通整个制造系统的数据流、信息流。第三,在服务方面,企业与用户通过网络平台实现连接和交互,企业生产开始从以产品为中心向以用户为中心转型。

3. 新一代智能制造——数字化网络化智能化制造

数字化网络化智能化制造是智能制造的第3种基本范式,也可称为新一代智能制造。

近年来,在经济社会发展强烈需求以及互联网的普及、云计算和大数据的涌现、物联网的发展等信息环境急速变化的共同驱动下，大数据智能、人机混合增强智能、群体智能、跨媒体智能等新一代人工智能技术加速发展，实现了战略性突破。新一代人工智能技术与先进制造技术深度融合，形成新一代智能制造——数字化网络化智能化制造。新一代智能制造将重塑设计、制造、服务等产品全生命周期的各环节及其集成，催生新技术、新产品、新业态、新模式，深刻影响和改变人类的生产结构、生产方式乃至生活方式和思维模式，实现社会生产力的整体跃升。新一代智能制造将给制造业带来革命性的变化，将成为制造业未来发展的核心驱动力。

智能制造的三个基本范式体现了智能制造发展的内在规律：一方面，三个基本范式次第展开，各有自身阶段的特点和重点需解决的问题，体现着先进信息技术与先进制造技术融合发展的阶段性特征；另一方面，三个基本范式在技术上并不是截然分离的，而是相互交织、迭代升级，体现着智能制造发展的融合性特征。对中国等新兴工业国家而言，应发挥后发优势，采取三个基本范式"并行推进、融合发展"的技术路线。

5.2.3 智能制造的典型模式

赛迪智库在对2015—2016年工业和信息化部持续组织实施的109个智能制造试点示范专项行动项目进行总结和梳理的基础上，归纳出8种智能制造典型模式，这些典型模式反映了现阶段我国尚处于推进实施智能制造的初始阶段，但仍然可作为推进智能制造应用模式的参考。当前8种智能制造典型模式有：

（1）大规模个性化定制　以满足用户个性化需求为目标，实现产品模块化设计，构建产品个性化定制服务平台和个性化产品数据库，实现定制服务平台与企业研发计划、计划排程、供应链管理和售后服务等信息系统的协同与集成。

（2）产品全生命周期数字一体化　以缩短产品研制周期为目标，形成以产品全生命周期数字一体化模式，主要以基于模型定义（MBD）技术支持产品设计研发，建设和应用企业 PLM 以优化产品全生命周期的管理活动和业务。

（3）柔性制造　以快速响应多样化市场需求为目标，实现生产线的柔性化，可同时加工多种产品/零部件，车间物流系统实现自动配料，构建和应用高级排程系统，并实现底层设备控制、制造执行系统和企业资源计划系统之间的高效协同与集成。

（4）互联工厂　通过打通企业运营的"信息孤岛"，构建网络互联的工厂，应用 IoT 技术实现产品、物料等统一标识，实现生产和物流过程的数据采集，通过网络进行连接，构建 SCADA、MES 和 ERP，并实现协同和集成。

（5）产品全生命周期可追溯　以提升产品质量管理能力为核心，应用传感器、智能仪器仪表、工控系统等自动采集质量数据，通过 MES 进行质量判异、过程判稳等，实现在线质量检测、分析预警，实现产品全生命周期可追溯。

（6）全生产过程能源优化管理　以提高能源资源利用率为核心，建立全过程能源优化管理模式，通过 MES 采集关键装备、生产过程、能源供给等环节的能效数据，构建能源管理功能模块或系统，基于实时能源数据对生产过程、设备、能源供给及人员进行管控和优化。

（7）网络协同制造　以供应链优化为核心，建设跨企业制造资源协同平台，实现企业间研发、管理和服务系统的对接和集成，为接入企业提供研发设计、运营管理、数据分析、知识管理、信息安全等服务，开展制造服务、资源动态分析和柔性配置等。

（8）远程运维服务　基于智能装备/产品的数据采集和通信等功能，建设智能装备/产品远程运维服务平台、专家库和专家系统，实现运维服务平台与产品全生命周期管理系统、客户关系管理系统、产品研发管理系统的协同与集成。

5.2.4　企业实施智能制造的具体步骤的建议

对于不同的行业、不同的领域，或是不同的企业，具体实施智能制造会有各自不同的技术路线和解决方案，本小节仅从一般方法的角度，给出推进智能制造实施技术路线的五个具体步骤的建议。这五个步骤分别是：需求分析、网络基础设施建设、互联可视的数字化、现场数据驱动的动态优化、虚实融合的智能生产，如图5-9所示。

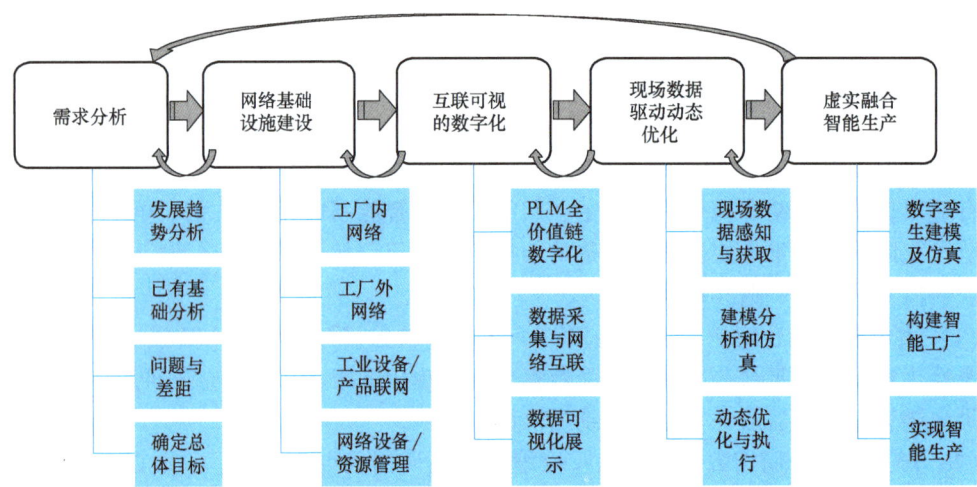

图5-9　实施智能制造的五个步骤

1. 需求分析

需求分析是指在系统设计前和设计开发过程中对用户实际需求所做的调查与分析，是系统设计、系统完善和系统维护的依据。需求分析主要涉及如下内容：发展趋势、已有基础、问题与差距、目标定位等。

2. 网络基础设施建设

网络互联是网络化的基础，主要是为了实现企业各种设备和系统之间的互联互通，主要包括工厂内网络、工厂外网络、工业设备/产品联网、网络设备、网络资源管理等，涉及现场级、车间级、企业级设备和系统之间的互联，即企业内部纵向集成的网络化制造，还涉及企业信息系统、产品、用户与云平台之间的不同互联场景，即企业外部（不同企业间）的横向集成。因此，网络互联为实现企业内部纵向集成和企业外部横向集成提供网络互联基础设施和技术保障。在网络互联基础建设中，还必须考虑网络安全和信息安全问题，即要通过综合性的安全防护措施和技术，保障设备、网络、控制、数据和应用的安全。

3. 互联可视的数字化

以产品全生命周期数字化管理（PLM）为基础，把产品全价值链的数字化、制造过程数据获取、产品及生产过程数据可视化作为智能化第一步，实现对数字化和数据可视化呈现，此为初级的智能化。主要内容包括：产品全生命周期价值链的数字化、数据采集与网络互联、数据可视化及展示。

4. 现场数据驱动的动态优化

现场数据驱动的动态优化，本质上就是以工厂内部"物理层设备-车间制造执行系统-企业资源管理信息系统"纵向集成为基础，通过对物理设备/控制器/传感器的现场数据采集和分析处理，获得对生产过程、生产环境的状态感知，进行数据建模分析和仿真，对生产运行过程进行动态优化，做出最佳决策，并通过相应的工业软件和控制系统精准执行，完成对生产过程的闭环控制。主要内容包括：现场数据感知与获取、建模分析和仿真、动态优化与执行等。

5. 虚实融合的智能生产

虚实融合的智能生产是智能制造的高级阶段，这一阶段将在实现产品全生命周期价值链端到端数字化集成、企业内部纵向管控集成和网络化制造、企业外部网络化协同这三大集成的基础上，进一步建立与产品、制造装备及工艺过程、生产线/车间/工厂和企业等不同层级的物理对象映射融合的数字孪生，并构建以 CPS 为核心的智能工厂，全面实现动态感知、实时分析、自主决策和精准执行等功能，进行赛博物理融合的智能生产，实现高效、优质、低耗、绿色的制造和服务。主要内容包括：数字孪生建模及仿真、智能工厂、智能生产。

5.3 智能制造未来展望

5.3.1 未来制造的新形态和新特征

美国未来学家托夫勒在 1980 年出版的《第三次浪潮》中指出人类社会继农业社会、工业社会两次浪潮后出现"第三次浪潮"（即信息社会），预测未来工业的生产方式具有如下的主要特征：①小规模、定制化；②在大城市以外地方的工业生产与日俱增；③利用更少的能源，消耗更少的原料，使用更少的零部件，以及要求更多的智能设计；④工厂的许多机器由消费者自己远距离地遥控而不是由工人直接操作。35 年后，德国工业 4.0 描绘未来工厂的生产场景与托夫勒的预测不谋而合——规模化定制、移动互联/工业物联网、云制造、赛博物理融合生产等；《中国制造 2025》中提出的信息化与工业化深度融合下的数字化制造、网络化制造、智能化制造的发展主线，也与其有异曲同工之妙。2018 年，欧盟发布的《制造未来-愿景 2030》中，将未来欧洲制造的愿景定位在具有竞争力的（Competitive）、可持续的（Sustainable）和韧性的（Resilient）制造，也让人们看到了未来制造的新形态和关键特征。

如本书前面各章所述，工业 4.0、智能制造的内涵和特征非常丰富且仍在研究发展过程之中，但考察工业社会新技术革命历程和未来人类社会的发展需求，结合日新月异的新一代信息技术和人工智能技术发展状况，可对未来制造形态和特征方面可能出现的新趋势做如下展望：

1. 混合制造（Hybrid Manufacturing）

混合制造是在近 10 年里发展迅速的一种新制造模式，它是指在单台机床上将增材制造与传统加工方法相结合的一种新制造模式。其中，增材制造，也称为 3D 打印，用来在一个零件上快速成形所需零件或结构的基体，同时采用传统的减材制造（例如数控铣削）进行切削、磨削、抛光等加工，最终获得满足设计要求的零件。如图 5-10 所示为金属直接激光沉积（Direct Laser Sintering）增材制造与五轴联动数控铣削结合的混合制造，左侧为对金属粉进行激光沉积的增材制造，右侧为钻孔（右上）和铣削法兰侧面（右下）。

图 5-10 "直接激光沉积+5 轴联动铣削"混合制造 [来源：DMG MORI SEIKI]

未来混合制造将可能进一步发展为"增材（Additive）+等材（Formative）+减材（Subtractive）"多工艺混合制造、"数控机床（CNC）+机器人（Robot）"多机一体化混合制造、"金属材料（Metal）+复合材料（Composite material）"多材料混合制造、"光（Optical）+机（Mechanical）+电（Electrical/Electronic）"多能源复合制造等更多形式的混合制造模式。

2. 软件定义制造

软件定义系统（Software Defined System，SDS）的概念在近几年里出现，如软件定义网络（Software Defined Networking，SDN）、软件定义天线（Software Defined Antenna，SDA）等，"软件定义 X"被引入到制造业，出现了软件定义机器、软件定义供应链、软件定义制造等应用于工业的相应概念。软件定义制造（Software Defined Manufacturing，SDM）是指生产过程由与硬件解耦的软件定义和实现其可编程序、可重构和自适应功能的一种制造模式。SDM 的基本思想是将产品的全部生成过程与生产对象的物理特性相分离，仅在制造之前不久，将所需的生产对象用软件定义，以便能够制造特定的产品。SDM 描述了基于产品描述派生生产步骤（制造描述）的过程。在这种情况下，产品描述独立于生产技术，决定了产品的几何形状、材料、质量和功能，生产技术仅在制造描述中以制造、运输和装配步骤等形式进行定义。

SDM 在产品制造以前并没有与生产对象的直接链接，只有在软件中才能以可执行生产步骤的方式来描述。单个生产步骤的定义不是使用像类似 NC、RC、MD 或 PLC 的常规程序，而是作为赛博部件的服务，这些服务完全是在云中或本地生成然后被执行，只有服务在本地运行，因此要求具有很高的实时性，描述物理系统行为的本地服务则被称为软件定义工厂（Software Defined Factory，SDF）。

3. 移动制造

移动制造（Mobile Manufacturing）的主要思想是开发和使用可移动的制造模块，这些模块可以迅速组合成一个完整的制造系统，并被重新配置为新产品和（或）进行缩减以处理新的生产需要。在移动制造模式中，生产能力可以作为一种可移动和灵活的资源来提供，这种资源可以快速定制，以满足客户的需要。移动制造的一种应用场景是大型/超大型零部件的现场加工，由于这类零件尺寸和重量过大而不便于移动和安装到加工装备的工作台上，因此利用可移动的加工装备，在被加工对象所在场所进行配置、校准和定位，现场对大型/超大型零部件进行加工。图 5-11a 所示为波音公司的移动式轨道机器人钻孔加工装置，可在飞机机身蒙皮曲面上沿轨道行走并完成钻孔加工。图 5-11b 所示为德国弗朗恩霍夫制造技术与先进材料研究所（Institute for Manufacturing Technology and Advanced Materials，IFAM）研制的通用型自适应柔性移动加工装备，它可对空客飞机不同型号的垂直安定面构件完成铣削、钻削加工和胶接、测量等工作。

a）飞机蒙皮移动式钻孔（来源：波音公司）　　b）移动式加工工作站（来源：Fraunhofer IFAM）

图 5-11　移动制造应用示例

4. 韧性制造（Resilience Manufacturing）

"韧性"的原义是指"在遇到意外需求时反弹的能力"，即人或社会系统具有从困难或困境中快速地恢复的能力，或者说是对变化和不确定性的外部环境具有弹性、柔性、适应性和可恢复力（也称为复原力）。韧性制造的概念是从人文科学的概念借用而来，21 世纪具有高度不确定性的特点，全球互联和一体化表明相互依赖性增加，同时也意味着脆弱性在变大，持续的气候变化、不断恶化的环境条件、城市化、地缘政治动荡、突发大规模传染性疾病、自动化程度增加、新兴市场和社会变化等，都要求未来制造业具备更强的能力以应对不稳定的环境。因此，未来制造业体系必须是一种韧性制造系统，即具有韧性、适应性和可恢复力，以应对快速变化和难以预测的环境，克服混乱，适应不断变化的市场需求。

韧性制造具有如下一些关键特征：

1）将 6σ 作为关键的韧性驱动因素。

2）技术和供应链整合。

3）使用关键的性能指标来衡量韧性——质量 Q（Quality）、成本 C（Cost）、交货周期 D（Delivery）、柔性 F（Flexibility）、安全 S（Safty）。

4）需要旨在实现制造供应链韧性的运作模式，模型需要包含战略和业务两方面的内容。

5）新产品开发和缩短了的新产品上市时间。

6）系统可重构、供应链重组、基于系统的韧性视图。

7）敏捷性、业务灵活性、制造策略和新产品开发。

8）改善安全性；降低流程可变性；编纂和分享隐性生产知识；提高反应能力；提高劳动力和机器效率。

9）精益化，整合精益、敏捷性和可持续性，以实现制造业的韧性。

10）知识管理和公司核心竞争力，以及公司的变革过程。

11）基于知识的视图。

5. 可持续制造（Sustainable Manufacturing）

制造系统的边界已从工厂大门扩展到外部更广阔的空间，能源和资源效率在生产设施中起着重要的作用，同时工厂的生态系统也已成为具有决定性影响的关键因素，人们越来越关注制造业在资源利用和减少消耗方面的运作效率和效益，以保护自然环境生态，实现可持续发展，可持续制造和生态型工厂的概念应运而生。图 5-12 所示为工厂中主要的能源和资源消费者、工厂环境影响因素以及导致消费行为变化的内外部参数。为了以正确的时间、正确的制造成本生产出质量和数量正确的商品和提供服务，需要从机器设备行为和能源相关的关键性能指标（e-KPI）、基于技术的服务（Technical Based Service，TBS）、生产系统规划、生产管理、再制造和回收等方面入手，将传统的线性生产过程智能化地重组为循环和网络化的"生产-消费-再循环"系统，建设生态型工厂，实现生态、高效、可持续性的制造。

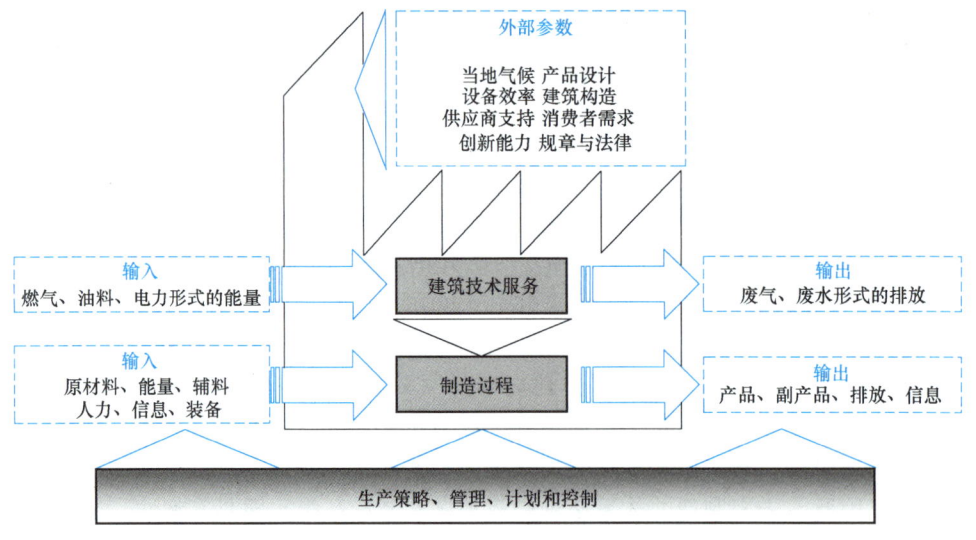

图 5-12 制造系统中的输入输出和影响参数 ［来源：Gökan May（2016）］

可持续制造的目标是建立绿色生态、可持续发展和有竞争力的制造系统（无论工厂的位置或规模如何），它带来了制造模式的诸多变化，见表 5-1。

表 5-1 未来制造模式的变化 ［来源：Gökan May（2016）］

范式	当前	未来	描述
整体思维	建筑效率、产品效率、过程效率等相分离	整体系统的效率	√消费者关注绿色产品 √必须理解、分析和改善整体系统

第 5 章　智能制造演进范式与发展路径

（续）

范式	当前	未来	描述
智慧城市	生产与生活环境分离	城市的所有人都共享	√人们居家工作和生产 √社区利益相关者对工厂和生产的了解增加 √整个城市的资源利用和能效
聚焦交叉学科	单一性视角	多面性视角	√标准化 KPI √专注于整体系统的标准化方法 √集成工具以支持分析和决策
集成化视角	设计→生产→销售	协作过程、不断迭代	√设计、生产与销售在连续循环中融为一体 √基于群体资源协同产品开发 √全生命周期观点应用于工厂
云制造	生产集中于一地	分布式制造	√采用增材技术生产 √柔性小规模生产 √根据需求连接生产网络
建立共识	单一愿景	多个愿景融合	√将不同股东的不同利益及目标融合在一起 √受约束新的立法和规章约束
新基础设施需求	刚性基础设施	柔性基础设施	√工厂设施的不同需求（如：小型化、可移动、临时结构等） √新物流概念

5.3.2　未来工厂的设想

更大的灵活性、更短的上市时间、更合理的成本、更高的效率以及质量，是工业 4.0 对制造企业提出的要求，也是"优质、高效、低耗、绿色、安全"这个主题在未来制造业发展中的具体要求，未来制造工厂将会是自治型、生态型和赛博物理融合的工厂。

1. 互联和透明的赛博（Cyber）物理融合工厂（CPS Factory）

产品、生产和性能这三大数字孪生，将重新定义产品全生命周期中端到端的过程，帮助制造企业实现产品生命周期闭环，加快产品上市的速度，降低生产设计和维护的成本。同时，实现相应生产过程中的灵活配置、柔性制造，包括可以通过新产品导入或者是通过不同批次的生产来实现更大的灵活性，确保生产质量可被持续追溯和改进，最终保证整个企业的生产效率不断地提高。

边缘计算和制造大数据分析将为传统制造企业带来数据的透明化和可视化，将使工程师和管理人员实时监控生产线及设备的运行状态、有效使用和分析数据变得轻而易举。例如，过去工程师若想在手机上下载一个 App 实时监控工厂里电动机的运行状态，会觉得是天方夜谭。而现在只需下载西门子驱动系统的数字化平台 Sidrive IQ App，这一工作将变得轻而易举，它通过 MindSphere 评估驱动数据，能够为工厂和设备用户提供针对已安装驱动系统的数据透明度，简化管理并优化维修服务，并且保证数据传输是安全和有效的。

云服务和工业互联网平台将催生出数字化服务的新业务模式，它们将带来广泛的互联，将机器设备甚至整个工厂连接到数字化世界，通过开放的编程接口，用户可共同参与开发，让用户决定设备或者边缘设备运行的内容,以及云端里的内容,用户可以根据自己的行业专长来决定将哪些数据上传到云端,哪些数据上传到边缘设备中,最终实现产业的"集成-连接-协作",共同营造一个全新的生态环境。以云服务和工业互联网平台为基础,将建立一种全新的"增材制造+减材制造"在线协作平台和开放的生态系统,即混合制造网络系统,为未来制造提供"软件+硬件+网络"的新的数字化解决方案。

2. 自治型工厂（Autonomous Factory）

利用新一代的信息技术,如传感器、控制器、大数据、物联网、云计算、人工智能等,进一步通过互联建立起基于 CPS 的工厂,在未来的工厂里机器将能够智能地制造产品,工厂将具有高度自治的特点,具体表现为具备如下的功能特征:自感知（Self-Aware）、自预测（Self-Predict）、自比较（Self-Compare）、自决策（Self-Decision making）、自配置（Self-Configure）、自组织（Self-Organize）、自执行（Self-Executive）、自维护（Self-Maintain）等。在自治型的工厂中,将可以实现:

1）更具柔性的生产:允许实时适应需求变化。

2）先进的跟踪:不仅告之何时何地生产的产品,还给出生产的工艺方法。

3）更安全的生产:在整个制造过程中进行安全检查,可以在发生故障时进行快速和准确的召回。

4）故障预测与排除:能够与专家联系的机器,可以在远程对它们进行故障排除,并且可以通过互联网更新自己并提高性能。

5）脚本化生产周期（A scripted manufacturing cycle）:根据客户的需求指导生产,并且能够生产个性化产品（个性化的大小、颜色、包装…）。

6）基于能源效率的消耗优化:生产是根据能源成本及其全天供应情况进行优化的,例如使用较低能源成本时段,或者使用替代能源;如果机器不需要运行,会自动关闭电源;信息反馈也有助于优化消费,从而参与工厂的能源效率。

7）除了改善工作人员的安全保障外,这些工厂还赋予人们更大的价值,分配给他们增加价值的任务。

3. 生态型工厂（eco-Factory）

未来工厂将是一种生态型工厂,在这个生态系统中,工厂与城市融为一体,人与环境和谐相处,"生产-消费-再循环"可持续发展。

1）未来工厂的布局将是高度灵活的以适应物流、生产系统的重构和扩展,以及适合消费者、生产者、管理者之间的交流。未来工厂将与城市组织系统紧密结合,现代工厂将以"生产林荫大道"为特征,并具有不断改进工艺的意识。

2）机器人在未来工厂中不仅仅是辅助人类操作员执行困难或危险的人工任务,它们将具有更好的移动性和更强的智能化,越来越多地承担"制造者"的角色,即"不知疲倦"地制造着"机器"和"机器人"等产品。

3）随着大众化定制时代的到来,供应商网络和通常隔绝的专业技术部门必须维持紧密的交流以经济地制造具有最佳性能的定制部件。

4）未来工厂将体现自给自足的机制,它将致力于资源和能源的可持续管理,这一可持续目标的中心将是利用风能、太阳能、地热能源和生物能源进行生产,并进一步通过闭合水循环和原材料循环利用进行补充,形成一个"生产-消费-再循环"的可持续生态系统。

5.3.3 展望

自 1989 年 Kusiak 首次定义了"智能制造"之后,30 多年来,一方面,人们孜孜不倦地在探索和研究智能制造的内涵特征和理论方法;另一方面,也在持续不断地深化和拓展智能制造关键技术研发和应用实践。新一轮科技革命和工业 4.0 时代的到来,给智能制造提供了一个新的舞台,为智能制造技术发展进步提供了新的驱动力,也为智能制造的应用实践展示了广阔的前景。随着社会对制造技术需求的牵引和新技术深度融合发展的推动,未来的智能制造将呈现出全新的面貌:

√制造技术和系统将呈现出更加复杂的数字化、网络化和智能化特征,这些特征本质上就是为迎接工业 4.0 时代的新挑战,先进制造技术与新一代信息技术、新一代人工智能等新技术深度融合的结果,并在新一代的智能产品、智能制造系统和智能制造技术上充分体现出来。

√在三大集成和数字孪生基础上,实现虚实融合的赛博物理生产系统(CPPS)将成为现实。围绕实现"高效、优质、低耗、绿色、安全的制造和服务"总目标,未来的智能生产将全面实现产品全生命周期价值链上端到端的集成、从现场设备到制造执行管控再到企业资源计划及供应链的企业内部纵向集成、基于网络化协同服务模式的企业外部横向集成这三大集成,建立生产系统各层级数字孪生,建立赛博物理生产系统和智能工厂,以使制造系统更加柔性化、集成化、个性化和智能化,实现具有动态感知、实时分析、自主决策和精准执行功能的虚实融合智能生产。

√生产组织和制造模型将呈现出全球化、协同化和服务化。虽然近年来出现了一些逆全球化的倾向,但考虑到未来复杂产品高技术含量、生产组织过程的复杂性、各种资源条件的客观限制、人类社会可持续发展的需求等,未来的智能制造将会充分运用全球优势资源和新的技术手段,多企业、多主体协作,进行全球化协同开发、生产,提供运营、维护等服务,例如基于云平台的制造和服务。

√数据和知识将在企业价值创造中发挥巨大作用。制造企业除了拥有实体的硬件软件系统和制造工艺装备以外,还将拥有大数据、模型、信息和知识,数据和知识将成为企业新的核心资产,并成为企业的基础能力和竞争力。

√制造新形态和工厂新模式将不断涌现。如前面所述,未来将出现混合制造、软件定义制造、移动制造、韧性制造、可持续性制造等新理念、新概念和新模式;未来的工厂将可能以一种全新的面貌呈现于世,如互联和透明的赛博物理融合工厂、自治型工厂、生态型工厂等。

数字化、网络化和智能化将为未来制造企业的转型、互联和升级提供一条必由的发展途径,"智能制造"将以新理念、新模式、新形态和新技术,重构全球制造业竞争格局。

思考题和习题

5-1 如何理解推进和实施智能制造"三要三不要"原则的内容和实质?
5-2 结合企业实施智能制造的实际案例,总结智能制造发展路线。
5-3 你认为未来工厂应该具有哪些特征?试描述一幅你自己对未来工厂设想的蓝图。

冯如的飞机

明代福船

参 考 文 献

[1] 韦尔斯. 世界史纲 [M]. 张春光, 译. 南昌: 江西人民出版社, 2005.
[2] 工业 4.0 工作组. 德国工业 4.0 战略计划实施建议（上）[J]. 机械工程导报, 2013 (7-9): 23-33.
[3] 制造强国战略研究项目组. 制造强国战略研究智能制造专题卷 [M]. 北京: 电子工业出版社, 2015.
[4] 美国制造创新研究院. 美国智能制造的路线图 [EB/OL]. [2017-11-13]. http://www.eepw.com.cn/article/201711/371404.htm.
[5] 刘强, 丁德宇. 智能制造之路: 专家智慧实践路线 [M]. 北京: 机械工业出版社, 2018.
[6] 刘强. 智能制造理论体系架构研究 [J]. 中国机械工程, 2020, 31 (1): 24-36.
[7] VAIDY S, AMBAD P, BHOSLE S. Industrial 4.0-A Glimpse [J]. Procedia Manufacturing, 2018, 20: 233-238.
[8] LEE J, BAGHERI B, JIN C. Introduction to cyber manufacturing. Manufacturing Letters [J]. Manufacturing Letters, 2016 (8): 11-15.
[9] WANG B. The Future of Manufacturing: A New Perspective [J]. Engineering, 2018: (4): 722-728.
[10] ZUEHLKE D. Smart Factory-A Vision becomes Reality [C]. Proceedings of the 13th IFAC Symposium on Information Control Problems in Manufacturing, Moscow, Russia, June 3-5, 2009.
[11] UHLEMANN T, et al. The Digital Twin: Realzing the Cyber-Physical Production System for Industry 4.0 [J]. Procedia CIRP, 2017, 61: 355-340.
[12] DAVIDSON M. New Manufacturing Operations Management Research Library Launched [EB/OL]. [2013-07-19], https://blog.lnsresearch.com/blog/bid/181908/New-Manufacturing-Operations-Management-Research-Library-Launched.
[13] 张曙, 陈超祥. 产品创新和快速开发 [M]. 北京: 机械工业出版社, 2008.
[14] 郑树泉, 宗宇伟, 董文生, 等. 工业大数据架构与应用 [M]. 上海: 上海科学技术出版社, 2017.
[15] 李清, 唐骞磷, 陈辉棠, 等. 智能制造体系架构、参考模型与标准化框架研究 [J]. 计算机集成制造系统, 2018, 24 (3): 539-549.
[16] 欧阳劲松, 刘丹, 汪烁, 等. 德国工业 4.0 参考架构模型与我国智能制造技术体系的思考 [J], 自动化博览, 2016 (3): 62-65.
[17] 方颜芳. 智能制造技术与标准化体系发展趋势分析 [J], 中国仪器仪表, 2018 (3): 21-26.
[18] 尹重. 工业互联网的内涵及其发展 [J]. 电信工程技术与标准化, 2017, 30 (6): 1-6.
[19] JORGE P, et al. Visual Computing as a Key Enabling Technology for Industrie 4.0 and Industrial Internet [J]. IEEE Journal of Computer Graphics and Applications, 2015 (4-5): 26-40.
[20] CHEN Y. Integrated and Intelligent Manufacturing: Perspectives and Enablers [J]. Engineering, 2017 (3): 588-595.
[21] MOGHADDAM M. et al. Reference architectures for smart manufacturing: A critical review [J]. Journal of manufacturing systems, 2018, 49: 215-225.
[22] 工业互联网产业联盟. 工业互联网平台白皮书（2017）[EB/OL]. [2017-11-18]. https://www.miit.gov.cn/n973401/n5993937/n5993968/c6002326/part/6002331.pef.
[23] 朱铎先, 赵敏. 机智: 从数字化车间走向智能制造 [M]. 北京: 机械工业出版社, 2018.
[24] LI Q, TANG Q CHAN I, et al. Smart manufacturing standardization Architectures, reference models and standards framework [J]. Computers in Industry, 2018, 101: 91-106.

[25] PAUKERA F, Fruhwirth T, Kittla B, et al. A systematic approach to OPC UA information model design [J]. Procedia CIRP, 2016, 57: 321-326.

[26] 王春喜, 王成城, 汪烁. 智能制造参考模型对比研究 [J]. 仪器仪表标准化与计量, 2017 (4): 1-8.

[27] MOGHADDAM M. et al. Reference architectures for smart manufacturing: A critical review [J], Journal of manufacturing systems, 2018, 49: 215-225.

[28] 工业互联网产业联盟. 工业互联网平台体系架构1.0 [EB/OL]. [2016-09-09]. https://wenku.baidu.com/view/43894ef9f12d2af90342e66a.html.

[29] Industrial Internet Consortium. Industrial Internet Reference Architecture [EB/OL]. [2019-06-19]. https://www.iiconsortium.org//IIRA.htm.

[30] Industrial Internet Consortium. The Industrial Internet of Things Volume G1: Reference Architecture [EB/OL]. [2017-01-31]. https://www.iiconsortium.org/IIC_PUB_G1_V1.80_2017-01-31.pdf.

[31] Industrial Value Chain Initiative. Industrial Value Chain Reference Architecture (IVRA) [R/OL]. [2016-12-08]. https://iv-i.org/docs/doc_161208_Industrial_Value_Chain_Reference_Architecture.pdf.

[32] Industrial Value Chain Initiative. Strategic implementation for connected industries-IVRA Next [R/OL]. [2017-11-28]. https://iv-i.org/docs/doc_171127_IVRA-Next-en.pdf.

[33] 林诗万. 工业互联网与工业4.0架构对接与应用 [EB/OL]. [2018-02-06]. https://www.sohu.com/a/221292543_711789.

[34] 吴伟仁. 军工制造业数字化 [M]. 北京: 原子能出版社, 2007.

[35] SAVARINO P, et al. Design for reconfiguration as fundamental aspect of smart products [J]. Procedia CIRP, 2018, 70: 374-379.

[36] NUNES M L PEREIRA A C, ALVES A C. Smart products development approaches for Industry 4.0 [J]. Procedia Manufacturing, 2017, 13: 1215-1222.

[37] ZHENG M, MING X, WANG L, et al. Status review and future perspectives on the framework of Smart Product Service Ecosystem [J]. Procedia CIRP 2017, 64: 18-186.

[38] LI Y, ROY U, SALTZ J. Modular design of data-driven analysis models in smart-product development [C]. Proceedings of the ASME 2017, International Mechanical Engineering Congress and Exposition IMECE2017, Tampa Florida, USA, November, 3-9, 2017.

[39] VAIDY S, AMBAD P, BHOSLE S. Industrial 4.0-A Glimpse [J]. Procedia Manufacturing 2018, 20: 233-238.

[40] 葛英飞. 智能制造技术基础 [M]. 北京: 机械工业出版社, 2019.

[41] CARSTEN S, et al. Smart Servies [J]. Procedia-Social and Behavioral Sciences, 2018, 238: 192-198.

[42] 胡虎, 赵敏, 宁振波, 等. 三体智能革命 [M]. 北京: 机械工业出版社, 2016.

[43] 郭艳艳, 贾鹤萍, 李倩. 传感器与检测技术 [M]. 北京: 科学出版社, 2019.

[44] SILVA D C W. 传感器系统基础及应用 [M]. 詹惠琴, 霍志斌, 彭杰纲, 等译. 北京: 机械工业出版社, 2019.

[45] GONÇALVES G REIS J PINTO R, et al. A step forward on Intelligent Factories: A Smart Sensor-oriented approach [C]. 19th IEEE International Conference on Emerging Technologies and Factory Automation, Barcelona, Spain, September, 2014.

[46] CAO H, ZHANG X, CHEN X. The Concept and Progress of Intelligent Spindles: A Review [J], International Journal of Machine Tools and Manufacture, 2017, 112: 21-52.

[47] 李君, 邱君降, 窦克勤. 工业互联网平台参考架构、核心功能与应用价值研究 [J]. 制造业自动化, 2018, 40 (6): 103-106.

[48] 工业互联网产业联盟. 工业互联网平台白皮书（2019 讨论稿）[EB/OL]. [2019-03-06]. http://www.caict.ac.cn/kxyj/qwfb/bps/201903/P020190306301779521461.pdf.

[49] 王建伟. 工业赋能深度剖析工业互联网时代的机遇和挑战 [M]. 北京：人民邮电出版社, 2018.

[50] AL-FUQAHA, GUIZANI M, MOHAMMADI M, et al. Internet of Things: A Survey on Enabling Technologies, Protocols, and Application [J]. IEEE COMMUNICATION SURVEYS & TUTORIALS, 2015, 17(4): 2347-2377.

[51] REN S, ZHANG Y, LIU Y, et al. A comprehensive review of big data analytics throughout product lifecycle to support sustainable smart manufacturing: A framework, challenges and future research directions [J]. Journal of Cleaner Production, 2019, 210: 1343-1365.

[52] 郑树泉, 宗宇伟, 董文生, 等. 工业大数据架构与应用 [M]. 上海：上海科学技术出版社, 2017.

[53] MOURTZIS D, VLACHOU E. MILAS N. Industrial Big Data as a result of IoT adoption in Manufacturing [J]. Procedia CIRP, 2016, 55: 290-295.

[54] FAHMIDEH M, BEYDOUN G. Big data analytics architecture design: An application in manufacturing systems [J]. Computers & Industrial Engineering, 2019, 128: 948-963.

[55] MARJANI M, et al. Big IoT Data Analyics: Architecture, Opportunities, and Open Research Challenges [J]. IEEE Access, 2017, 5: 5247-5262.

[56] 李少波. 制造大数据技术与应用 [M]. 武汉：华中科技大学出版社, 2018.

[57] 孟宪伟, 许桂秋. 大数据导论 [M]. 北京：人民邮电出版社, 2019.

[58] 刘芬. 数据挖掘中的核心技术研究 [M]. 北京：地质出版社, 2018.

[59] 王朝霞. 数据挖掘 [M]. 北京：电子工业出版社, 2018.

[60] TAN P, STEINBACH M, KARPATNE A, et al. Introduction to Data Mining (2nd Edition) [M/OL]. htts://www-users.cs.umn.edu/~kumar001/dmbook/index.php, 2019.

[61] NEGRI E, FUMAGALLI L, MACCHI M. A review of the roles of Digital Twin in CPS-based production systems [J]. Procedia Manufacturing, 2017, 11: 939-948.

[62] WAIBEL M W, OOSTHUIZEN G A, TOIT D W. Investigating current smart production innovations in the machine building industry on sustainability aspects [J]. Procedia Manufacturing, 2018, 21: 774-781.

[63] CHENG J, CHEN, W, TAO F, et al. Industrial IoT in 5G environment towards smart manufacturing [J]. Journal of Industrial Information Integration, 2018, 10: 10-19.

[64] LI X, WAN J, DAI H, et al. A hybrid computing solution and resource scheduling strategy for edge computing in smart manufacturing [J]. IEEE Transactions on Industrial Informatics, 2019, 15(7): 4225-4234.

[65] 中国人工智能学会, 罗兰贝格. 中国人工智能创新应用白皮书 [EB/OL]. [2017-11-24]. http://www.caai.cn/index.phy?s=/Home/Article/detail/id/433.html.

[66] PAN Y. Heading toward Artificial Intelligence 2.0 [J]. Engineering, 2016, 2: 409-413.

[67] 浙大学术期刊. 新一代人工智能中五大智能方向院士谈 [EB/OL]. (2017-07-31)[2020-10-20]. https://mp.weixin.qq.com/S/QD2AZzzpw TSmtm O bun Ocbg.

[68] WANG J, MA, Y, ZHANG L, et al. Deep learning for smart manufacturing: Methods and applications [J]. Journal of Manufacturing Systems, 2018, 48: 144-156.

[69] 王国胤, 刘群, 于洪, 等. 大数据挖掘及应用 [M]. 北京：清华大学出版社, 2017.

[70] WITTEN I H, FRANK E, HALL M A, et al. 数据挖掘实用机器学习工具与技术 [M]. 李川, 郭立坤, 彭京, 等译. 北京：机械工业出版社, 2018.

[71] EGGER J, MASOOD T. Augmented reality in support of intelligent manufacturing-A systematic literature review [J]. Computers & Industrial Engineering, 2020, 140: 1-22.

[72] FORBES. The Difference Between Virtual Reality, Augmented Reality and Mixed Reality [EB/OL]. [2018-02-02]. https://www.forbes.com/sites/quora/2018/02/02/the-difference-between-virtual-reality-augmented-reality-and-mixed-reality/#724e13502d07.

[73] QI Q, et al. Enabling technologies and tools for digital twin [J/OL]. [2019-10-29]. https://doi.org/10.1016/j.jmsy.2019.10.001.

[74] BAZAZ S M, LOHTANDER M, VARIS J. 5-Dimensional Definition for a Manufacturing Digital Twin [J]. Procedia Manufacturing, 2019, 38: 1705-1712.

[75] TONG X, LIU Q, PI S, et al. Real-time machining data application and service based on IMT digital twin [J]. Journal of Intelligent Manufacturing, 2020, 31: 1113-1132.

[76] PI S, LIU Q, SUN P, et al. Five-axis contour error control considering milling force effects for CNC machine tools [J]. International Journal of Advanced Manufacturing Technology, 2018, 98 (5-8): 1655-1669.

[77] QI Q, ZHAO D, LIAO T W, et al. Modeling of cyber-physical systems and digital twin based on edge computing, for computing and cloud computing towards smart manufacutring [C]. Proceedings of the ASME 2018 13th Intermational Manufacturing Science and Engineering Conference, MSEC2018, June 18-22, 2018, Coolege, Station, TX, USA.

[78] FRANCALANZA E, BORG J, CONSTANTINESCU C. A knowledge-based tool for designing cyber physical production systems [J]. Computer in Industry, 2017, 84: 39-58.

[79] MONOSTORI L. Cyber-physical production systems: Roots, expectations and R&D challenges [J]. Procedia CIRP, 2014. 17: 9-13.

[80] 刘焕. 复杂曲面高性能数控直接插补关键技术研究 [D]. 北京: 北京航空航天大学, 2017.

[81] SCHREIBER A, SRINIVAS M M. Horizontal integration-from business integration to digital twin [EB/OL]. [2018-03-01]. https://atos.net/en/blog/horizontal-ingegration-business-integration-digital-twin.

[82] 高端装备发展研究中心. 国外脉动装配生产线的应用与发展 [EB/OL]. [2018-02-16]. https://www.sohu.com/a/222946991_465915.

[83] 肖遥. 数控加工大数据采集与处理关键技术研究 [D]. 北京: 北京航空航天大学, 2019.

[84] 郑晓虎. 智能机床无线移动终端研究开发 [D]. 北京: 北京航空航天大学, 2018, 12.

[85] 工业互联网产业联盟. 中国工业大数据技术与应用白皮书 [EB/OL]. [2017-07-04]. https://www.caict.ac.cn/kxyj/qwfb/bps/201804/P020170704323061900429.pdf.

[86] 李伯虎, 等. 智慧云制造——一种互联网与制造业深度融合的新模式、新手段和新业态 [J]. 中兴通讯技术, 2016, 22 (5): 2-6.

[87] 李伯虎, 张霖, 任磊, 等. 云制造典型特征、关键技术与应用 [J]. 计算机集成制造系统, 2012, 18 (7): 1345-1356.

[88] 卢秉恒, 邵新宇, 张俊, 等. 离散型制造智能工厂发展战略 [J]. 中国工程科学, 2018, 20 (4): 44-50.

[89] 单继东, 曹增义, 王昭阳. 航空发动机制造企业智能工厂建设 [J]. 航空制造技术, 2018, 61 (15): 70-77.

[90] 杜宝瑞, 王勃, 赵璐, 等. 航空智能工厂的基本特征与框架体系 [J]. 航空制造技术, 2015 (8): 26-31.

[91] 褚健. 流程工业智能工厂的未来发展 [J]. 科技导报, 2018, 36 (21): 23-29.

[92] 赵宏军, 王啸, 盛志宇. 移动终端工厂建设框架构想 [J]. 制造业自动化, 2017, 39 (6): 16-18.

[93] 刘敏, 严隽薇. 智能制造理念、系统与建模方法 [M]. 北京: 清华大学出版社, 2019.

[94] 工业和信息化部科技司. 国家智能制造标准体系建设指南 (2018年版) [EB/OL]. [2018-08-28].

http://info.cncma.org/2018/10/17150654702.shtml.

[95] 王润孝. 先进制造技术导论 [M]. 北京：科学出版社，2004.

[96] 刘飞，雷琦，宋豫川. 网络化制造的内涵及研究发展趋势 [J]. 机械工程学报，2003，39（8）：1-6.

[97] 王俊峰，刘锐，谢敏，等. 现场实时数据驱动的翼身制孔过程三维可视化监视研究 [J]. 航空制造技术，2018，61（1/2）：36-40.

[98] LEE J. Smart Factory Systems [J]. Informatic Spektrum, 2015, 38（3）: 230-235.

[99] 宁汝新，刘检华，唐承统. 数字化制造中的建模和仿真技术 [J]. 机械工程学报，2006，42（7）：132-137.

[100] 托夫勒. 第三次浪潮 [M]. 北京：生活·读书·新知三联书店，1983.

[101] ManuFuture High-level Group. ManuFuture Vision 2030: Competitive, Sustainable and Resilient European Manufacturing [R/OL]. [2018-12-01]. http://www.manufuture.org/wpcontent/uploads/Manufuture-Vision-2030_DIGITAL.pdf.

[102] LECHLER A, VERL A. Software defined manufacturing extends cloud-based control [C], Proceedings of the ASME 2017 12th International Manufacturing Science and Engineering Conference, MSEC2017, June4-8, 2017, Los Angeles, CA, USA.

[103] 安筱鹏. 软件视角的未来工业 [J]. 化工管理，2017（2）：28-30.

[104] STILLSATRÖM C, JACKSON M. The concept of mobile manufacturing [J]. Journal of Manufacturing Systems, 2007（260）: 188-193.

[105] ZHANG W J. LUTTERVELT C A. Toward a resilient manufacturing system [J]. CIRP Annals-Manufacturing Technology, 2011, 60（470）: 469-472.

[106] BABICEANU R F, SEKER R. Cyber resilience protection for industrial internet of things: A software-defined networking approach [J]. Computers in Industry, 2019（4）: 47-58.

[107] DINH L T T, PASMAN H, GAO X, et al. Resilience engineering of industrial processes: Principles and contributing factors [J]. Journal of Loss Prevention in the Process INdustries, 2012（25）: 233-241.

[108] THOMAS A, PHAM D T, FISHER R, et al. Creating resilient and sustainable manufacturing businesses-a conceptual fitness model [J]. International Journal of Production Research, 2015, 53（13）: 3934-3946.

[109] MAY G, STAHL B, TAISCH M. Energy management in manufacturing: Toward eco-factories of the future-A focus group study [J]. Applied Energy, 2016（164）: 628-638.